Gabriele Katz

Margarete Steiff

Die Biografie

GABRIELE KATZ

Margarete Steiff

Die Biografie

OSBURG VERLAG

Die Veröffentlichung dieses Werkes erfolgt auf
Vermittlung von BookaBook, der Literarischen
Agentur Elmar Klupsch, Stuttgart.

Erste Auflage 2011

www.osburgverlag.de

Lektorat: Clemens Brunn, Hirschberg
Herstellung: Prill Partners producing, Berlin
Umschlaggestaltung: Torenos, Lüneburg
Satz: Dörlemann Satz, Lemförde
Druck und Bindung: GGP Media GmbH, Pößneck
Printed in Germany
ISBN 978-3-940731-63-0

Inhalt

»Die vier Füße begannen sich gleich nach dem Zeitmaß zu regen, nicht schrittweis wie zuvor und bedächtig, vielmehr im kunstgerechten Tanz, als hätten sie von klein auf mit dem Seil verkehrt, und schien ihr ganzes Tun nur wie ein liebliches Gewebe, das sie mit der Musik zustand zu bringen hätten.«

Eduard Mörike, *Das Stuttgarter Hutzelmännlein*

Vorwort

In seiner Erzählung *Das Stuttgarter Hutzelmännlein* aus dem Jahr 1853 lässt Eduard Mörike seinen Protagonisten nach einer abenteuerlichen Wanderschaft das Liebes- und Lebensglück auf einem Jahrmarktshochseil finden.

Den Wunsch, zu gehen und beide Arme voll bewegen und nutzen zu können, musste Margarete Steiff als junge Erwachsene nach zahlreichen und langwierigen Heilungsversuchen endgültig aufgeben. Der Wunsch, sich schwerelos fortzubewegen, sollte die behinderte Frau ein Leben lang begleiten. Das »Leben als Hochseilakt«, wie es der schwäbische Dichter in seiner kunstvoll aufgebauten, märchenhaften Erzählung beschreibt, enthält, als ein Lebensgefühl verstanden, mindestens zwei Elemente: Da ist einerseits die Angst vor dem Absturz in die Tiefe und andererseits das angstfreie Erleben freundlicher Weiten. Beide Gefühle hat Margarete Steiff in ihrem Leben kennengelernt, und sie haben prägende Spuren hinterlassen, denen wir nachgehen werden.

Mit eineinhalb Jahren erkrankte Margarete Steiff an der damals noch völlig unbekannten und nicht therapierbaren Kinderlähmung, die sie fortan zu dem machte, was ihre Zeitgenossen einen »Krüppel« nannten. Sie war jedoch ein äußerst vitales Mädchen und lehnte sich von frühester Jugend an vehement gegen die Außenseiterrolle auf, die die Gesellschaft ihrer Zeit einem behinderten Menschen zudachte. Stattdessen entwickelte sie Strategien, um sozial zu überleben.

Margaretes Problem war das Milieu, in das sie in Giengen an der Brenz, einer kleinen Stadt am Rande der schwäbischen Ostalb, fernab von der württembergischen Residenzstadt Stuttgart, hineingeboren worden war. Das kleine Mädchen war von Menschen umgeben, die alle körperlich arbeiteten, um den Lebensunterhalt der Familie zu sichern. Diese Leistung wurde unter allen Umständen auch von ihr erwartet. Nach dem Ende ihrer Schulzeit stand Margarete Steiff – deren Vorname im heimischen Giengen auf der ersten Silbe betont wird, also *Mar*garete – vor der beschwerlichen und langwierigen Aufgabe, sich in einem beschädigten Leben einzurichten.

Die typisch weibliche Existenz mit Ehemann und Kindern blieb einer jungen Frau im Rollstuhl versagt, auch wenn sie sehr hübsch war, einen freundlichen, offenen Charakter hatte und die Menschen von klein auf mit Charme und Einfallsreichtum an sich binden konnte. Margarete musste Schritt für Schritt lernen, eigenständig für ihren Lebensunterhalt zu sorgen.

Nachdem sie 13 Jahre als Lohnnäherin gearbeitet hatte, gelang es ihr, sich mit einer eigenen Werkstatt zu etablieren. Glücklicherweise hatte sie männliche Vorbilder und Ratgeber in ihrer näheren Umgebung, mit denen sie sich austauschen konnte und die sie zu Überlegungen anregten, wie sie effektiver mit ihrer Arbeitskraft umgehen und ihre Kreativität besser zum Unterhalt ihres Lebens einsetzen könnte.

Sie begann mit der Produktion und dem Versand von Kleidung und dekorativen Haushaltsartikeln wie Kissenhüllen und Tischdecken aus dem strapazierfähigen Material Filz. Ihre

Idee, weich gestopfte Spieltiere aus diesem Material herzustellen, verwirklichte sie über mehrere Jahre hinweg nur in kleinen Stückzahlen. Dann setzte im Deutschen Kaiserreich ein wirtschaftlicher Boom ein, viele Menschen konnten plötzlich Geld ausgeben – auch für ihre Kinder.

Margarete Steiff nutzte beherzt ihre Chance. Sie wurde Industrielle in einer Branche, die erst im Entstehen war. Ihre Neffen und auch eine Nichte traten in die Firma ein. Steiff positionierte sich auf dem internationalen Markt. Als Richard Steiff den heute noch auf der ganzen Welt von Kindern und Erwachsenen gleichermaßen heiß begehrten Teddybären entwickelte, war das ein Meilenstein der zeitgenössischen Pädagogik.

Die weltweite Begeisterung für den beweglichen Plüschbären überschüttete die Firma Steiff mit einer Lawine von Aufträgen. Um die enorme Nachfrage auch nach den übrigen Spieltieren bewältigen zu können, veranlasste Margarete Steiff die Errichtung ultramoderner Fabrikgebäude aus Glas und Stahl: ein ästhetischer Schock in ihrer beschaulichen Umgebung. Das 20. Jahrhundert war damit überraschend, unübersehbar und endgültig in Giengen angekommen.

Bei allen Turbulenzen gab sich die erfolgreiche Unternehmerin ganz eins mit der Rolle, die sie sich in der Gesellschaft erkämpft hatte; das war schwer genug gewesen. Nur keine Schwäche zeigen war das Fazit, das ihr schwacher Körper sie zu ziehen lehrte.

1908 schrieb Margarete Steiff die Geschichte ihrer Kindheit und Jugend nieder. Bereits Jahre zuvor hatte sie ein kleines, in Leder gebundenes Buch mit leeren Seiten geschenkt bekommen. Ihre Erinnerungen begann sie mit den Worten: »Tagebuch von Fräulein Margarete Steiff. Dieses Buch wurde mir einst geschenkt mit der Weisung, meine Lebensgeschichte dareinzuschreiben; endlich komme ich dazu, damit zu beginnen, glaube aber nicht, dass es etwas rechtes wird, den[n] schriftstellern ist nicht meine Sache. Ich gebe, was ich kann, und meine Eigenen werden mich schon verstehen.«

Die Einundsechzigjährige war es nicht gewohnt, viele Worte um sich zu machen. Und seit Jahrzehnten war sie darin geübt, stark zu sein. Dementsprechend wählte sie einen sehr offiziellen, heiteren Duktus, der kaum ein wirkliches Gefühl erahnen lässt. Eines sollte unmissverständlich klarwerden: Sie hatte sich in diesem Leben durchsetzen wollen, und das war ihr gelungen. Selbstmitleid und Sentimentalität waren der Schwäbin völlig fremd. Selbstbeherrschung war alles. Dass sich Fremde für ihr Leben interessieren könnten, kam der Chefin einer Weltfirma nicht in den Sinn. Und daher hörte sie konsequenterweise mit dem Schreiben auf, als sie zu der Zeit ihres Lebens vorgedrungen war, die die Verwandten miterlebt hatten.

Es ist schon vergleichsweise viel über Margarete Steiff geschrieben worden. Von den zahlreichen Publikationen zum Thema historisches Spielzeug sollen hier stellvertretend die von Marianne und Jürgen Cieslik sowie die von Günther Pfeiffer hervorgehoben werden. Letzterer widmete sich besonders Richard Steiff und den Fabrikneubauten. *Das Tor zur Kindheit* von Wolfgang Heger aus dem Jahr 1997 hat die örtlichen Quellen zum Leben von Margarete Steiff erhoben. Es ist akribisch recherchiert und bietet unzählige Detailinformationen über die Geschichte der Stadt, in der Margarete Steiff aufwuchs. Die Berührung Margaretes mit dem Pietismus hielt das Interesse an ihrer Person auch in der frommen Literatur wach. In ihrer 2005 erschienenen *Kleinen Chronik großer Frauen* reiht Elisabeth Stiefel die Spielzeugfabrikantin unter den besagten »großen Frauen« ein. Ihre Behinderung wird als Prüfung Gottes interpretiert, die Meisterung ihres Lebens ein »Ja zu Gottes Wegen« genannt. Mit *Margarete Steiff. Ich gebe, was ich kann* hat Ulrike Halbe-Bauer 2007 einen liebevollen Jugendroman veröffentlicht, der seine Protagonistin allerdings allzu sehr mit ihrem Schicksal hadern lässt.

Ein Dokumentarfilm über den »Knopf im Ohr« von Stefanie Baumann aus dem Jahr 1998 setzte Leben und Werk erstmals in Bilder um. Der Spielfilm *Margarete Steiff* aus dem Jahr 2005 unter der Regie von Xaver Schwarzenberger errang den Bayerischen Fernsehpreis 2006 und den Bambi-Publikumspreis; Heike Makatsch in der Rolle der Margarete Steiff erhielt zudem den Bambi als »beste Hauptdarstellerin«. Die nicht immer faktentreue Verfilmung von Margarete Steiffs Lebensgeschichte brachte deren Behinderung ins Bewusstsein einer breiten Öffentlichkeit. Mittels einer fiktiven Liebesgeschichte wird hier versucht, die Innenwelt der Heldin, ihre unerfüllten Wünsche und Hoffnungen – wenn auch sehr konventionell – ins Bild zu setzen. 2009 schließlich produzierte die Steiff GmbH eine zwanzigminütige gefühlvolle Dokumentation unter dem Titel »Ode an die Freude«.

Es bleiben jedoch nach wie vor inhaltliche Fragen zu Leben und Schaffen unbeantwortet: Die Frage etwa, woher gerade eine Margarete Steiff, die durch die langjährige mühe- und schmerzvolle Handarbeit zu mehr als hundert Prozent ausgelastet, ja überanstrengt war, die Kraft bezog, so völlig neue Ideen, wie es ihre Spieltiere waren, aus dem Nichts zu schaffen. Warum kam gerade sie auf die Idee, mit dem Thema »Spiel« Geld verdienen zu wollen? Welche persönliche Bedeutung hatte die Produktion der Spieltiere für ihre Schöpferin, und welchen Stellenwert nahmen die Steifftiere in der zeitgenössischen Pädagogik ein? Wie agierte Margarete Steiff als Unternehmerin? Wie sahen die Arbeitsbedingungen in ihrem Unternehmen aus? Wie veränderte sie die Lebenswelt der (arbeitenden) Frauen?

Nicht zuletzt diese Fragen rechtfertigen es, das Leben dieser Ausnahmefrau noch einmal zum Thema eines Buches zu machen – ein Unterfangen mit ganz spezifischen Schwierigkeiten: Wie nähert man sich einer Frau an, die in einem sozialen Milieu aufwuchs, in dem man möglichst nicht über sich sprach? Die in einer Gegend Deutschlands zu Hause war, in der Disziplin und Selbstverleugnung hohe Ideale waren? Die in einer Zeit lebte, in der Individualität im Lebensweg einer Frau weder anerkennende Beachtung noch interessierte Neugier entfachte, sondern als missliebige Abweichung von der Norm empfunden wurde?

Margarete Steiff führte ein verschlossenes Frauenleben – ohne Ehemann, ohne eigene Kinder, das Leben einer Tante, die zum Mittelpunkt und Oberhaupt einer agilen Großfamilie wurde. Es fehlen daher auch die typisch weiblichen Konflikte – zumindest wissen wir nichts davon. »Fräulein Steiff« lebte in einer Welt, die ihr solche Gefühle nicht zugestand. Stattdessen fand sie männliche Verbündete, die sie jahrzehntelang unterstützten. Und, völlig ungewöhnlich für die damalige Zeit: Sie nahmen sie ernst.

Es ist ein Leben, geprägt durch eine Frömmigkeit, die, ganz in der protestantischen Tradition, in der täglichen Arbeit immer auch die Arbeit »im Weinberg des Herrn« sieht. Nachdem Margarete Steiff in der Herstellung von Spieltieren einen »Beruf« gefunden hatte, der ihren Geist und ihr Gemüt gleichermaßen forderte, widmete sie sich ihm mit aller ihr zur Verfügung stehenden Kraft und Energie.

Kontur gewinnt dieses Ausnahmeleben im Vergleich mit dem Leben der Frauen in Margaretes Umgebung: dem der Mutter, ihrer Tanten, der Frauen in den pietistischen Kreisen, dem Leben ihrer Schwestern und ihrer Schwägerin. Es sind dies die Leben der ausgelaugten, überarbeiteten Ehefrauen, der sprichwörtlichen »armen alten Jungfern«, der hilflosen Witwen oder der ungefragt verheirateten Töchter. Margarete Steiff lebte wirtschaftlich unabhängig, selbstbestimmt. Dennoch hat sie mit größtem Interesse an dem anderen, dem typischen Frauenleben teilgenommen.

Margarete Steiffs Leben ist auch ein Paradebeispiel schwäbischen Familiensinns, geprägt durch ein weit gespanntes und intensives familiäres und freundschaftliches Beziehungsgeflecht. Man kannte sie, man vertraute ihr, und so wurde sie zum Teil einer lokalen Aufstiegselite. »In der Margarete arbeiten« hieß es noch Jahrzehnte nach dem Tod der Firmengründerin, wenn man in der Firma Steiff sein Geld verdiente. Margarete Steiffs Leben ist auch Teil der Geschichte der Industrialisierung Württembergs. Neue Produktionsweisen und der Einsatz von Maschinen zogen die Arbeit in die Fabriken. Ein grundlegender gesellschaftlicher Wandel ergriff auch die Familie. Die Frauen, die zum Arbeiten in die Firma Steiff, also in die »Margarete«, kamen, führten ein völlig neues Leben.

Die Entwicklung zur bürgerlichen Kleinfamilie bildete den Rahmen für die Etablierung der Kindheit als selbstständiger Lebensabschnitt und bereitete so den Boden für die Spielzeugindustrie. Entsprechend versuchte die zeitgenössische Pädagogik, die Kinder auf ihre Rolle im Erwachsenenleben vorzubereiten. Die Tiere von Margarete Steiff wiesen den

Kindern keine geschlechtsspezifischen Rollen zu und bereiteten nicht auf das Erwachsenenleben vor. Sie waren aus der Perspektive des Kindes entwickelt, sollten Spaß machen, robust und langlebig sein; der Rest blieb den Kindern überlassen. Ihre Schöpferin schwieg über etwaige eigene pädagogische oder sonstige Beweggründe, die sie mit der Herstellung ihrer Tiere verband.

Hunderttausende von Steifftieren brachten das »Alles ist möglich« der Gründerzeit auf den Punkt und spiegeln bis heute die fundamentale Lebensbejahung der Unternehmerin wider. Sie stehen für den starken und rebellischen Charakter einer Frau, in deren eigener Kindheitswelt es kein Spielzeug gegeben hatte und Spielen als Zeitverschwendung verachtet worden war.

Margarete Steiff arbeitete sich heraus aus Beengung und vorgeschriebenen Rollen, führte ein Leben in der luftigen Höhe von Kreativität und Innovation, wirtschaftlichem Risiko und gesellschaftlichem Aufstieg; ein Leben, das über weite Strecken tatsächlich einem Hochseilakt gleicht. Getragen von einer tief empfundenen Religiosität fühlte sie sich auch in diesen Phasen ihres Lebens wohlaufgehoben und geborgen.

Paradoxerweise machte es gerade Margarete Steiffs Behinderung möglich, dass sie sich aus den zeittypischen Konventionen für Frauen herausentwickeln konnte. In der Zeit der Industriebarone und Kommerzienräte war Margarete Steiff eine »Industriebaronesse«, eine »Selfmadewoman«, eine Pionierin in der Männerdomäne Unternehmertum. Sie war, um mit der Unternehmensberaterin und Buchautorin Gertrud Höhler zu sprechen, eine *Wölfin unter Wölfen*. Die überaus emanzipierte Persönlichkeit, die sich den damaligen Rollenklischees für Frauen erfolgreich widersetzte, schrieb auch ohne öffentliche Resonanz Unternehmens- und Kulturgeschichte.

Je eingehender man sich mit ihrer Person beschäftigt, umso mehr verstärkt sich der Wunsch, Margarete Steiff wäre in ihrer Innenperspektive nicht so bescheiden gewesen, sondern hätte aus ihrem emanzipatorischen Tun auch das entsprechende Bewusstsein ziehen mögen. Die Sächsin Louise Otto-Peters trat in Deutschland bereits während des Vormärz für die Rechte der Frauen ein. 1866 veröffentlichte sie ihre Schrift *Das Recht der Frauen auf Erwerb.* Über die Bedeutung der Erwerbstätigkeit für alle Frauen heißt es dort: »[...] nur dadurch können sie wahrhaft befreit werden – jeder Emanzipationsversuch, der auf einer anderen Basis ruht, – ist Schwindel.«

1905 signierte Margarete Steiff diese um 1897 entstandene kolorierte Zeichnung »Elefant auf Veloziped« und versah sie mit einem Datumsstempel – ein deutliches Zeichen, wie wichtig ihr der scheinbar schwerelose, heitere Zirkuselefant war.

1. Kapitel
Ein behindertes Kind

In der Welt, in die Apollonia Margarete Steiff am 24. Juli 1847 hineingeboren wurde, war der Platz eines Mädchens und einer Frau ganz genau festgelegt. Ein Mädchen hatte sanft zu sein und sich leicht erziehen zu lassen. Bescheiden, fleißig und folgsam, hatte es nur dann zu reden, wenn es gefragt wurde. Später sollte es tugendhaft sein, hübsch, aber nicht allzu schön, gesund und kräftig, keinesfalls eitel und anspruchsvoll. Eine junge Frau musste sich willig verheiraten lassen, gesunde Kinder bekommen und eine treue Ehefrau sein, die mit dem Geld ihres Mannes sparsam umging, seinen Besitz mehrte, sich ihm unterordnete und seine Tage ruhig und friedlich gestaltete: Sie hatte ein Leben lang für andere da zu sein.

»Das Stufenalter der Frau«, ein Bilderbogen aus dem Jahr 1900, setzte die ideale weibliche Biografie in einer auf- und absteigenden Kurve ins Bild. Er war als Belehrung über zukünftige Rollen gedacht und wurde gern zur Konfirmation oder zur Verlobung verschenkt: Die Betrachterin sieht links das kleine Mädchen, das fröhlich Federball spielt, die von einem Mann umworbene junge Frau, die glückliche Mutter. Den Höhepunkt weiblichen Lebens markiert im Alter von 50 Jahren der erste Enkel – wogegen sich der gleichaltrige Mann im entsprechenden Bilderbogen auf dem Gipfel seines

Die Rolle der Frau war zur Zeit von Margarete Steiffs Geburt genau festgelegt: Sie sollte Ehefrau und Mutter werden und ihr Lebensglück in der Familie finden.

Berufslebens und damit auch seines persönlichen Erfolges befindet.

Für die ältere und alte Frau folgen der Verlust des Ehemannes und der einsame Lehnsessel als abfallende Stufen der Lebenslinie. Von frühester Kindheit bis zum Tod bleibt das Leben der Frau auf die Familie beschränkt und durch Männer bestimmt. Ihre Aufgabe ist es, den Fortbestand der Familie zu sichern. Dafür gebühren ihr die Anerkennung und der Dank der Kinder und Enkel. Der Mann dagegen hat sich im Kampf mit der Welt zu bewähren.

Dieses auf Mann und Familie zentrierte Frauenbild hatte bei der Entstehung des Bilderbogens bereits eine lange Tradition, wurde doch stets die Erschaffung Evas aus der Rippe

Adams gemäß dem jahwistischen Schöpfungsbericht im Alten Testament (Genesis 2,22) als Beleg für die Zweitrangigkeit der Frau herangezogen. Und genau dieses biblische Geschehen wird auch auf dem kolorierten Bild in der Mitte des Fundaments jener Stufentreppe dargestellt, auf der sich hier das »ideale« Frauenleben entfaltet.

Das in seiner Zeit als Wandschmuck äußerst beliebte »Stufenalter der Frau« zeigt eine bürgerliche Frauenbiografie. Im Handwerkermilieu, dem Margarete Steiff entstammte, kam zu der auch dort selbstverständlichen Fremdbestimmtheit und Familienbezogenheit der Frau noch hinzu, dass bereits das kleine Mädchen der Mutter in Haus und Garten sowie bei der Beaufsichtigung der kleineren Geschwister helfen musste. Die unverheiratete Tochter ging den Eltern selbstverständlich täglich zur Hand, und die Frau eines Handwerkers half in der Werkstatt mit, wenn eine weitere Hand gebraucht wurde.

Nichts davon wird bei Margarete Steiff so sein. Das Leben ihrer Mutter lief jedoch genau nach diesem gesellschaftlichen Muster ab. Maria Margarete Steiff, geborene Hähnle (1815–1889), entstammte einer alteingesessenen Familie von Zinngießern, Müllern und Gastwirten.[1] Bei Margaretes Geburt war die Mutter bereits zum zweiten Mal verheiratet und hatte vier Kinder zur Welt gebracht, von denen nur ihre beiden Töchter aus der zweiten Ehe überlebt hatten.

Giengen, die Stadt, in der Margarete Steiffs Mutter geboren worden war, lag am Schnittpunkt zweier Handelswege: auf der Nord-Süd-Achse zwischen Ulm und Nürnberg und auf der Ost-West-Achse zwischen Augsburg und dem Neckargebiet. Die Stadt, die das märchenhafte Einhorn im Wappen führt, konnte auf eine mehrhundertjährige Geschichte als

In Giengen an der Brenz, der kleinen Stadt am Rand der schwäbischen Ostalb, verbringt Margarete Steiff ihr gesamtes Leben.

kleine, aber wohlhabende freie Reichsstadt zurückblicken. Hier galt die stolze Devise »Stadtluft macht frei!«. Mit dem Anbruch der württembergischen Herrschaft sind diese Zeiten jedoch vorbei. Nur von 1806 bis 1808 ist Giengen Oberamtsstadt; danach verliert der Ort an Bedeutung, und es folgt eine Zeit der wirtschaftlichen Depression.

Marias Eltern, Bartholomäus und Anna Maria Hähnle, führten das Gasthaus »Zur Kanne« in der Marktstraße. Die »Kanne«, zu der eine Brauerei gehörte, war eine der 16 Schilderwirtschaften der Stadt, die besondere Privilegien, wie das Recht, Bier zu brauen und Gäste zu beherbergen, besaßen. Maria wuchs mit sieben Geschwistern auf.[2]

Selbstverständlich arbeitete eine Mutter in solch einem typischen Familienbetrieb in Küche und Ausschank mit, und auch die Kinder mussten helfen. Ehe und Familie galten bis zum Beginn des 20. Jahrhunderts als wichtigste Form der Existenzsicherung. Die lebenslängliche Arbeitsgemeinschaft von Mann und Frau in den nicht adligen und nicht bürgerlichen Schichten der Gesellschaft stellte das Zentrum des wirtschaftlichen Überlebens dar.

Eine Auswertung des Gebäudebesitzes in Giengen, aufgeteilt in Berufsgruppen, zeigt, dass einige Berufe mit besonders großen Gebäudewerten verbunden waren. Die Wirte gehörten zu den wohlhabenden Bürgern der Stadt.[3] Sie besaßen große und wertvolle Immobilien. Das Häuserbuch von 1805 beschreibt das Gasthaus »Zur Kanne« in der Marktstraße 22 als zweistöckiges Wohnhaus samt Anbau, Bierbrauerei, blecherner Dörre und angebautem Schweinestall sowie Nebenhaus und Scheuer. Der Gesamtwert betrug 2100 Gulden. Aus der benachbarten Kronenwirtschaft, deren Immobilienwert mit 2700 Gulden angegeben wird, stammte Margaretes Großmutter.[4] Die vermögenden und einflussreichen Familien einer Stadt wie Giengen heirateten untereinander, auch wenn sie weitläufig miteinander verwandt waren. Das »Sach«, wie es im Schwäbischen heißt, also der Besitz, musste zusammengehalten, ja möglichst im Lauf des Lebens sogar vermehrt werden. Grund dafür war die in Württemberg praktizierte Realteilung, der gemäß den Söhnen und Töchtern bei ihrer Verheiratung nicht nur eine Aussteuer zustand, sondern der Besitz im Erbfall zu gleichen Teilen unter allen Kinder der Familie aufgeteilt wurde.

Diese Praxis führte trotz sparsamen Wirtschaftens und enormen Fleißes meist zu einer stetigen Verkleinerung der einzelnen Besitzstände. Jede folgende Generation stand unter dem Druck, die durch die Realteilung erlittenen Verluste in ihrer Lebensarbeitszeit wieder wettzumachen. Bei sieben Geschwistern zum Beispiel musste man das Siebenfache der Eltern erwirtschaften. Für eine breite Schicht der Bevölkerung war mit diesem System zwangsläufig die Gefahr des sozialen Abstiegs verbunden. Die Situation verschlechterte sich aufgrund der spektakulären Krisen- und Hungerjahre 1816/17 und 1846/47 weiter. Zahlreiche Giengener wanderten aus – vor allem nach Amerika.

Wilhelm I. von Württemberg (1781–1864) hatte 1816 von seinem Vater ein finanziell ruiniertes Land übernommen. Er baute den Schuldenberg innerhalb von zwei Jahrzehnten ab, förderte nach den Erfahrungen des Hungerwinters 1816/17 insbesondere die Landwirtschaft, befreite die Bauern und ermöglichte ihnen eine Ablösung der feudalen Grundlasten. Königin Katharina widmete sich vornehmlich der Armenpflege. Durch diese Aktivitäten gelang es langsam, den wirtschaftlichen Aufstieg Württembergs in einem politisch vergleichsweise ruhigen Klima zu fördern.

Maria Hähnle wählte ihren Bräutigam nicht innerhalb der wohlhabenden Familien von Giengen – oder sie wurde von keinem der entsprechenden jungen Männer erwählt. Sie heiratete auch kein Mitglied ihrer weit verzweigten Verwandtschaft, sondern einen Mann, dessen Vater in die Stadt zugezogen war. Dieser Johann Georg Wulz war Bauhandwerker und stammte aus Oggenhausen bei Heidenheim.[5] Er wurde Bürger von Giengen und als Meister in die Zunft aufgenommen.

Die Zünfte, seit dem Hochmittelalter bestehende Zusammenschlüsse von Handwerkern, waren ein »Closed Shop« der damaligen Zeit. Sie legten fest, wie viele Meister eines Gewerbes in einer Stadt ansässig sein durften. Sie stellten die Regeln der Handwerksberufe auf und überwachten Ausbildung, Preise, Qualität der Produkte, Arbeitszeit und Ehrenkodex der Mitglieder. Nur wenn ein Meister starb, konnte ein neuer aufgenommen werden. Man wollte die sehr begrenzten Einkommenschancen unter sich verteilen. Außerhalb dieses Zusammenschlusses durften die »zünftigen« Berufe nicht ausgeübt werden. Viele Zunftordnungen enthielten die Vorschrift: Stirbt ein Meister, muss die Witwe innerhalb von ein bis zwei Jahren wieder heiraten. Ansonsten verliert sie die Werkstatt ihres Mannes.[6]

Johann Georg Wulz war in Giengen zu einigem Wohlstand gelangt. Er ist im ersten Brandversicherungs-Kataster der Stadt als Eigentümer der Ledergasse 26 eingetragen, eines zweistöckigen Wohnhauses mit einem Anbau im Wert von 550 Gulden.[7] Sein gleichnamiger Sohn ergriff den Beruf des Vaters.[8] Inzwischen war der Zunftzwang für die Bauhandwerker mit der neuen Gewerbeordnung von 1828 abgeschafft worden.

Indem die 23 Jahre alte Maria Margarete Hähnle den Sohn eines »reingeschmeckten« Handwerkers heiratete, traf sie eine für den Stand ihrer Familie etwas ungewöhnliche Partnerwahl. Vielleicht weil sie sich in den jungen Wulz verliebt hatte? Einem solchen Gefühl nachzugeben wäre in der damaligen Zeit und in der Gesellschaftsschicht, in der sie lebte, eine völlige Ausnahme gewesen. Am 6. November 1838 jedenfalls heiratete sie den Maurermeister.[9] Das junge Ehepaar zog in das Haus der Familie Wulz, das am östlichen Rand der von einer Mauer umschlossenen Stadt lag.

Die Handwerkerfamilien zählten in Giengen zu den angesehenen Bürgern. Die Männer sprach man mit ihrer Berufsbezeichnung an, die Frauen mit »Frau Meisterin«. Wie in dem Gasthaus, aus dem Maria Hähnle stammte, war auch im Handwerkerhaushalt die weibliche Mithilfe ein wichtiger Garant des wirtschaftlichen Erfolges. Handwerkerfrauen managten das System des »Ganzen Hauses«, zu dem neben älteren Familienangehörigen und der stattlichen Kinderschar auch die Gesellen und Lehrlinge gehörten, denen sie Kost und Logis gewährten. Sie hielten Ziegen, Hühner oder sogar ein Schwein, bewirtschafteten einige kleine Grundstücke und den Hausgarten. Damit war der Bedarf an Kartoffeln, Gemüse, Obst, Eiern und Fleisch auch in Zeiten geringen Umsatzes gedeckt.

Das Ehepaar Wulz bekam kurz hintereinander zwei Söhne, die beide bereits im ersten Lebensjahr starben.[10] Das war in der damaligen Zeit mit ihrer hohen Säuglings- und Kindersterblichkeit keine Seltenheit, aber sicher hat es die junge Mutter belastet. Sie musste jedoch noch einen viel härteren Schicksalsschlag hinnehmen, als im dritten Ehejahr ihr Mann im Frühjahr bei Dacharbeiten an der Brauerei ihres Vaters abstürzte und sich tödlich verletzte.[11] Mit 26 Jahren war Maria Wulz Witwe. Von ihrer Trauer einmal ganz abgesehen, stellte sie die Situation vor ein zentrales wirtschaftliches Problem: Sie konnte den Betrieb ihres Mannes nicht allein aufrechterhalten. Zunächst führte der aus dem 45 Kilometer entfernten Geislingen an der Steige am Rande der Rauen Alb stammende und bereits seit einigen Jahren bei Johann Georg Wulz tätige Geselle Friedrich Steiff (1817–1894) das Baugeschäft weiter.

Zwei Kinder tot, der Mann vom Dach gefallen. Hätte da jemand in Giengen Maria Wulz überhaupt noch heiraten wollen? Für sie selbst bedeuteten diese Erlebnisse wohl das Ende ihrer Lebensfreude. Sie verhärtete sich in einer rigorosen Religiosität, fühlte sich von ihrem Gott geprüft und versuchte, sich seinem vermeintlich strengen und unerbittlichen Willen durch Arbeit und Leiden zu unterwerfen. Sie lebte eine Art von Hiobsexistenz, identifizierte sich in gewisser Weise mit der alttestamentarischen Leidensfigur und machte damit ihrer nächsten Umgebung das Leben schwer. Margarete sollte die Mutter in ihrem Tagebuch als überstreng, hart gegen sich und andere, humorlos, freudlos und kränklich darstellen.

Die Familie des im Giengener Baugeschäft tätigen Friedrich Steiff ist seit 1545 in Geislingen nachweisbar.[12] Ein Johannes Steiff (1603–1651) wird als »Gastgeber zum Goldenen Löwen, Gerichtsverwandter« genannt. Zwei nachfolgende Generationen waren Bäcker. Mit »Johannes Steiff (1738–1817), Zimmermann« wechselten die Männer der Familie ins Bauhandwerk. Der junge Friedrich Steiff hatte in seiner Heimatstadt offensichtlich keine Stelle gefunden. Schon in Zeiten des Zunftzwanges war die Lage der Gesellen schwierig gewesen. In der seit 1828 freieren Wirtschaft mussten sie nicht weniger hart gegen den beruflichen Abstieg ankämpfen.

Verwitwete Frauen und Männer jeden Alters gingen so rasch wie möglich eine neue Ehe ein, und Maria Wulz tat das, was Meisterwitwen seit Jahrhunderten getan hatten: Sie entschied sich dazu, den ersten Gesellen ihres Mannes zu heiraten. Offensichtliche Gemeinsamkeiten zwischen den beiden fast Gleichaltrigen waren die Abstammung aus einer Gastwirtsfamilie, die Mentalität der Älbler, das Schwerblütige, Schweigsame, Verhaltene. Welche Gefühle die beiden verbanden, ist völlig unklar. Was sie zusammenführte, war vor allem der pragmatische Wunsch, wirtschaftlich zu überleben.

Um die Frau seines verstorbenen Brotherrn heiraten zu können, musste Friedrich Steiff um die Erteilung des Bürgerrechtes nachsuchen. Es wurde ihm am 4. Februar 1843 vom Gemeinderat zuerkannt.[13] Mit der Hochzeit am 9. Mai 1843 änderten sich die Gewichte zwischen den beiden. Das Haus in der Ledergasse ging in die Verwaltung und das vorhandene Kapital in den Besitz von Friedrich Steiff über.[14] Das Geschäft konnte weitergehen. Die Vernunftehe war geschlossen.

Friedrich Steiff wurde mit dieser Heirat Meister. Und Maria Wulz setzte dem Gerede vom Unglück, das auf ihr lag, ein Ende. Sie bekam eine zweite Chance, alles »richtig« zu machen. Der soziale Druck der Verhältnisse in der kleinen Stadt, in der jeder jeden kannte, in der die Familien seit Generationen lebten und größten Anteil am Schicksal der anderen nahmen, war enorm. Es herrschte eine festgefügte Ordnung, in die jeder sich einzufügen hatte. Sonst nahmen Klatsch und Tratsch kein Ende. Die protestantische Ehe, durchaus verstanden als gesellschaftliche Pflicht, diente zur Kanalisierung der verpönten Sexualität als notwendiges Übel im Dienste der Fortpflanzung.

Neun Monate nach der unter diesen Umständen gefeierten Hochzeit gebar Maria Steiff am 22. Februar 1844 ihre erste Tochter Marie. Pauline folgte am 27. November 1845. Am 24. Juli 1847 schließlich wurde Apollonia Margarete geboren – Margarete Steiff. Ihre Geburt war sicher mit der Hoffnung verbunden gewesen, dass endlich ein Sohn in der Ledergasse das Licht der Welt erblicken möge. Ein Mann musste eine Frau haben, eine Frau musste einen Mann haben, und beide mussten sie Kinder haben. Kinder bedeuteten Arbeitskräfte, erhielten den Besitz und gewährleisteten die Versorgung der Alten. Söhne trugen den Namen der Familie in die nächste Generation.

Alle werden Margarete ein Leben lang mit ihrem zweiten Namen oder einfach »Gretle« beziehungsweise »Gret« rufen. Ihr erster Name, Apollonia, erinnert *Reclams Lexikon der Heiligen und biblischen Gestalten* zufolge an »eine betagte christliche

Jungfrau«, die 249 in Alexandria den Märtyrertod erlitt.[15] Nach ihr hieß das Mädchen zu Ehren ihrer Patentante, der jüngeren Schwester der Mutter, die eine wichtige Bezugsperson für Margarete werden sollte. In derlei Namensgebungen macht sich die Randlage Giengens im Königreich Württemberg und die Nähe zu katholischen Gebieten bemerkbar. Zum Glück sollte sich sehr schnell zeigen, dass die Kleine keinerlei Anlage zum Martyrium in sich hatte. Sie schlug da schon eher nach ihrer zweiten Patronin, einer christlichen Jungfrau, die beherzt gegen den Drachen kämpfte.

Tante Apollonia wird eine intensive Verbindung zu Margarete aufbauen und aufrechterhalten. Die »Basdot«, also Patentante, nennt sie der Dialekt. Das Patenamt hatte eine wichtige Bedeutung in evangelischen Familien. Die Paten gelobten bei der Taufe, für die christliche Erziehung des Kindes zu sorgen und die Stelle der Eltern einzunehmen, wenn diese einmal nicht selbst für ihr Kind sorgen konnten. Im kargen und armen Schwaben und in der Zeit, als die einzelnen Familien noch viele Kinder hatten, bekamen die Kinder zu Weihnachten und zum Geburtstag ihre Geschenke vor allem von den Paten.

Kurz vor Margaretes Geburt hatte Apollonia Hähnle den wohlhabenden Müller Johann Jakob Hähnle geheiratet – den Cousin ihres Vaters. Nach den beiden Ehen von Maria Steiff tritt uns hier nun ein dritter Typ von Mann-Frau-Beziehung gegenüber: Margaretes zukünftige Patentante gab einem wesentlich älteren, wohlhabenden Mann ihr Jawort; einem Mann, dessen Anwesen vor dem Klingel-Tor im Jahr 1805 ein stattliches »zweistöckiges Wohnhaus mit 3 Mahl- und 1 Gerb-Gang, eine zweistöckige Scheuer hinter dem Haus, ein[en] Anbau daran mit einem Rindviehstall, eine Wasserstube an der Mühle, ein besondere[s] Waschhaus an der Wasserstuben« im Gesamtwert von 4200 Gulden umfasste.[16]

Der bei der Eheschließung 45 Jahre alte Johann Jakob Hähnle hatte die 24 Jahre Jüngere in dritter Ehe zur Frau genommen. Sie kümmerte sich nun um seine acht Kinder.[17] 1851 bekam Apollonia Hähnle selbst eine Tochter, Anna Maria. Margarete Steiff und die vier Jahre jüngere Cousine wurden lebenslange enge Freundinnen. Wie ihre Schwester hatte Apollonia Hähnle die Lebenssicherung durch einen Mann gewählt, auch wenn sie dafür gleichsam in das Leben einer anderen eintreten musste. »Mir geschirret miteinander« – also »wir gehen gemeinsam im Geschirr« – sagten und sagen schwäbische Eheleute von sich, wenn sie ihr Miteinanderarbeiten und Aufeinander-angewiesen-Sein beschreiben. Und vergleichen sich dabei mit einem Ochsengespann, das den Acker umpflügt. Das Thema des »Ehejochs« schwingt deutlich mit, obwohl die Beschreibung eine eindeutig positive Bewertung darstellt, fast schon ein Eigenlob.

Margaretes Geburt fiel in die Zeit unmittelbar vor der bürgerlichen Revolution von 1848. Ziel dieser Bestrebungen in Deutschland war die Formulierung einer demokratischen Verfassung und die Errichtung eines Nationalstaats. Auch Württemberg und das damals etwa 2000 Einwohner zählende Giengen wurden von den damit verbundenen politischen und militärischen Turbulenzen erfasst.

Bereits im Vorfeld war auch die Lage der Arbeiter und Frauen diskutiert worden. Die Frauenrechtlerin Mathilde Franziska Anneke (1817–1884) veröffentlichte die Schrift *Das Weib im Conflikt mit den socialen Verhältnissen*, und Luise Otto-Peters (1819–1895) postulierte, die Teilnahme der Frauen an den Interessen des Staates sei eine Pflicht. Die Märzrevolution begünstigte die Entstehung zahlreicher demokratischer Frauenvereine, und Louise Otto-Peters begann mit der Herausgabe der *Frauenzeitung*. Um ihre Tätigkeit zu unterbinden und die Zeitung zu verbieten, verabschiedete Sachsen sogar ein eigenes Gesetz, die »Lex Otto«.

Inzwischen erwartete Maria Steiff schon das nächste Kind. Die gesundheitlich angeschlagene junge Mutter wurde vielleicht bereits zu dieser Zeit von ihren Eltern bei der Kinderbetreuung entlastet. Margarete wird später von den glücklichen und verwöhnenden Aufenthalten bei ihren Großeltern im Gasthaus »Zur Kanne« erzählen.

Am 27. Dezember 1848 kam ein Sohn zur Welt: Friedrich (1848–1900), der Erbe und Stammhalter. Margarete war zu diesem Zeitpunkt 15 Monate alt. Sie sprach ihre ersten Worte, konnte krabbeln, bereits etwas laufen, sich an den Möbeln entlanghangeln. Doch plötzlich erkrankte die Kleine an hohem Fieber. Sie konnte ihre Beine nicht bewegen, der rechte Arm war schwach, die Finger der rechten Hand konnten nur mit größter Kraftanstrengung greifen.

In ihrem Tagebuch schrieb Margarete Steiff lapidar: »Mit 1 1/2 Jahren wurde ich von einer Krankheit befallen, nach welcher ich nicht mehr gehen konnte, der linke Fuß war vollständig, der rechte teilweise gelähmt, auch der rechte Arm war sehr geschwächt.«[18] Drei Jahre später diagnostizierte ein Ulmer Arzt Kinderlähmung. Da man die Ursache der Erkrankung nicht kannte, gab es auch keine wirkliche Therapie. Das sollte für Margaretes Jugend eine wichtige Rolle spielen.

Noch im Todesjahr von Margarete Steiff war die Krankheit nicht erforscht. Das *Meyersche Konversationslexikon*, Band 16 von 1909, beschreibt die Symptome: »Häufiger ist die akute Poliomyelitis (spinale Kinderlähmung) bei jungen Kindern, bei denen die Erkrankung oft unter hohem Fieber meist die Vorderhornzellen des Lendenmarks befällt; die von hier aus mit Nerven versorgten Glieder verfallen einer schlaffen Lähmung. Das Leiden kann sich insofern bessern, als manche anfangs gelähmte Muskelgruppen sich allmählich wieder erholen, ein größerer oder geringerer Defekt mit Schwäche und Wachstumsstörung des betreffenden Gliedes bleibt aber meistens zurück.«

Wie sich Maria Steiff wohl mit der Behinderung ihrer Tochter auseinandergesetzt hat? In jedem Fall war es ein Prozess, der sich in mehreren Schritten vollzog. Die hoch ansteckende, durch Viren übertragene Infektionskrankheit beginnt nach zirka zwei Wochen Inkubationszeit mit Kopf- und Gliederschmerzen, Schluckbeschwerden, Appetitlosigkeit und Durchfall. In der akuten Phase der Krankheit musste das hohe Fieber gesenkt werden. Da waren kalte Wadenwickel das probate Mittel.

Danach dringt der Erreger in das zentrale Nervensystem vor und löst die zweite Krankheitsphase aus, deren Symptome von Rücken- und Muskelschmerzen bis hin zu Hirnhautentzündung und Muskellähmungen reichen können. Die halbseitige Lähmung Margaretes wurde sicher zunächst der Schwächung durch das Fieber zugesprochen. Aber das Fieber sank, und die Lähmung blieb zurück. Hilflosigkeit und ein Gefühl der Ohnmacht stellten sich ein. Die Ärzte in Giengen wussten keinen Rat.

Bei aller Fürsorge war die Mutter durch die Mehrfachbelastung mit ihrem Säugling, dem Haushalt, Garten und Landwirtschaft sowie dem Baugeschäft so ausgelastet, dass sie sich die Zeit für ihre durch die Krankheit geschwächte Tochter quasi minutenweise aus ihrem festgelegten Alltag herausschneiden musste. Alle Menschen mussten in dieser von der Arbeit bestimmten Welt funktionieren, so dass sie wie Zahnrädchen ineinandergriffen. Wer das nicht konnte, störte. Auch Margarete sollte unter allen Umständen funktionieren.

Maria Steiff hatte Angst, dem Kind könne noch mehr zustoßen. Die steile Stiege, die vielen Möbel, an denen sie sich verletzen konnte, überall im Haus lauerten Gefahren. Unzähligen Bemühungen, die kleine Tochter zum Stehen zu motivieren, folgte jedes Mal die Enttäuschung. Die strenggläubige und ängstliche junge Mutter fragte sich vermutlich, was ihr Herrgott denn dieses Mal mit ihr vorhatte. Erneut beschlich sie das bedrückende und lähmende Gefühl, auf ihrem Leben liege kein Segen. Die Ängste, die sie nach dem Tod ihres Mannes befallen hatten, kehrten zurück. Die beiden Söhne aus erster Ehe gestorben, der erste Ehemann tot und nun das kranke Kind.

Für Margarete selbst war die Erkrankung ein drastischer Einschnitt in ihrem jungen Leben. Sie hatte vor ihrer Krankheit bereits begonnen, ihre Umgebung zu erobern; nun war sie in ihrer Bewegungsfreiheit erheblich eingeschränkt und musste viele Stunden am Tag darauf warten, dass die Mutter ein wenig Zeit für sie hatte. Vor allem hat Margarete Steiff ihre Mutter wohl klagen hören.

In ihren Kindheitserinnerungen betont sie, wie schwach die Mutter gewesen sei, wie sehr ihr Körper unter der vielen Arbeit gelitten habe und wie groß die Zusatzbelastung durch die auf Hilfe angewiesene Tochter war. Aber Margarete war ein vitales Kind, das, sobald es sich von der Krankheit erholt hatte, am Leben teilhaben wollte. Nachdem der akute Krankheitsschub vorbei war, war sie nicht mehr krank. Sie litt unter Krankheitsfolgen, aber nicht unter einer Krankheit.

Sie musste sich beengt fühlen im Haus ihrer Eltern, in dem sie sich schlecht vorwärtsbewegen konnte und immer unter der Aufsicht der Mutter stand. Ein separates Kinderzimmer war in diesem Milieu zu jener Zeit nicht üblich. Säuglinge und Kleinkinder schliefen im Zimmer der Eltern. Die größeren Kinder teilten sich eine gemeinsame Schlafstube, meist unter dem Dach, die nicht beheizbar war und nur den Betten Platz bot. Auch die mussten sich die Geschwister meist zu mehreren teilen.

Margarete hörte die Geräusche von draußen, sah durch das Fenster die Sonne, ahnte den frischen Wind. Der Blick nach draußen bleibt für sie ein Leben lang wichtig. In jedem Haus, in dem sie wohnt, wird sie einen besonderen Fensterplatz mit bevorzugter Aussicht haben.

Die Eltern Hähnle versuchten weiter, ihre zunehmend verzweifelte und überforderte Tochter zu entlasten, und nahmen die kleine Enkelin häufig zu sich. »Mein Großvater holte mich oft in seine hintere Stube, wenn auf dem Berg Schafe zu sehen waren. Da rief ich dann aus Leibeskräften zum Fenster hinaus ›Schäfer, wo sind deine Schauf, 's hintre lauft dem vordera nauch.‹«[19] Dem etwas unaufmerksamen Schäfer waren also die Tiere davongelaufen, dem Herdentrieb folgend. Und Margarete mahnte ihn mit größtem Vergnügen, seine Arbeit doch etwas besser zu machen – sehr schwäbisch!

Die Alb mit ihren kargen Hochflächen war seit Jahrhunderten ein Gebiet, in dem Schäferei betrieben wurde. Wie viele Schafe Mitte des 19. Jahrhunderts auf der Alb standen, geht aus der Oberamtsbeschreibung Heidenheim von 1844 hervor. »Die Wolle wird meist an Heidenheimer Fabrikanten und Tuchmacher, zum Teil aber auch auf dem Wollmarkt zu Kirchheim abgesetzt.«[20]

Margarete durfte im Haus der Großeltern nicht nur laut aus dem Fenster schreien und übermütig und wild sein, sie wurde auch mit besonderen Leckereien verwöhnt. »Und wie gut war Großvater's Kaffee! Er hatte eine breite Schüssel [Tasse] mit Handgriffen, da stellte er ringsum Dunkerle [kleine Gebäckstücke zum Eintauchen], die er von seiner Nudel [traditionelles Hefegebäck, vergleichbar mit den österreichischen Buchteln] abgeschnitten hatte, die waren halt so gut.«[21]

Gutes Essen kostete Geld. Und Geld gab man in Schwaben nicht gern aus, egal, ob man es hatte oder nicht. Sparen war Landestugend. Daher war auch das Alter von Bartholomäus und Anna Maria Hähnle durch große Sparsamkeit bestimmt. Trotzdem gab es die Verwöhnung für das Enkelkind, und zwar so, dass Margarete es genießen konnte. Ihre sonnigen und heiteren Züge scheinen sich in der Obhut der Großeltern entwickelt zu haben. In diesem Punkt unterscheidet sie sich deutlich von ihren Schwestern, und diese Andersartigkeit wird zum Konfliktpotenzial mit der Mutter.

Margarete Steiff schreibt: »Ich konnte natürlich nicht begreifen, dass die liebe Tante Ursche nicht gerne sah, wenn wir die Dunkerle alle wegaßen. Was wussten wir Kinder davon, wie sauer es der Tante wurde, für die Großeltern das Nötigste zu beschaffen, da musste sehr gespart werden.«[22] Ursche, Ursula Hähnle, die jüngere, ledige Schwester der Mutter, die den Großeltern den Haushalt führte, lebte das beengte Leben einer unverheirateten Frau und war für Margarete von Kindheit an ein Negativbild an Eingeschränktheit und Abhängigkeit.

Um etwas dazuzuverdienen, fertigte die Großmutter Strümpfe mit Monogramm. Sie unterhielt das Kind dabei mit Geschichten. »Meine Ahne beschäftigte sich stets mit

Stricken; sie hat viele feine Aussteuerstrümpfe gestrickt mit prächtigen Namen. Daneben erzählte sie von ihrer Jugend. Ihre Mutter (meine Urgroßmutter) war gebürtig aus Rudelstetten im Ries. Dort war meine Ahne öfter zu Besuch. Da sei neben der Küche eine Holunderstaude gewesen, und hat die Urahne die Holunderküchle an der Staude gebacken, indem sie die Dolden in den Teig tunkte und mit dem siedenden Schmalz hinausging, worin die Küchlein buken.«[23]

Duftende, knusprige, in Teig ausgebackene Holunderküchlein, die sozusagen am Strauch wuchsen, das muss der kleinen Margarete, die sich für leckeres Essen begeisterte, wie ein Bild aus dem Schlaraffenland erschienen sein. Dass im Holunderstrauch auch noch die guten Feen wohnten, hat ihr die Ahne sicher auch erzählt. Bei diesen Geschichten brauchte sie keine Beine, ihre Fantasie konnte mühelos folgen. Die Großmutter lehrte sie, dass man mit Geschichten Menschen fesseln konnte: Sie blieben sitzen und hörten gebannt zu. Erzählen war eine Form von Macht. Das wollte Margarete unbedingt können.

Auch bei Tante Apollonia gab es gutes Essen und darüber hinaus etwas zum Spielen. Die Klingelmühle, die heute noch steht, war keine 300 Meter von Margaretes Elternhaus entfernt, für sie jedoch ohne fremde Hilfe unerreichbar. Hier lebte Apollonias Stiefsohn Hans Hähnle (1838–1909). Er war zu der Zeit gerade 14 Jahre alt und hatte die Lateinschule abgeschlossen.

»An den Sonntagen, wenn die Schwestern mit ihren Freundinnen fortgingen und mich nicht mitnehmen konnten, da bettelte ich fort und fort an der Mutter, bis sie mit mir zur Bas [Tante] Seifensieder oder zur Basdot ging. Besonders in der Mühle konnte man so schön spielen auf den breiten Simsen;

da war ein Geduldsspiel, das man niemals zusammen brachte und viele andere Herrlichkeiten. Im Frühjahr durfte man den Hasen holen und im Winter gab's Metzelsuppe.«[24]

Unterbrochen wurde dieser Kinderalltag in Giengen durch Reisen zu verschiedenen Ärzten, von denen sich Margaretes Eltern Heilung für ihr Kind erhofften. Im Tagebuch heißt es: »Einmal fuhren wir über Ulm, mit welcher Gelegenheit kann ich mich nicht mehr erinnern. Post oder Eisenbahn gab's damals nicht.« Ulm ist über 30 Kilometer entfernt. Nach einem Fahrplan von 1863 brauchte die Postkutsche für diese Strecke vier Stunden.[25]

»Dort angekommen bat meine Mutter einige Kinder, sie sollen mich auf ihren Schlitten nehmen.«[26] Die Kinder zogen sie zum Gasthof »Zur Gans«, wo ihr die Mutter »eine ganze knusprige Bratwurst« spendierte. Für das Kind und noch 50 Jahre später für die erwachsene Frau ein Höhepunkt: »Dieser Wurst wegen ist mir diese Reise im Gedächtnis geblieben, denn von dem aufgesuchten Doktor weiß ich nichts mehr.«[27]

»Wer bin ich? Wie soll ich die Probleme des Lebens anpacken? Was wird aus mir werden?« Fragen, die in der Psychologie als grundlegend für die kindliche Psyche genannt werden. Margarete versuchte ihren Platz in der Welt, die sie umgab, zu finden, und ihr sehnlichster Wunsch war es daher, am Leben in der Ledergasse teilzunehmen. »Alle Hausgenossen bettelte ich an: ›Tragt mich auf die Gasse‹, wenn ich auch manchmal fast erfror.«[28] Das alte Motto der Freien Reichsstadt, dass Stadtluft frei mache, hatte es auch ihr angetan. Und so wurde sie oft schon früh am Morgen von ihrer Mutter in einen Leiterwagen gepackt, der seinen Platz vor dem Haus der Eltern hatte. Selbst wenn sich wegen großer Kälte sonst niemand draußen aufhielt und alle dick vermummt an ihr vorbeihasteten, saß Margarete in ihrem hölzernen Leiterwägelchen. Sie wollte nicht das Gefühl haben müssen, vergessen, verlassen und hilflos im Haus zu sitzen.

Eng beieinanderstehende Häuser prägten das Erscheinungsbild der Gasse und das Lebensgefühl der Bewohner. Metzger, Schuhmacher, Gerber und Müller waren ansässig – ein eigener Kosmos der Geschäftigkeit. Für ein wissbegieriges und aufgewecktes Mädchen gab es jede Menge zu sehen, zu hören und zu riechen. Die Brenz, die damals in einem Kanal auch durch die Ledergasse floss, trieb die Wasserräder an und war unersetzlich für die zahlreichen Handwerksbetriebe in der Stadt. Der 55 Kilometer lange nördliche Nebenfluss der Donau entspringt im Brenztopf bei Königsbronn nahe Heidenheim. Mit nur 70 Metern Gefälle zwischen Quelle und Mündung ist der Verlauf eher gemächlich; außerhalb der Städte mäandert der Fluss idyllisch durch Talwiesen.

Die Nachbarn sprachen häufig mit der kleinen Margarete, sie werden sich amüsiert haben über die gespannte Aufmerksamkeit, mit der das Kind ihre Arbeit verfolgte. Warum interessierte sie das alles, sie war doch ein »Mädle« – ein Mädchen. Auch sie wurden zu Lieferanten von Leckereien. Margaretes Lieblingsnachbar Jesajas Edelmann, Schuhmacher und Kleinbauer, konnte den Kindern der Familie Steiff keinen Wunsch abschlagen. Sein Haus folgt direkt auf das der Eltern: Ledergasse 28.

Der unmittelbare Nachbar der Steiffs, Sohn des 1828 verstorbenen Zunftmeisters, war 1826 mit 42 Jahren Witwer geworden. Als er ein halbes Jahr später erneut heiratete, waren seine drei Kinder im Alter von zwei, acht und zehn Jahren wieder versorgt. Seine zweite Frau gebar ihm noch einen

Margarete Steiff wuchs in der Ledergasse auf. Hier lebten und arbeiteten die Handwerker. Die enge Straße war ein ganz eigener Kosmos der Geschäftigkeit und Arbeit.

Sohn und eine Tochter.[29] Als Margarete Steiff begann, ihn bewusst wahrzunehmen, ging »Esis« bereits auf sein siebzigstes Lebensjahr zu.

»Beim alten Esis war's am allerschönsten. Wenn man zu Hause Gemüse oder Haberbrei hatte, dann bekam man sicher beim Schuhmacher ein Butterbrot zum Nachtisch, denn die obigen Speisen hatten wir gar nicht gerne. Auch gab es dort Schnitz und Hutzeln [Trockenobst], Rührmilch und andere gute Sachen. Obgleich der alte Nachbar sehr knausrig war gegen seine Eigenen, so durfte doch seine Frau uns alles zuschieben. Als die lieben, alten Schuhmachersleute gestorben waren, kam der Sohn auf das Haus, und es setzte sich die Freundschaft fort.«[30]

Die große Bedeutung von Essen für das Kind fällt im Tagebuch auf. Essen und Kindheit gehören für die meisten Menschen untrennbar zusammen. Essen bedeutet Versorgtsein, Verwöhnung, Vertrautheit oder auch Trost. Margarete bekam Leckereien allerdings nur außerhalb der Küche ihrer Mutter, bei Nachbarn, dem Großvater, auf einer Reise. Das waren die absoluten Ausnahmen, und sie hat sie nie vergessen. Überall war es schöner als daheim.

Auf der Straße hielten sich auch Tiere auf: Hunde und Katzen ließen sich von Margarete streicheln, Gespanne von Pferden und Ochsen kamen ganz dicht an ihrem Leiterwagen vorbei. Manchmal flattert ein entlaufenes Huhn oder eine aufgeregte Gans durchs Bild. Neben der Werkstatt des Vaters im Erdgeschoss lag der Stall.

Spielzeug hat es für die Kinder der Familie Steiff nicht gegeben. Es war eine Rarität und wesentlich wohlhabenderen Schichten vorbehalten. Wenn es dennoch etwas zum Spielen gab, dann nur bei anderen Leuten, nicht bei der Mutter. Das war wie mit dem guten Essen.

»Bei dem alten Ferde mit seiner alten Bäbe, welche in unserem Nachbarhaus wohnten, war ich als kleines Kind oft zu Besuch und hatte dort ein sehr anziehendes Spielzeug, nämlich 2 kleine Töpfchen und eine Hand voll Linsen, eine unerschöpfliche Unterhaltung. Bei Frau Gerber Schmid, welche ein Ideal von einer schönen, lieben Frau war, bekam ich eine Schachtel mit Knöpfen, was ebenso interessant war wie Ferde's Linsen.«[31]

Eine eigene Welt der Kinder existierte in den Augen der Erwachsenen nicht. Kinder hatten so früh als möglich bei der Arbeit zu helfen. Spielen konnten sie nur im Freien, wenn sie liefen und sprangen, dann waren sie der Zwänge ledig. Das war die »Gassenfreiheit« der Kinder: Spielen ohne die Beaufsichtigung der Eltern, der Verpflichtung zur Mitarbeit enthoben. Das »freie« Spiel war eine Aneignung der Umgebung. Doch die Normen und Werte der Erwachsenen spielten natürlich eine Rolle. Monarchistische Prinzipien herrschten zum Beispiel bei dem Fangspiel »Der Kaiser schickt Soldaten aus«.[32]

In ihrer Erinnerung wird Margarete Steiff zum Koordinator der Kinderspiele im Freien: »Im Frühling war's dann so schön auf Schreiner Kölz oder Gerber Böckh's Hausstaffeln oder in meinem Wägelchen. Da sammelten sich alle Kinder um mich, und ich ordnete Spiele an, wo ich der Mittelpunkt war, z.B. ›Herr, wo soll ich Tinte holen‹, ›Sie so fahren‹, Farben erraten usw.«[33] Sie konnte nicht laufen und rennen wie die anderen, warum also sollten die anderen Kinder sie an ihren Spielen teilhaben lassen? Eigentlich störte sie nur. Daher richtete Margarete ihre Energie auf eine Umkehrung der Situation: Die anderen mussten nach ihren »Regeln« funktionieren, sie suchte die Spiele aus und organisierte sie.

Wenn ihr das nicht gelang und die Kinder ihres Alters sie allein in ihrem Leiterwagen sitzen ließen, beschäftigte sie sich mit den Kleinen, die noch nicht wegrennen konnten. »Aber sehr oft kam es auch vor, dass alle davon sprangen, dann unterhielt ich mich mit den ganz Kleinen, die meiner Obhut anvertraut waren. Ich hatte immer Platz für zwei oder drei in meinem Wägelchen, und die Frau Nachbarin war froh, wenn ich die Kinder hütete.«[34]

Bruno Bettelheim zeichnet in seinem Buch *Kinder brauchen*

Märchen die Entwicklung des Kindes aus der Sicht des Psychoanalytikers auf: »Die psychologischen Probleme des Heranwachsens sind vielfältig. Das Kind muss narzisstische Enttäuschungen, das ödipale Dilemma und Geschwisterrivalitäten überwinden, es muss sich aus kindlichen Abhängigkeiten lösen und Selbstbewusstsein, Selbstwertgefühl und moralisches Pflichtbewusstsein erwerben. Um diese Probleme zu meistern, muss es verstehen, was in seinem Bewussten vorgeht, damit es auch mit dem zurechtkommt, was sich in seinem Unbewussten abspielt.«[35]

Im Nachempfinden und Experimentieren mit Geschichten sieht er ein Hilfsmittel für das Kind. »In dieser Hinsicht haben Märchen einen unschätzbaren Wert, weil sie der Phantasie des Kindes neue Dimensionen eröffnen, die es selbst nicht erschließen könnte. Was noch wichtiger ist: Form und Gestalt der Märchen bieten dem Kinde Bilder an, nach denen es seine Tagträume ausbilden und seinem Leben eine bessere Orientierung geben kann.«[36] Das Böse ist in den Märchen ebenso gegenwärtig wie das Gute.

Die kleine Margarete gab sich jedenfalls der Vorstellung hin, mit besonderen Geschichten die anderen Kinder beeindrucken zu können, wenn sie in ihrem Wagen an einem Sommertag draußen saß und nicht allein sein wollte. Die anderen Kinder spielten dann alle auf den Wiesen oder am Ufer der Brenz. Sie pflückten Blumen, rannten hintereinander her, hantierten mit Stöcken und Steinen. Vielleicht hat sie sich dann den Kleinen, die ihrer Obhut als »Kindsmagd« anvertraut waren, mit den Worten zugewandt: »I weiß a schöne Gschicht, die han i euch no gar et verzehlt.« Diese noch nie erzählte schöne Geschichte könnte gut ein Märchen der Brüder Grimm gewesen sein.

Jacob Grimm (1785–1863) und Wilhelm Grimm (1786–1859), in Hanau geborene Söhne einer hessischen Beamten- und Pastorenfamilie, gelten mit ihrem Hauptwerk, dem *Deutschen Wörterbuch*, als Gründungsväter der deutschen Philologie. Ihre *Kinder- und Hausmärchen*, volkstümlich »Grimms Märchen« genannt, waren von den Romantikern Achim von Arnim und Clemens Brentano angeregt worden.

Viele der Märchen stammen von einer Märchenerzählerin, die sie während ihrer Studien- und Arbeitsjahre in Kassel kennenlernten, sowie vom französischen Schriftsteller und Kulturstaatssekretär Charles Perrault, der seine Stoffe wiederum aus französischen und italienischen Sammlungen übernommen hatte. Im Vorwort erwähnen die Grimms ausdrücklich, dass es sich bei den Märchen um ein Erziehungsbuch handele.[37]

Folgt man der Klassifizierung der Psychologie, dann sind Märchen Wunscherfüllungsgeschichten. Für ein Kind gibt es keine scharfe Trennung zwischen leblosen Gegenständen und lebendigen Wesen. Ein heranwachsendes Kind sucht Antworten von den Dingen zu bekommen, die seine Neugier wecken. Es erwartet zum Beispiel von einem Tier, dass es über die ihm wichtigen Anliegen spricht – so wie die Tiere im Märchen.[38] Da die Tiere frei in der Welt herumstreifen, sind sie im Märchen auch imstande, den Helden zu unterstützen. Tiere denken und sprechen wie Menschen. Sie treten in zweierlei Gestalt auf. Auf der einen Seite gibt es den bösen Wolf, der in »Rotkäppchen« die Großmutter frisst, und den Drachen, der ein ganzes Land zerstört. Auf der anderen Seite die klugen und guten Tiere, die dem Helden zum Happy End mit der Prinzessin verhelfen.

Margarete könnte also ihren eigenen psychischen Bedürfnissen entsprechend Märchen geliebt haben, in denen schwache Menschen Hilfe erfahren – von Tieren. Etwa »Die Bienenkönigin«. Das Märchen beginnt: »Zwei Königssöhne gingen einmal auf Abenteuer und gerieten in ein wildes wüstes Leben, sodass sie gar nicht wieder nach Hause kamen. Der jüngste, welcher der Dummling hieß, machte sich auf und suchte seine Brüder.« Nachdem er die beiden gefunden hat, verspotten sie ihn. Auf der folgenden gemeinsamen Wanderschaft schützt der Dummling immer wieder die von der Aggressivität der Brüder bedrohten Tiere: »Lasst die Tiere in Frieden, ich leid's nicht, dass ihr sie stört.«

Als sie an einem Schloss angekommen sind und vor der Aufgabe stehen, die Prinzessin zu befreien, reichen die eigenen Kräfte der älteren Brüder nicht aus, und da sie keine Hilfe von Dritten bekommen, werden sie versteinert. Der Dummling aber ist keineswegs von aller Welt verlassen, ihm helfen die Ameisen, die Enten und die Bienen. »Da kam die Bienenkönigin von den Bienen, die der Dummling vor dem Feuer beschützt hatte, und die Biene roch den Honig und fand die richtige Prinzessin. Alle Rätsel waren gelöst, und das Schloss war befreit.«[39] Die Moral von der Geschichte ist nicht zu überhören: Die eigenen Kräfte reichen oft nicht aus, man braucht Verbündete.

In Margaretes eigener Darstellung ihrer Kindheit regiert sie selbst die Welt. Das ist eine krasse Verleugnung ihrer tatsächlichen Lebensumstände, in denen sie immer auf die Hilfe anderer angewiesen war, und soll die Kränkung der Behinderung kompensieren. Margarete wollte am Leben teilhaben, und dazu brauchte sie die Hilfe anderer. Sie konnte nicht riskieren, vergessen zu werden. Also interessierte sie sich für das Leben der anderen und versuchte, einen möglichst großen Anteil daran zu nehmen.

Das Erzählen von Geschichten bei der Beaufsichtigung der kleinen Kinder hatte weiter den Vorteil, dass Margarete während dieser Zeit von der Plage der Handarbeiten befreit war. »Es war für mich auch deshalb ein wichtiges Amt, musste ich doch nicht in der Zeit häkeln, denn gewöhnlich war meine Aufgabe, so und so viel fertigzubringen.«[40]

Margarete hasste das Häkeln und hätte es freiwillig wohl niemals getan. Der gelähmte rechte Arm machte die Handarbeit zur Qual, aber sie hatte ein gewisses Soll zu erbringen, das jeden Tag nachgemessen wurde. Die Handarbeiten wurden als Geschenke für Bekannte und Verwandte angefertigt, aber ebenso wie die von der Großmutter gefertigten Strümpfe auch als Zuerwerb verkauft. Das respektable Amt der Kinderbetreuung versöhnte sogar die strenge Mutter, wenn Margarete die ihr zugeteilte Häkelarbeit wieder einmal nicht bewältigt hatte. In den Augen von Maria Steiff war es ein großes Manko, dass Margarete ihr nicht wie die beiden älteren Töchter helfen konnte.

Allein rationale Erwägungen der Erwachsenen verfügten über die Kindheit. Der Nutzen regierte das Familienleben. Kinder mussten gegen die allzu große Vereinnahmung durch ihre Eltern auch in Giengen geschützt werden. »Nach einer dekanatamtlichen Verordnung vom 17. April 1839 soll das ›Verdingen von Schulkindern [...] nur in allerdringendsten Fällen‹ geduldet werden [...] trotzdem wurde noch bei der Bezirksschulversammlung von 1876 die ›maßlose Überbürdung der Schulkinder mit physischen Anstrengungen im Dienste des materiellen Erwerbs‹ als Übelstand beklagt.«[41]

Kinder mussten sich stets an die elterliche Ordnung anpassen, kindlicher Expansionsdrang störte. Es war eine unheile Kinderwelt, voller Konflikte mit der Umwelt, die Verbote und

Strafen nach sich zogen. Angst gehörte ganz wesentlich mit zum Leben der Kinder. Margarete schreibt nichts über ihr Verhältnis zu ihrem Vater in der Kinderzeit. Wahrscheinlich hat er die Erziehung der Mädchen weitgehend der Mutter überlassen. Von ihren Geschwistern wird sie nur berichten, dass die Schwestern stets braver waren als sie selbst und dass der Bruder sie an seinen Schulaufgaben teilnehmen ließ.

Doch das tägliche Quantum an frischer Luft, das sie sich erfolgreich erkämpfte, ließ aus Margarete ein gesundes und widerstandsfähiges Kind werden. »Im übrigen war und blieb ich von da an stets gesund, hatte auch wenig unter den üblichen Kinderkrankheiten zu leiden.«[42]

Margaretes Erlebnishunger und ihre Abenteuerlust waren enorm: Einmal nahm der Nachbar die Steiff-Kinder auf dem Fuhrwerk mit zum Mähen. »Man sollte es nicht für möglich halten, dass mir das Wasserfallen zweimal passiert ist. Das erstemal war ich vielleicht 4 Jahre alt, als wir 4 Geschwister mit unserem lieben, alten Nachbarn Jesaias Edelmann in die Kleen [auf die Kleewiese] fahren durften. Solange er mähte, wurde ich an den Rain gesetzt und bekam einige Blumen zu spielen, während die anderen dem Nachbar halfen oder herumtollten. Bei der Heimfahrt setzte er uns alle auf die Kleen. Damals war das Brenzufer in der Ledergasse noch sehr schlecht. Der Nachbar musste einem anderen Fuhrwerk ausweichen, kam zu nahe ans Ufer, und der Wagen mit den 4 Kindern stürzte um und ins Wasser. Meine Schwester Pauline wurde von den Kleen ganz verschüttet. Da aber viele Leute zur Stelle waren, hatte man uns bald herausgefischt. Meine Mutter war gerade mit einer Wäsche beschäftigt, sie hörte einen ungewöhnlichen Lärm und als sie herauseilte, brachte man ihr 4 nasse Kinder.«[43]

Bezeichnenderweise erzählt Margarete nichts von der Reaktion der Mutter, nichts von der Strafe, die mit Sicherheit auf die Kinder wartete. Stattdessen betont sie ihre Abenteuerlust und das Fehlen jeglicher Angst.

»Ich kann mir noch denken, dass meine Schürze über meinem Gesicht war und habe das Nelkendessin gesehen, das in schwarzem Grund war. Als man mich fragte, was ich denn getan hätte, wenn man mich nicht herausgezogen hätte, antwortete ich, ich wäre zu meiner Basdote [Patentante] in die Klingenmühle geschwommen. Einer Angst oder eines Schreckens kann ich mich nicht erinnern. Einen großen Nachteil brachte uns das unfreiwillige Bad, wir durften lange Zeit nicht mehr mit ins Feld fahren.«[44]

Selbstverständlich war der Sturz in die Brenz für ein kleines Mädchen gefährlich gewesen, das nicht schwimmen und sich auch nur mit dem linken Arm etwas über Wasser halten konnte. Margarete negiert diese Tatsache kurzerhand. Die Faszination durch jede Art von schwereloser Bewegung, gleichbedeutend mit der kurzzeitig möglichen Verleugnung der Behinderung, wird sie ein Leben lang begleiten.

Kindheit wird von der erwachsenen Frau zur Zeit der Natürlichkeit und Unbekümmertheit stilisiert. Sie gab sich selbstbewusst, rebellierte, nahm die typische Mädchenrolle als sanfte und zuverlässige Stütze der Mutter nicht an. Ganz im Gegenteil: Wo immer sie konnte, begann sie sich deren Einfluss zu entziehen, gestärkt durch die Sympathien der anderen. In Wirklichkeit war und ist die Kindheit jedoch die Zeit der größten Abhängigkeit, die Zeit im Leben, in der Wollen und Können am weitesten auseinanderliegen.

Eine jüngere Schwester, die am 24. Juli 1854 auf die Welt kam, also auf den Tag genau sieben Jahre nach Margarete, starb nach 14 Tagen. War dieses Ereignis für die Eltern der Auslöser, es nun verstärkt mit Margaretes Heilung zu versuchen? Maria Steiff war zu diesem Zeitpunkt 39 Jahre alt. Sie sollte kein weiteres Kind mehr bekommen.

2. Kapitel
Fromme Netzwerke

Margarete durfte inzwischen auf Anraten eines Ulmer Arztes in Giengen die Schule besuchen. »In die Schule ging ich sehr gerne und ließ mich durch keine Witterung abhalten, obgleich ich leicht Urlaub bekommen hätte.«[1] »Urlaub« von der Schule nahm sie nur, wenn ein Arztbesuch auf dem Programm stand: »Es wurde natürlich kein Mittel unversucht gelassen, und ich kann mich erinnern, dass meine Mutter öfters mit mir bei auswärtigen Ärzten war.«[2]

Für eine mögliche Heilung war der Zeitgeist im evangelischen Württemberg vergleichsweise günstig. Die Innere Mission brachte Rettungsanstalten und Arbeitshäuser hervor, um mit verstärkter »Liebestätigkeit« gegen soziale Missstände vorzugehen. Man nahm sich der Menschen aus diversen Randgruppen an, die zu nützlichen Mitgliedern der Gesellschaft gemacht und zum wahren Glauben geführt werden sollten. Kinder erfuhren in diesem Zusammenhang eine bislang ungekannte Beachtung.

Die wenigen frühen sozialen Einrichtungen gehen auf das persönliche Engagement der außerordentlich beliebten Katharina Pawlowna von Russland (1788–1819), seit 1816 Königin von Württemberg, zurück. 1817 gründete sie eine »Nationale Industrieanstalt für verschämte Arbeiterinnen« in Stuttgart. Die im selben Jahr ins Leben gerufene »Marienpflege« für arme und verwahrloste Kinder konnte bis zu 600 Mädchen aufnehmen und sie in allen Arbeiten der Haushaltsführung ausbilden. Noch im gleichen Jahr wurde eine »Katharinenschule« eingerichtet, eine Spinnanstalt für »erwachsene Weibspersonen«. Eine »Suppenanstalt« für Arme gab täglich 4555 Portionen aus, und der »Allgemeine Wohltätigkeitsverein« wurde ins Leben gerufen.[3] Im Jahr 1820 nahm als erstes »Rettungshaus für verwilderte Kinder« die »Paulinenpflege« ihre Arbeit auf.[4] 1829 und 1843 kamen drei Kleinkinderpflegeheime hinzu.[5]

Auch die Einstellung zu Behinderung änderte sich. Jahrhundertelang war es die Aufgabe der katholischen Orden gewesen, sich um behinderte Menschen zu kümmern. Die Gesellschaft hatte sie in Armenhäusern und Spitälern kaserniert, vor die Tore ihrer Städte verbannt, wollte von ihrem Anblick verschont bleiben.

1855 richtete Friedrich Steiff für seine Tochter ein Aufnahmegesuch an die Kinderheilanstalt von August Hermann Werner (1808–1882) in Ludwigsburg. Der Vorname des Kinderarztes war Programm. Hieß er doch nach August Hermann Francke, dem Gründer der Franckeschen Stiftungen in Halle an der Saale, des größten Waisenhauses seiner Zeit. Werners Großvater war Israel Hartmann gewesen, Waisenhausleiter in Ludwigsburg.[6] Sein Bruder, Karl Friedrich Werner, war Pfarrer in Fellbach, dem »zweitfrömmsten Ort« Württembergs, Förderer der Mission, Freund des evangelischen Theologen Johann Christoph Blumhardt und Vorstand des Kinderrettungsvereins. Zwei unverheiratete Schwestern Werners waren Diakonissen, und er selbst bildete Frauen zu diesem Beruf aus, den alle Beteiligten als »Berufung« verstanden.

August Hermann Werner
und seine Ehefrau.
Der pietistisch geprägte Arzt
versuchte vergeblich,
Margarete Steiff zu heilen.

Einer der Vorfahren des frommen Arztes, Christian Friedrich Werner, hatte als Kaufmann in Giengen gelebt. Er hatte in seinem Haus pietistische Erbauungsstunden abgehalten und war 1823 nach Bessarabien ausgewandert, um dort beim Aufbau einer frommen Kolonie mitzuwirken.[7] Friedrich Steiff erhielt von Werner die Zusage zur Aufnahme seiner Tochter über die Dauer von sechs Wochen. Daraufhin stellte er beim Stiftungsrat einen Antrag auf finanzielle Unterstützung. Dieser beschloss im Frühjahr 1856, die Kosten für Margaretes Aufenthalt in der Ludwigsburger Kinderheilanstalt zu übernehmen.[8]

Der von den Steiffs zur Heilung ihrer Tochter ausersehene August Hermann Werner hatte nach dem Schulbesuch in Stuttgart Medizin in Tübingen, München und Würzburg studiert.[9] 1832 begann er sich in seiner Praxis in Neckarsulm um kranke und behinderte Kinder zu kümmern – »im Vertrauen auf Gottes Hilfe«, ließ er in diversen Zeitungsanzeigen wissen.[10] Zwei Jahre später zog er nach Ludwigsburg. Dort sollte er beim Lesen der folgenden Frage im *Christenboten* ein Erweckungserlebnis haben: »Sollten wir nicht eine Heilanstalt haben für arme Kinder? Alle Waisen- und Rettungshäuser dringen darauf, dass ihnen nur solche Kinder übergeben werden, welchen vom Arzt bezeugt wird, dass sie gesund seien. Sind aber nicht gerade die kränklichen, mit hartnäckigen körperlichen Leiden behafteten und daneben verwaisten und verwahrlosten Kinder die allerhilfsbedürftigsten?«[11] Auch wenn die Ergebung in Gottes Willen eine der Hauptforderungen des Pietismus war und die Krankheit als eine von Gott gesandte Strafe für die Sündhaftigkeit der Menschen galt – gewissermaßen eine Lektion in göttlicher Pädagogik, die der Läuterung dienen sollte –, war eine ärztliche Behandlung erlaubt.[12] Konflikte entstanden bei der Frage, ob der Kranke um Heilung flehen durfte und wie weit der Arzt eingreifen sollte. In pietistischen Schriften des 18. Jahrhunderts ist mit dem Wort »Krankheit« häufig nicht die Krankheit des Körpers, sondern die der Seele gemeint.[13] Das Wichtigste war, über die Ursache der Krankheit nachzudenken. Selbstprüfung sollte helfen, sie als Ruf zu Buße und Umkehr zu verstehen.[14]

Vor diesem geistigen Hintergrund rief Werner einen Verein zur Gründung einer Kinderheilanstalt ins Leben[15] und sammelte fünf Jahre lang Gelder für sein Vorhaben. Zur eigenen finanziellen Absicherung wurde er Hausarzt im Zucht- und Arbeitshaus und im Mathildenstift.[16] Er heiratete die aus einer Ludwigsburger Kaufmannsfamilie stammende Karoline Katharina Gmelin, in deren Elternhaus zu religiösen Erbauungszwecken »Stund« gehalten wurde.[17] Am 23. Juli 1841 konnte Werner seine Kinderheilanstalt eröffnen,[18] die in einem Zeitraum von 20 Jahren zirka 10000 Kinder betreuen sollte.[19] Der Arzt war mit einem starken Willen ausgestattet. Er eröffnete das Krankenhaus mit zunächst nur einer Pflegerin. Welche Anforderungen er dabei stellte, publizierte er im *Christlichen Intelligenz-Blatt* Nr. 12 vom 9. Juni 1844: Er suche »eine Magd [...] deren Sinn nicht auf weltliche Lust gerichtet ist, sondern welche den Herrn kennt, und welcher es eine Lust ist, ihm dienen zu können. Namentlich soll sie einen kindlichen Sinn mitbringen«.[20]

Werners Bitten um Spenden stachen in den frommen Zeitschriften durch ein gewisses Maß an Originalität aus der Masse hervor. In einem Artikel von 1864, »An Kinderfreunde«, ließ er scheinbar die kranken Kinder selbst zu Wort kommen.[21] Finanziell unterstützt wurde er unter anderem von Königin Pauline von Württemberg. Der Arzt formulierte die Zielsetzung seiner Arbeit wie folgt: »Unser Bestreben geht dahin, uns der Kinder nach Leib und Seele herzlich anzunehmen und Elternstelle an ihnen zu vertreten. Ein rein evangelischer Geist soll in Wort und Tat das Ganze von Tag zu Tag sichtbarer durchdringen, dass die Anstalt den Namen einer christlichen Familie verdienen möge, in welcher jeder Tag dem Herrn geweiht sei.«[22]

Die Anstalt bestand zunächst nur aus drei Zimmern. 1845 fand Werner ein Haus, das er mit von Freunden geborgtem Geld kaufen und beziehen konnte. Eine angestellte Hausmutter kümmerte sich um die geistlichen und körperlichen Bedürfnisse der »Pfleglinge« genannten Kinder. Ein Komitee übernahm die Verwaltung. Werner behandelte als Hausarzt organische Krankheiten, Gelenkerkrankungen, Nervenkrankheiten, Augenerkrankungen, Hautausschläge und widmete sich stets auch der geistigen Förderung der Kinder.[23]

Seine religiös begründete strikte Weigerung, operative Eingriffe vorzunehmen, brachte ihn in die Kritik der Kollegen. Wie er behandelte, bleibt unklar, aber er stieß bald an Grenzen und stellte schließlich einen Wundarzt ein. Werner habe bei den Operationen, die dieser Dr. Hubauer ausführte, in der Ecke gesessen und gebetet, heißt es.

Die unbedingte Bereitschaft August Hermann Werners, sich in Gottes Willen zu fügen, zeigte sich auch beim Tod seiner eigenen,13 Monate alten Tochter: »Zeuch [zieh] hin mein Kind, Gott selber fordert Dich.«[24] Kam eine neue Tochter zur Welt, sagte er: »Das gibt wieder eine Krankenwärterin.«[25]

Im Mai 1856 macht sich Maria Steiff mit ihrer Tochter auf den Weg nach Ludwigsburg. Die Reise per Pferdeomnibus und Eisenbahn war ein Abenteuer. Margarete Steiff berichtet: »Im Jahre 1856 an Pfingsten reiste meine Mutter mit mir nach Ludwigsburg, man hatte eine Gesellschaft abgewartet. Da ging es morgens um 2 Uhr mit dem Omnibus ab über Söhnstetten, Böhmenkirch nach Süssen, woselbst unser nächster Eisenbahnanschluss war. In Söhnstetten, wo man Halt machte, habe ich meine neue Haarschleife liegen lassen; sie hatte 12 Kreutzer gekostet und war von Mesner's Lotte gemacht. Solchen Staat [Schmuck] habe ich nie wieder bekommen.«[26]

Wie die Bratwurst war auch der besondere Schmuck für das Haar des Mädchens nur für die Ausnahmesituation des Arztbesuches vorgesehen gewesen. Margarete sollte sich wohlfühlen, keine Angst haben, die Untersuchungen willig über sich ergehen lassen und der Mutter keine Schande machen.

In Ludwigsburg wurde sie im Privathaus des Arztes untergebracht, erhielt die »Familienpflege beim Vorstand des Hauses«. Die Kinderheilanstalt selbst lernte sie nur bei Besuchen kennen. Stattdessen erlebte Margarete zum ersten Mal kindliche Freiheiten in einem familiären Kontext. Die Tochter August Hermann Werners berichtet davon, wie liebevoll der Vater sich um seine Kinder gekümmert habe. »Oft trug er die etwas kränkliche Lydia oder den öfters von Unwohlsein geplagten Hermann in der Nacht stundenlang herum, um der geplagten Mutter Ruhe zu verschaffen. Es fiel ihm überhaupt nicht schwer, seine Nachtruhe zu opfern, was seiner Patienten wegen oft geschah.«[27] Er war, ganz untypisch für die Zeit, ein Vater, der sich intensiv mit seinen Kindern beschäftigte und ausgelassen mit ihnen herumtobte: »Wie konnte unser Vater oft so fröhlich mit uns Kindern spielen. [...] Auch als Bär lief er mit uns auf allen Vieren im Zimmer herum, eines oder zwei auf dem Rücken tragend. Mutter hatte ihm einen Schlafrock genäht, den sie selbst mit schwarzem Pelz ausgefüttert hatte; der wurde umgekehrt und über Vater gekehrt zu unserem großen Ergötzen.«[28]

Bei ihrem Aufenthalt muss Margarete Steiff Zeugin solcher Eltern-Kind-Spiele geworden sein, die für sie völlig neu waren. Ihre Hilfsbedürftigkeit war in der Familie Werner kein strittiges Thema. Sie durfte viel selbst machen, sich selbst helfen, musste nicht immer auf jemanden warten. Und sie erlebte zum ersten Mal andere behinderte und kranke Kinder, lernte dabei, ihre reale Situation einzuordnen. Sie fühlte sich ausgesprochen wohl: »In Ludwigsburg hatte ich das Glück, bei Dr. Werner in die Familie aufgenommen zu werden und war dort ganz daheim, auch ließ man mir dort mehr Freiheit als zu Hause. Somit hatte ich keine Spur von Heimweh.«[29]

Entsprechend groß war ihr Zutrauen zu dem Arzt. »Herr Dr. Werner gab sich viele Mühe mit mir. Er machte an meinem linken Fuß zwei Sehnenschnitte. Durch Gipsverband sollte der Fuß gerade werden.« Dass nicht Werner, sondern ein Wundarzt sie operierte, hatte sie vergessen oder nie gewusst. Margarete war von robuster Konstitution und überstand die letztlich nutzlose Operation gut – die jedoch an sich einen schweren Eingriff darstellte. Ob und wie lange sie Schmerzen hatte, erwähnt sie mit keinem Wort.

Die älteste Tochter des Arztes, Maria Werner, war sicherlich, wie das von ihr erwartet wurde, ein stilles, sanftes Mädchen, das der Mutter stets gern zur Hand ging. In den freien Stunden des Nachmittags spielte sie Klavier und sang dazu fromme Lieder. An diesen Nachmittagen könnte Margarete erneut intensiv mit dem Thema Tiere, dieses Mal exotische Tiere, in Berührung gekommen sein, nämlich dann, wenn Maria ihr Bücher über die Mission zeigte. Da konnte Margarete Elefanten und Kamele sehen. Margarete erinnerte sich an die Arche Noah, in die ein Paar von jeder Tierart zur Rettung vor der Sintflut aufgenommen worden war. Nun hörte sie von fernen Ländern, wundersamen Tieren, anderen Sprachen und davon, dass man Englisch in sehr vielen Ländern auf der ganzen Welt verstand. Das wissbegierige Gretle fragte so lange nach, bis Maria begann, ihr erste Worte beizubringen.

Werner beschreibt die Kinder, die bei ihm Hilfe finden sollten, folgendermaßen: »Wir haben drei Klassen kleiner Kämpfer und Pilger vor uns. Die erste steht im Begriff, diesmal siegreich hervorzugehen aus dem Streite der jungen Lebenskräfte mit dem Tod und seinen Vorposten [...]. Die zweite Klasse, eine kleine Schar von Invaliden, noch jung an Jahren, aber bereits mit gebrochener Kraft, unfähig für den Vollgenuss des irdischen Lebens wie für die spätere Erfüllung der Ansprüche, welche die Gesellschaft an ihre einzelnen Glieder zu machen berechtigt ist. Diese erfordern neben der Leibespflege einen geordneten Unterricht, um für die menschliche Gesellschaft möglichst brauchbar gemacht zu werden. […] Von der dritten Klasse: Es geht kein Jahr vorüber, in welchem nicht für einzelne Kinder unser Haus die letzte Station wird vor dem Übergang in das ewige Leben, und wir weisen nach unseren Statuten auch solche Kinder nicht ab.«

Werners »zweiter Klasse von Invaliden« wird Margarete Steiff ein Leben lang angehören. Sehen wir uns einmal genauer an, welche Prognose ihr der Arzt ausstellt, in den die Eltern und das Mädchen all ihre Hoffnungen setzen: »unfähig für den Vollgenuss des irdischen Lebens wie für die spätere Erfüllung der Ansprüche, welche die Gesellschaft an ihre einzelnen Glieder zu machen berechtigt ist.«

Margarete Steiff hat diese Äußerungen vermutlich in dieser Direktheit nicht gekannt. Die Inhalte wurden ihr aber offensichtlich so deutlich und schonungslos vermittelt, dass sie für beide hier aufgestellte Behauptungen ein Leben lang den Gegenbeweis erbringen wird: Sie wird ihr Leben in dem Maß bewusst genießen, in dem die Gesellschaft, das Milieu, die Zeit und nicht zuletzt ihre Mentalität ihr das erlauben. Und sie wird die Ansprüche, die die Gesellschaft an ihre Mitglieder stellt, in höchstem Maße erfüllen – ja sogar komplett übererfüllen.

August Hermann Werner hatte bereits seit Jahren den Wunsch gehegt, die wichtigsten Heilquellen des Landes zu nutzen: das Wildbad im Schwarzwald und das Solbad in Jagstfeld. Im Sommer 1854 wurden erstmals Kinder ins zwölf Reisestunden von Ludwigsburg entfernte Wildbad geschickt. Werner hatte dort ein zweistöckiges Haus am linken Ufer der

Enz gemietet, hoch und sonnig gelegen, sieben Zimmer, ein Gärtchen und Wiese: »Haus Herrnhilfe«. »Unsre Seele harret auf den Herrn; er ist unsre Hilfe und Schild«, stand als Motto über der Tür.[30] Als berühmte Kurgäste nun großzügig spendeten, konnte der Arzt das Anwesen kaufen.[31]

Mit dem Namen »Herrnhilfe« bezog sich Werner unübersehbar auf die Herrnhuter Brüdergemeine, eine Gründung des Grafen Nikolaus Ludwig von Zinzendorf (1700–1760), und charakterisierte damit deutlich seinen eigenen medizinischen Ansatz. Die Herrnhuter hatten unter anderem eine im Pietismus neue, positive Einstellung zum Körper entwickelt. Die Gemeine betrieb von ihrer Gründung an Gesundheitspflege. Die Wechselwirkung von Körper und Seele wurde erkannt und ernst genommen.[32]

Wildbad im Schwarzwald war zu dieser Zeit längst ein Kurort von überregionaler Bedeutung. Im 19. Jahrhundert kamen so viele Kurgäste, dass der Bau eines neuen Badehauses und großzügiger Hotels nötig wurde. Die kranken und behinderten Kinder durften die vornehmen Badegäste allerdings mit ihrem Anblick nicht stören, sie kurten im »Katharinenstift«, dem Armenbad, benannt nach der Königin.

Eine Beschreibung des Kurortes aus dem Jahr 1861 klärt leicht pikiert die Verhältnisse: »›Das Katharinenstift‹ und die ›Herrnhilfe‹ sind ›Wohltätigkeitsanstalten‹, welche mit dem Kurort als solchem in näherer Beziehung stehen.«[33] Armut und Behinderung waren Themen, die die Erholung der solventen Badegäste nicht beeinträchtigen sollten.

Erst 1880 konnte in dem weltberühmten Kinderbuchklassiker der Schweizerin Johanna Spyri (1827–1901) ein auf den Rollstuhl angewiesenes Mädchen eine wichtige Rolle spielen: In *Heidis Lehr- und Wanderjahre* wird das kleine Waisenmädchen von ihrer Tante jäh aus der Idylle mit dem Großvater und dem Geißenpeter herausgerissen, um Spielgefährtin der gelähmten Frankfurter Bankierstochter Klara Sesemann zu werden. Die Autorin hatte einen für das Thema typischen biografischen Hintergrund: Sie wuchs als Tochter eines Arztes und der pietistischen Dichterin Meta Heusser-Schweizer in der kleinen Gemeinde Hirzel oberhalb des Zürichsees auf. Ein befreundeter Pfarrer motivierte die unglücklich Verheiratete zum Schreiben.[34]

In Haus »Herrnhilfe« gab es eine Hausmutter, zwei Wärterinnen und eine Köchin. Es hatte Platz für 25 bis 30 Kinder. Werners älteste Tochter Maria musste vom ersten Sommer an bei der Betreuung der Kinder mithelfen; da war sie 13 Jahre alt. Auch sie war eine Tochter, die sobald als möglich vom Vater als Arbeitskraft herangezogen wurde. Das unterschied sich nicht von den Gepflogenheiten des Handwerkerhaushalts in Giengen, in den Margarete Steiff hineingeboren worden war. Auch Maria musste sich dem elterlichen Willen unterordnen und möglichst früh nützlich sein.

1856 war sie aus der Schule entlassen worden, und es ging »ernstlicher hinein in die Krankenpflege«. Sie hatte »ein Zimmer mit vier Kinderbetten, in welchem auch mein eigenes stand, zur Pflege der darin sich befindenden Kinder […]. Über meinem Bett hing der Spruch: ›Mein Freund ist mein, und ich bin sein.‹ Daran hielt ich mich, wenn es mir auch bisweilen etwas schwer werden wollte.«[35]

In diesem Zimmer schlief auch Margarete. Sie schreibt: »Von Ludwigsburg nach Wildbad wurde ich mit vielen anderen Kindern, unter Leitung von Frau Dr. Werner per Omnibus befördert. In Vaihingen wurde Frühstück, in Pforzheim Mittagessen verabreicht. Wir waren in der Früh um 2 Uhr abgereist und kamen abends um 5 Uhr in Wildbad an. Während der Fahrt flickte Frau Doktor meine arg zerrissenen Kleider. Man hatte mir bei Werner's das Rutschen nicht so sehr verboten wie zu Hause und somit gingen die Röcke zugrunde. Mutter schickte mir nach Wildbad dann ein Kleid von Klingenmüllers Christine. Das hatte so enge Ärmel, die mich schrecklich drückten.«[36]

Die geduldig Kinderkleider ausbessernde Katharine Werner war das Musterbild einer bescheidenen, aufopferungsvollen Gattin, die nie an sich selbst dachte. Ihre Tochter Maria beschreibt sie ganz dem pietistischen Frauenideal entsprechend: »Wie war sie doch auch sonst um sein Wohl besorgt! Nie durfte ihm nach Tisch ein gutes Tässchen Kaffee fehlen, wozu sie für Vater immer den Rahm abschöpfte. Sie selber versagte sich den Genuss, war überhaupt äußerst anspruchslos.«[37] Als »Gehilfin« unterstützte selbstverständlich auch sie die Arbeit ihres Ehemannes: »Besonders aber war unsere Mutter in Anspruch genommen durch kranke Pflegekinder, deren wir etliche in der eigenen Familie besorgten.«[38] Zum Dank schrieb er ihr ein Gedicht. Werner selbst erhielt für seine Arbeit im Lauf seines Lebens diverse Ehrungen: Er war Ritter des Friedrichordens Erster Klasse, trug den nach der württembergischen Königin benannten Olga-Orden und führte den Titel Medizinalrat.

Margarete genoss im Schwarzwald ihr Leben zum ersten Mal in vollen Zügen: »In der Herrenhilfe in Wildbad war es erst recht schön. Es war damals eine recht nachsichtige Verwalterin dort, da durfte ich selbstständig auf die Bühne und in den Garten rutschen. Wie meine Kleider aussahen, es bekümmerte mich wenig. Dann habe ich mit den anderen Verstecken gespielt.«

Wie schon in Ludwigsburg durfte sie herumtoben, sich mit anderen messen und sich verausgaben. Denn sie sollte ja ausdrücklich ihren Körper kräftigen und Muskeln aufbauen. Und sie musste nicht immer auf irgendetwas Rücksicht nehmen.

Jahrzehnte später beschrieb die Tochter des Arztes den Tagesablauf in der »Herrnhilfe«: Auf das Frühstück folgte die Morgenandacht mit einer Lesung aus dem Neuen Testament durch die Hausmutter und der Gesang am Harmonium. Es wurde aus dem württembergischen Gesangbuch und aus dem Gesangbuch der Herrnhuter Brüdergemeine gesungen.[39] Dann schloss die Hausmutter mit einem Gebet. Danach durften die Kinder je nach Wetterlage draußen oder im Haus spielen. Später ging es ins Bad.[40]

Margarete schildert die Fahrt zum Armenbad noch Jahrzehnte später voll kindlichen Eifers: »Zum Bad im Katharinenstift wurden wir durch einige Wärterinnen auf einem mehrsitzigen Wagen gefahren. Das war dann eine Wonne, in einem großen Raum, den Boden mit einer dicken Sandschicht belegt, das warme Wasser aus dem Boden heraussprudelnd, zu baden. Da im Wasser die Bewegungen so leicht sind, so spielten wir ›Schneider leih mir deine Scher‹, und zwar zum großen Verdruss der Badefrau, denn wir wühlten den Sand zu sehr auf.«

Das für Margarete Steiff unvergessliche Spiel konnte identifiziert werden: Es wurde üblicherweise im Freien gespielt. Jedes Kind stand zum Beispiel an einem Baum, eines stand mitten auf der Straße. Dieses Kind fragte dann »Schneider, Schneider …« und bekam zur Antwort: »I han koine«, also »Ich habe keine«. Dann mussten sich zwei Kinder mit Blicken verständigen, aber so, dass das Kind in der Mitte nichts bemerkte. Die beiden mussten den Platz wechseln, und das Kind in der Mitte musste versuchen, einen der Bäume zu erreichen. Wer das nicht schaffte, musste als Nächster fangen.[41] Nur im sie tragenden Wasser hatte Margarete einmal mitspielen können.

Nicht immer war die Kinderidylle so ungetrübt: »Am Samstag badeten auch die mit den Wunden mit uns, auch einige alte Weiber waren dabei. Da war es lange nicht so lustig wie sonst. Nachmittags wurden wir in die Anlagen gefahren, wo mir das schöne Farnkraut und die schönen Tannen großen Eindruck machten.«[42] Auch der jugendlichen Kinderpflegerin sind diese Natureindrücke in Erinnerung geblieben: »Nicht selten machten wir abends noch einen Spaziergang mit den Kindern in den nahen Wald. Wie schmeckte dann das Abendessen so gut, wenn die Kinder, beladen mit Tannenzweigen und Erika, aus dem herrlich duftenden Tannenwald zurückgekehrt, sich an den Tisch setzen durften. Dem Nachtessen folgte noch ein kurzer Abendsegen, und nun wurden die Kinder zu Bett gebracht.«[43]

Die Kinder wurden reichhaltig verköstigt. Auch ein viertel Schoppen Wein oder ein halber Schoppen Bier wurde, ohne zu zögern, verabreicht; sonst gab es »guten Apfelmost«. Morgens kam Kaffee-Ersatz mit einem Brötchen auf den Tisch, vormittags ein kleiner Imbiss, mittags Suppe, Gemüse und Fleisch, Mehlspeisen, gekochtes Obst, abends Brot und Obst. Zur Nacht konnten noch einmal eine Suppe mit Salat, Pfannkuchen oder »gestandene Milch« (also eine Art Dickmilch) genossen werden.[44]

Für Maria gingen der Dienst und die Betreuung der Kinder rund um die Uhr. Ihre Eltern lebten in Ludwigsburg, mit den täglichen Anforderungen musste sie allein fertigwerden. Da blieb ihr nur das Gebet. Alle 14 Tage kam ihr Vater mit dem Pferdeomnibus in die »Herrnhilfe«. »Wenn dann allemal der vollgepackte Omnibus nachmittags zwei Uhr ankam [...] gab's wieder tüchtig Arbeit für den guten Vater. Mit Doktor Schönleber wurde jedes neu angekommene Kind gründlich untersucht und ebenso die bisher dagewesenen Kinder [...] und erst in später Stunde legte sich der Vater zur Ruhe, um am nächsten Morgen wieder nach Ludwigsburg zurückzukehren.«[45]

Der Vorstellung folgend, dass nicht nur der Körper, sondern auch die Seele genesen müsse, schickte Werner seinen Zöglingen Briefe, um sie zu ermuntern. Ein Schreiben vom 14. August 1856 ist erhalten geblieben.

»Liebe Kinder! [...] Meines Herzens Wunsch ist, dass keines von Euch ohne einen rechten, wirklichen Segen aus der Herrnhilfe in Wildbad nach Hause kehre. Was mich am meisten freuen würde, wäre, wenn Ihr für Leib und Seele gleichviel in Wildbad gewinnen würdet. Sollte eines unter Euch sein, das etwa dächte, für die Seele habe es keine Heilung nötig, so möchte ich gerade dieses für das kränkste ansehen, denn erst, wenn wir unsere Krankheit und Hilfsbedürftigkeit einsehen lernen, kann uns geholfen werden. Behaltet nur das: der Heiland hat mich so lieb, als sein eigenes Leben, denn er hat sein Leben für mich gelassen. Es ist ihm auch das geringste, was mir begegnet, nicht unwichtig, er weiß es, er sieht es, er empfindet es mit, denn er ist das Haupt und wir sind Glieder an seinem Leib. Es tut ihm wehe, wenn wir leiden, und wenn er uns also irgend ein Leiden doch nicht abnimmt, so tut er das aus ganz besonderen Liebesabsichten. Dem denket nach. Gott segne Euch solches Nachdenken.«[46]

Für Margarete war der Aufenthalt ein großes Abenteuer. Jeder Tag brachte neue Eindrücke. Sie bekam gutes Essen, war an der frischen Luft, durfte sich bewegen, so wie sie das konnte. Sie kroch über den Boden, manchmal mit den anderen Kindern um die Wette, schwamm jeden Tag schwerelos im Wasser, war abends müde, müde vor Glück.

Außerdem machte sie zum zweiten Mal in ihrem Leben durch einen Sturz Bekanntschaft mit tiefem Wasser: »Einmal fuhren die Wärterinnen etwas zu rasch zum Hof hinaus, wo eine tiefe Hülbe [ein Teich] mit schmutzigem Wasser war. Der Wagen fiel um und wir 8–10 Kinder stürzten kopfüber ins Wasser. Ich hatte eine Maschine am Fuß und kam recht nach unten, dem Gesetz der Schwere folgend. Da schnelle Hilfe zur Hand war, kamen wir mit dem Schrecken davon. Wir wurden gleich ins Bett gesteckt und bekamen von allen Seiten Leckerbissen und waren einige Tage die wichtigsten Leute in Wildbad.«[47] Auch mit 60 Jahren macht ihr die dramatische Schilderung des Ereignisses noch großen Spaß.

Schwere medizinische Apparate sollten die Heilung der Kinder befördern: »Mehreren Kindern wurden während ihrer Kurzeit auch Krücken, Maschinen oder irgend welche mechanischen Vorrichtungen zur Unterstützung und Übung der Glieder angeschafft.«[48] Auch Margarete hatte eine solche Maschine am Fuß, die sie beim Sturz aus dem Wagen unter Wasser gezogen hatte. Aber es gab so viel Abwechslung, dass diese Dinge, zumindest in ihrer Erinnerung, in den Hintergrund traten.

»Während meines Wildbader Aufenthalts kam einmal mein Onkel Steiff aus Tübingen und schenkte mir ein goldenes Fünffrankstück. Auch Herr Johann Link [der Besitzer der Orgelfabrik in Giengen] besuchte mich öfters und brachte mir von seinem Nachtisch mit.«[49] Und Werners Tochter resümiert: »Ja, es war ein fröhliches Leben; man merkte es kaum, dass unsere Kinder alle mehr oder weniger gebrechlich waren.«[50] Die später berühmteste Patientin ihres Vaters erwähnt sie in ihrem Gedenkbüchlein zu dessen 100. Geburtstag mit keinem Wort.

Es war deutlich geworden, dass Margarete Steiffs Aufenthalt verlängert werden musste. Der Stiftungsrat in Giengen beriet erneut wegen der Kostenübernahme. Am 26. Juni 1856 wurde ein Protokoll verfasst, aus dem hervorgeht, dass Dr. Werner einen weiteren Aufenthalt von mindestens drei Monaten in seiner Anstalt vorschlug.[51] Das Kollegium war durchaus der Ansicht, dass der Versuch der Heilung verlängert werden sollte, und übernahm für weitere drei Monate die Behandlungskosten.[52] Für Margarete ging die schöne Zeit ihres Lebens erst einmal zu Ende. »Nachdem ich nun im Sommer 1856 mehrmals zwischen Ludwigsburg und Wildbad den Aufenthalt gewechselt hatte, holte mich meine Mutter gegen Martini [11. November] heim.« Fast sechs Monate war sie weg gewesen; dann ging das Leben mit der Mutter weiter wie bisher.

Auf Maria Werner wartete nach dem Sommeraufenthalt im Schwarzwald die Arbeit in der Kinderheilanstalt: »Zu Anfang des Jahres 1857 bekam ich theoretischen Unterricht in der Krankenpflege mit einigen Wärterinnen der Kinderheilanstalt. [...] Aber auch im elterlichen Haushalt durfte ich kräftig mit Hand anlegen; denn da fehlte es nicht an Arbeit.«[53] Da gab es kein Aufbegehren. Und das schwäbische »dürfen« heißt hier »müssen«.

Mitte Juli des folgenden Jahres wurde bei Margarete Steiff ein weiterer Heilungsversuch gestartet. Sie erinnert sich: »Im

Sommer 1857 besorgte mich Tante Apollonia nach Ludwigsburg. Dieses Mal ging die Reise über Aalen, vielleicht war dort ein Eisenbahnanschluss inzwischen fertig geworden. Da ich bisher nur gewohnt war, dass meine Mutter mich trug, so war es mir sehr unangenehm, dass die liebe Tant irgendeinen Dienstmann anrief, der mich tragen sollte, Tante konnte es nämlich gar nicht verschnaufen. Aber Kinder sind sehr anspruchsvoll, und ich war tief beleidigt.«[54]

Margarete war es wichtig, wer ihr half und wie das geschah. Von Fremden wollte sie sich nicht tragen lassen, da fühlte sie sich hilflos. Nach der etwas misslungenen Anreise war aber alles beim Alten, sprich so, wie das Mädchen es sehnsüchtig erwartet hatte. »Bei Werner's war es wieder schöner als zuvor.«[55] Nur im Schwarzwald ist es nicht mehr ganz so lustig: »Als ich im Sommer 1857 wieder nach Wildbad kam, war ich sehr enttäuscht, weil die vorjährige Vorsteherin nicht mehr da war, die neue war viel strenger (es wird wohl recht nötig gewesen sein!).«[56]

Wieder wird Margarete Steiff von der ältesten Tochter des Arztes betreut. Es ist anzunehmen, dass sie auch seine zweitälteste Tochter Johanna (1839–1883) kennengelernt hat. Diese wird einen so außergewöhnlichen Lebensweg einschlagen, dass er hier kurz erwähnt werden soll.

Nach der Konfirmation erhielt Johanna Unterricht in Krankenpflege. Es folgte der Besuch der Töchterschule in Korntal, einer Pietistenkolonie zwischen Stuttgart und Ludwigsburg, und die Ausbildung als Lehrerin.[57] Damit erreichte sie das, was der aufgeweckten, interessierten und intelligenten Margarete Steiff von ihrer Umwelt vorenthalten wurde: Sie absolvierte eine qualifizierte Ausbildung.

Verwandte sahen in ihr dann allerdings die geeignete Braut

für einen Missionar in Indien. Sie sei dafür »zugerüstet« wie kaum eine andere. Ein Brief der Eltern setzte sie über ihr zukünftiges Schicksal in Kenntnis.[58] Die »Missionsbraut« gab ebenfalls brieflich ihr »Jawort«, besuchte die Schwiegereltern, packte ihre Sachen und wurde nach Basel gebracht. Ende September 1859 reiste sie zu einem fremden Mann in ein fremdes Land. Wenige Tage nach ihrer Ankunft heiratete sie den Unbekannten. Sie wurde die Frau des Missionars, gewöhnte sich an Land und Leute, gewöhnte sich an ihren Mann: »Gott allein war es, der uns füreinander ausgesucht hat.«[59]

In den folgenden Jahren brachte Johanna 15 »Missionskinder« zur Welt, von denen sie sich trennen musste, sobald sie das Schulalter erreicht hatten. Dann mussten sie allein nach Europa reisen und wurden in Basel erzogen. 1880 kehrte auch das Ehepaar dorthin zurück. Johanna starb 1883 mit 43 Jahren, nachdem sie ein weiteres Kind tot zur Welt gebracht hatte und an einer Lungenentzündung erkrankt war.[60] Bereits 1864 war auch ihre Schwester Maria als Missionsbraut nach Indien gegangen, und 1882 war ihr Johannas älteste Tochter auf diesem Weg gefolgt.

Die fromme Welt, in der Margarete Steiff sich so unbeschwert bewegte und an die sie zeitlebens so freundliche Erinnerungen hatte, sah für Frauen vornehmlich eine dienende Rolle vor: Dienst am Vater, am Ehemann und in ganz besonderer Weise an Gott. Da war kein Platz für einen eigenen weiblichen Willen, ganz zu schweigen von einer bewussten Lebensplanung.

»Gesund«, wie es alle erhofft hatten, wurde Margarete in der Obhut von August Hermann Werner nicht. In seinem Jahresbericht 1857 schrieb er unter der Rubrik »Schwächung der Glieder« von 36 Pfleglingen, »16 Knaben und 20 Mädchen [...], die jedoch an sehr verschiedenartigen Gebrechen litten. 9 derselben blieben ungeheilt, 10 wurden in mehreren Beziehungen gebessert, 6 wesentlich gebessert und 11 geheilt entlassen«. Er notiert: »ein Mädchen mit Lähmung beider Füße [...] mit bedeutender Ausbeugung des Kreuzbeines nach hinten – ungeheilt.«[61] Margarete blieb gehunfähig. Am Ende dieser beiden Jahre gehörte sie in der Sprache der Zeit zu den Invaliden, von denen sich die Gesellschaft nicht viel erhoffte, auch wenn sie noch so jung waren wie sie.

Die Reise nach Ludwigsburg und in den Schwarzwald hatte für Margarete Steiffs weiteres Leben dennoch eine große Bedeutung. Sie verhalf ihr zu einer enormen Horizonterweiterung. Margarete hatte, wie sie es so sehr liebte, im Mittelpunkt der Aufmerksamkeit gestanden, hatte Neues gesehen und gelernt und erlebte sich im Vergleich mit den anderen Kindern als gar nicht so benachteiligt. Sie baute weiteres Selbstvertrauen auf.

»Es waren nicht viele Kinder da, die gar nicht laufen konnten wie ich. Dagegen hatten sie aber viele beschwerliche Leiden, auch teilweise Schmerzen, sodass ich das gesündeste war. Wir hatten auch Schulunterricht morgens, mittags und abends, schöne Andachten mit Gesang. Die Fräulein, darunter auch Maria Werner, erzählten uns biblische Geschichten, sodass die ganze Zeit sehr lehrreich und eindrucksvoll für mich war. Schon in Ludwigsburg hatten mir die Fräulein englischen Unterricht gegeben und sind mir die Anfangsgründe noch im Gedächtnis, aber zu Hause konnte ich es nicht fortsetzen und dachte auch kein Mensch, dass die Gret das Englische einmal nötig brauchen könnte.«[62]

Der Versuch Werners, den Kindern klarzumachen, dass sie auch eine innere Einstellung zu ihrer Krankheit finden müssten, war nicht ohne Frucht geblieben: Dieses geistliche »Rüstzeug« hatte Margarete mit nach Hause genommen. Doch setzte sie sich mit großer Unbekümmertheit mit ihrer Krankheit auseinander, übernahm, was zu ihr passte. Das andere ließ sie am Rande liegen. Sie hatte die seltene Gabe, aus Stroh Gold zu spinnen.

Nach Giengen zurückgekehrt, hatte sie einen wichtigen biografischen Schritt getan. Zum ersten Mal hatte sie selbst etwas aus ihrem Leben gemacht. Sie wusste nun noch bessere Geschichten: von Elefanten und Kamelen, vom Schwarzwald mit seinem grünen Schatten und dem weichen Boden und vom Schwimmen und Rumrutschen. Sie kannte nun Ludwigsburg, die barocke Residenzstadt mit dem imposanten Schloss, mit den symmetrisch angelegten Straßen, den prachtvoll verzierten Häusern und den großen offenen Plätzen, und sie hatte ein bisschen Englisch gelernt. Wer sonst konnte das in Giengen noch von sich behaupten? Und sie hatte den Rollstuhl behalten dürfen. Jetzt war sie in ganz anderer Weise mobil, saß aufrecht in einem eigens dafür gefertigten Stuhl, nicht mehr zusammengekauert in einem Leiterwagen oder in den Armen eines Erwachsenen.

Margarete war in einer Umgebung gewesen, in der Kinder wichtig waren, in der ihnen und ihrem Spiel von den Erwachsenen große Bedeutung zuerkannt wurde. Das unterschied sich deutlich von den Entmutigungen ihrer Mutter. Bei Dr. Werner zu sein, der den Kindern den Bären machte und sie auf seinem Rücken reiten ließ, bei Werners ihr Kleid zerreißen zu dürfen, das waren für ihr weiteres Leben bestimmende, ihren Charakter prägende Erfahrungen. Ihr Spaß war einmal wichtiger gewesen als zum Beispiel das Kleid, wichtiger als das Sparen, wichtiger, als immer auf alle Sachen aufpassen zu müssen.

3. Kapitel
Vom Ernst des Lebens

Margarete kehrte im Herbst 1857 von ihrem zweiten Kuraufenthalt nach Hause zurück. Wieder waren zahlreiche Versuche unternommen worden, ihre Beine und ihren rechten Arm zu kräftigen. Wieder waren alle Bemühungen vergeblich gewesen. Aber sie hatte mehr von der Welt gesehen als jedes andere Kind in Giengen. Sie war sehr stolz auf ihre Erlebnisse, und so gab es in den ersten Wochen unglaublich viel zu erzählen.

In Giengen dagegen war alles beim Alten geblieben, vor allem im Haus in der Ledergasse unter den Augen der Mutter. Dort wartete auf Margarete jeden Tag nach der Schule die verhasste Häkelarbeit, die ihr auch jetzt kein bisschen leichter von der Hand ging. Angesichts dieser quälenden Aussichten und der sorgenvollen Blicke der Mutter auf ihre nach wie vor behinderte Tochter blieb diese gern in der evangelischen Schule am Kirchplatz. Margarete hatte in der Familie Werner erfahren, dass Spielen und Lernen nahtlos ineinander übergehen konnten und beides Spaß machte. Sie hatte gesehen, wie Eltern mit ihren Kindern spielten und wie groß und bunt die Welt war. Hier dagegen mussten alle Kinder in der Schule stillsitzen.

In ihrem Tagebuch schreibt sie: »Durch die beiden Sommer, die ich in Ludwigsburg und Wildbad verbrachte, war ich in der Schule zurückgekommen. Nun galt es, die Sprüche und Lieder nachzulernen. Das war mir gar nicht leid, dann musste ich doch nicht häkeln.« Wieder schaffte sie es, Verbündete für sich zu gewinnen und der bedrückenden Stimmung, die die Mutter verbreitete, zu entkommen. »Ich nahm meine Bücher, ließ mich zu Garnsieders Katharine führen, und da wurde an einem stillen Plätzchen fest drauf los gelernt.«[1]

Beim täglichen Weg in die Schule war Margarete auf die Hilfe der Geschwister und der Klassenkameraden angewiesen. Von der Ledergasse bis zum Schulgebäude geht es steil bergauf. Die Straßen der Stadt waren noch nicht asphaltiert. An manchen Stellen gab es zwar Kopfsteinpflaster,[2] aber es bedurfte bei Regen oder Schnee eines großen Kraftaufwandes, den Rollstuhl vorwärtszuschieben.

Manchmal ließen die Kinder Margarete einfach vor dem Schulhaus stehen, wenn sie sich selbst verspätet hatten und sich vor der Strafe des Lehrers fürchteten. Da wartete sie dann auf dem leeren Platz und musste sich mit aller Kraft daran hindern, auf allen vieren selbst die Schultreppe hochzukriechen, wie sie das bei Werners getan hätte. Aber hier war nicht Ludwigsburg, hier war Giengen. Also musste sie voller Ungeduld warten, bis ein Lehrer herauskam und sie in ihre Klasse trug oder bis die Frau, mit der vereinbart worden war, dass sie Margarete täglich in ihre Klasse tragen sollte, sich ihrer Pflicht erinnerte. Sie war nun kein kleines Kind mehr. Sie musste sich benehmen.

Der Zustand der Giengener Schule wich in nichts von der zeitüblichen Tristesse ab. Die Ausstattung mit Lehrmaterialien war denkbar dürftig, weder die Tische noch die Sitzplätze reichten für alle Kinder aus.[3] Die ausschließlich männlichen Lehrer unterrichteten die nach Geschlechtern getrennten

Klassen in Lesen und Schreiben, in Grammatik, Rechnen, Singen und Zeichnen. Zusätzlich nahm das »Memorieren« von Kirchenliedern, Bibelsprüchen und Katechismusinhalten breiten Raum ein.

Dem Gefälle zwischen Eltern und Kindern entsprach das Gefälle zwischen Lehrern und Schülern. Familie und Schule, in beiden Bereichen herrschten autoritäre Strukturen. Die Prügelpädagogik schlug mit der flachen Hand, mit der Faust, mit dem Rohrstock, mit dem Lineal oder mit der Bibel zu, auf die ausgestreckte flache Hand oder auf den Hosenboden beziehungsweise den Rock. Kinder wurden an den Ohren und an den Haaren gezogen. Es verging kein Tag, an dem Schüler keine Misshandlungen erlitten.

Wir erinnern uns, dass auch Margaretes Ludwigsburger Arzt neben der »Leibespflege« der kranken und behinderten Kinder vor allem einen »geordneten Unterricht« als unbedingte Voraussetzung dafür ansah, »um für die menschliche Gesellschaft möglichst brauchbar gemacht zu werden«. Der Aufenthalt bei den Werners hatte Margarete stark gemacht.

»Ich war nie so brav und folgsam gewesen, wie meine Schwestern, es hieß oft die böse Gret. Einmal noch zur Schulzeit war meine Mutter gar nicht mit meiner Arbeit zufrieden und ich hatte doch fleißig gehäkelt. Da rührte ich zwei Tage keine Arbeit mehr an, sagend, wenn das nicht genug ist, schaff ich gar nichts mehr. Das hörte natürlich bald auf, denn die Mutter wurde schon fertig mit uns.«[4] Es ist völlig klar, was das zu bedeuten hatte.

Das Schulpensum war nicht das Einzige, was Margarete zu bewältigen hatte. »Da man mich auch ein Jahr früher konfirmieren wollte, so hatte ich auch schon ein Jahr früher den Konfirmanden-Unterricht besucht. Zu der Zeit war ich winters von 8 Uhr bis abends 5 Uhr in den Schulen. Von 11–12 Uhr war Konfirmanden-Unterricht, um 12 Uhr kamen schon wieder die anderen Schüler und brachten mir etwas zu essen mit. Ich hatte aber nicht das Herz, mein Essen zu genießen, sondern machte mit den andern Schülern gleich wieder mit im Lernen, obwohl alle Konfirmanden eine halbstündige Pause hatten.«[5]

Wie bei den Werners in Ludwigsburg und in Haus »Herrnhilfe« erfuhr Margarete nun auch in Giengen eine intensive religiöse Unterweisung. Nicht nur der Schulunterricht bestand zu großen Teilen aus der Vermittlung religiöser Inhalte, sondern vor allem auch im Konfirmandenunterricht sollte die solide Grundlage für eine lebenslange christliche Haltung gelegt werden. Auch hier war Margarete für ihr Alter erstaunlich selektiv. Sie ließ sich in keiner Weise von den strengen, asketischen Lehrinhalten niederdrücken, sondern wählte eigenständig aus, womit sie sich intensiv beschäftigen wollte.

Wichtiges pädagogisches Mittel waren die sogenannten Biblischen Lehrtafeln, die die Themen des Alten und Neuen Testaments auf großformatigen bunten Drucken ins Bild setzten. Da waren sie wieder, die exotischen Tiere, die Margarete in den Büchern von Maria Werner über die Mission so angestaunt hatte: das Kamel, der Elefant, der Tiger, wundersame Vögel mit gebogenen Schnäbeln. Die einen hatten ein samtiges Fell, die anderen ein prächtiges Gefieder. Wie schön müsste es sein, darüber zu streichen, das Weiche und das Zarte zu fühlen, die Wärme zu spüren, die diese Lebewesen ausstrahlten.

In Württemberg galt eine modifizierte Gewerbeordnung, die das Prinzip formulierte, dass keinem Staatsangehörigen die Ausübung eines Gewerbes untersagt werden könne, dies liege

»in der natürlichen Freiheit des württembergischen Bürgers gegründet«.[6] Das Zunftwesen bestand weiterhin, lediglich 13 Zünfte waren aufgehoben, über 40 dagegen hatten den Status einer öffentlich-rechtlichen Körperschaft.[7] Es sollte nichts überstürzt werden, und so blieben selbst Knopfmacher und Seifensieder bis 1860 zünftige Berufe.

Eine Karte im Historischen Atlas zu den Anfängen der Industrie in Baden und Württemberg zeigt dennoch bereits für die Zeit um 1829/30 eine besondere Verdichtung der Betriebe in Kocher- und Brenztal von Aalen bis Giengen: Es gab Woll- und Baumwollspinnereien, Bandweberei, Bleicherei, Bergbau mit Hammerwerk, Eisenwaren- sowie Blech- und Metallwarenfertigung, Papiererzeugung und eine Pulverfabrik.

1848 hatte sich die Stuttgarter »Centralstelle für Gewerbe und Handel« gegründet, der bereits in diesem ersten Jahr 50000 Gulden Fördergelder zur Verfügung standen. Sie war mit der Absicht angetreten, »auf die höheren wie auf die niederen Gewerbe möglichst fruchtbringend einwirken« zu wollen.[8] Württemberg hatte sich damit eine in der Zeit einmalige Wirtschaftsförderinstitution geschaffen. Ihr Leiter war Ferdinand von Steinbeis (1807–1893), vom König zum Königlich Württembergischen Regierungsrat erhoben, der als Begründer des modernen staatlichen Wirtschaftsmanagements und Förderer südwestdeutschen Unternehmertums angesehen wird. Sein besonderes Engagement galt den Industrieausstellungen und dem Aufbau einer Sammlung von Produkten aus der gewerblichen Produktion des Landes. Die Stuttgarter Legionskaserne an der Stelle des heutigen Wilhelmsbaus diente bis zum Umzug ins neu errichtete Landesgewerbemuseum 1896 als Musterlager der Zentralstelle.[9] Dort landeten ab 1893 auch die Spieltiere von Margarete Steiff.

Der in Württemberg suspekten Industrie das Wort zu reden, wie das etwa die beiden Württemberger Ökonomen und Wirtschaftspolitiker Moritz Mohl und Friedrich List taten, setzte durchaus Zivilcourage voraus. Persönliche Liebhabereien König Wilhelms I., wie seine Leidenschaft für die Rinder- und Schafzucht, zementierten das Bild von den Württembergern als Volk von genügsamen und einfachen Bauern. Während der »König der Landwirte« romantischen Fantasien über das Landleben breiten Raum gab, begegnete er entgegengesetzten Entwürfen mit Skepsis.[10] Fabrikarbeit fördere die »Verbreitung der Unsittlichkeit und Schwächung der Geistes- und Körperkräfte«, lautete eine weit verbreitete Warnung.[11] »Industrielle Beschäftigung« galt noch im Jahr 1853 als »ungesund« und »demoralisierend«.[12]

Steinbeis selbst verschloss sich gegen Sozialreformen wie die Einführung geregelter Arbeitszeiten oder die Beschränkung der Kinderarbeit. 1850 formulierte der Sohn eines evangelischen Pfarrers: »Nutzbringende Beschäftigung ist also das große Losungswort unserer Tage, das einzige Rettungsmittel aus unseren gefährlichen Zuständen und das Wort ›Müßiggang ist aller Laster Anfang‹ der wahre Hauptschlüssel zu all' den überraschenden [Revolutions-]Erscheinungen der letzten zwei Jahre.«[13]

1856 hieß es immer noch, Württemberg sei ein Agrar- und Bauernstaat und müsse es bleiben. Der größte Teil der öffentlichen Gelder floss nach wie vor in die Landwirtschaft. Zuwendungen für die Industrie waren die absolute Ausnahme und wurden einem Reservefonds entnommen.[14] Auch die Wirtschaftsförderung der Zentralstelle unter Steinbeis widmete sich weniger den Industriepionieren als vielmehr dem Handwerk. 1861 wurde zum Beispiel eine »Musterlehrwerkstätte« für Uhrmacher errichtet, um den Niedergang der Schwarzwälder Uhrmacherei aufzuhalten.

Dem Strukturwandel in der Textilbranche begegnete Steinbeis durch die Errichtung von Webschulen: 1855 in Reutlingen, 1860 in Heidenheim, 1869 in Sindelfingen und 1873 in Laichingen.[15] Die Leinenwebertradition dieses größten Weberdorfes auf der Alb, auf halbem Weg zwischen Blaubeuren und Urach gelegen, ist seit dem Mittelalter mit Dokumenten belegt – um 1750 gab es hier 150 selbstständige Meister.[16]

Noch in den 1850er Jahren hatte der Leiter der Zentralstelle »ganz tüchtigen Strumpfwebermeistern« für die Anschaffung eines Rundstuhles (Strumpfwirkerstuhl) der Firma Fouquet eine Unterstützung von 20 Prozent des Kaufpreises, maximal 50 Gulden, zugesprochen. Den Baumwollwebern gewährte er zur Verbesserung ihrer Webstühle eine Prämie von sage und schreibe 6 Gulden – »jedoch Einem Weber je nur Eine Prämie«.[17]

Trotz dieses immer noch antimodernen wirtschaftlichen Klimas kündigten sich in der kleinen Stadt an der Brenz neue Dinge an: 1858 kaufte der Stiefsohn von Margaretes Tante Apollonia, Hans Hähnle, das Wildbad, eine Badeanstalt am Fluss mit zugehörigen Heilquellen, die auf eine jahrhundertelange Tradition zurückblickte. Hähnle hatte seine Ausbildung bei einem Färbermeister in Giengen absolviert. Danach war er drei Jahre auf Wanderschaft gewesen und hatte die Filzherstellung in Österreich kennengelernt.[18] Diese Produktionsweise hatte verschiedene Vorteile gegenüber der Weberei, wie sie auf der Schwäbischen Alb traditionell vor allem in Heimarbeit betrieben wurde. In erster Linie war sie nicht so personalintensiv. Giengen selbst war ein alter Textilstandort. 1805 gab es 87 Weber, 28 Lod(en)weber, 4 Färber, 3 Strumpfweber, 6 Hutmacher, 11 Schneider und 7 Bortenwirker in der Stadt.[19]

Wie arm die Giengener Weber gewöhnlicherweise waren, ergibt sich aus ihrem Hausbesitz. 87 Webern gehörten lediglich 11,7 Prozent der Immobilien. Seit der Einführung der mechanischen Webstühle konnten sie mit den gesunkenen Preisen nicht mehr konkurrieren und bekamen keine neuen Aufträge. Die Weberzunft bestand in Giengen bis 1862. Sie führte einen verzweifelten Kampf ums Überleben.[20] Die soziale Not der Weber am Beispiel Schlesiens ist aus Gerhart Hauptmanns gleichnamigem naturalistischen Drama bekannt.

Das nahe gelegene Heidenheim war die stärkste Konkurrenz für Giengen. Dort wurde bereits im 13. und 14. Jahrhundert starker Warenverkehr mit Ulmer und Günzburger Kaufleuten betrieben. Um 1850 hatte die Stadt mehrere Baumwollspinnereien und -webereien, Tuchfabriken, eine Strickgarn- und eine Seidenwattefabrik sowie eine Webmaschinenfabrik. Der Rohstoff Flachs wurde auf den kargen Böden der Alb mit Erfolg angebaut und in mühevoller Arbeit zur Garngewinnung und zum Spinnen vorbereitet.

Acht Jahre lang wird der Färbergeselle Hans Hähnle zusammen mit seinem Bruder Melchior an der Herstellung von Hut- und Kleiderfilzen experimentieren, bevor er seine Filzfabrik eröffnet. Das interessierte jeden in Giengen, und natürlich wusste auch Margarete davon. Während sie selbst erwachsen wurde, lernte sie durch das Beispiel der Vettern, wie lang ein unternehmerischer Atem unter Umständen sein musste.

Zunächst aber ließ sich Hans Hähnle mit der Zustimmung seines Vaters im Alter von 21 Jahren von Rechts wegen für volljährig erklären – also drei Jahre vor dem gesetzlich festgelegten Zeitpunkt – und kaufte mit dessen Unterstützung die unrentabel gewordene Badeanstalt. Hähnle hatte sich in der Welt umgesehen und kam voller innovativer Ideen zurück, erfüllt von optimistischer Stimmung, der typischen Haltung der neuen Unternehmer. Margarete sollte in den nächsten Jahren oft im Wildbad sein und an Hans Hähnles Tun intensiven Anteil nehmen. Hier war jemand, der sich nicht dreinschickte und resignierte, wenn etwas nicht auf Anhieb klappte, sondern der weitersuchte.

Im Archiv der Firma Steiff in Giengen wird ein kleiner, mit Bleistift beschriebener Zettel von Margarete Steiffs Hand aufbewahrt, ein Textentwurf für ihr Tagebuch, den sie so allerdings nicht übernommen hat. Daraus geht deutlich hervor, welch großen Anteil sie an den Aktivitäten des Vetters von Anfang an genommen hat. »Mit der Familie Hähnle und mit der Filzfabrik war ich aufs innigste verwachsen, alle die Nöte und Sorgen, die die Gründung eines ganz neuen Fabrikationszweiges mit sich bringt, habe ich schon in meiner frühesten Jugend mitgetragen. Die liebe Tante Apollonia Hähnle, die Schwester meiner Mutter, kam zu uns, um ihr Herz auszuschütten, und da ich stets zu Hause war, fasste ich alles auf. Tante war sehr unternehmend, hat auch die Gründung eines Fabrikgeschäfts nach besten Kräften unterstützt. Ihr klarer, praktischer Sinn fand oft wieder einen Rat, der sich als gut erwies.« In Patentante Apollonia fand das Mädchen also ein weiteres, diesmal weibliches Vorbild in Sachen Geschäftssinn.

Ab 1859 besuchte Margarete in Giengen die »Nähschule«, also verschiedene Kurse in Handarbeiten. Wer in dieser Gesellschaft überleben wollte, musste in der Lage sein, selbst für seinen Lebensunterhalt zu sorgen. Wirtschaftliche Selbstständigkeit war ein Kennzeichen der Erwachsenen. Darauf war die gesamte Erziehung ausgerichtet, und dieses Ziel musste jeder Jugendliche anstreben. Wirtschaftliche Selbstständigkeit setzte materielle Grundlagen voraus, sie bedurfte eines Hauses oder Hofes, einer Werkstatt, sie erforderte einen Arbeitseinsatz, der allein nicht zu erbringen war.

Aus der Abhängigkeit vom Elternhaus führte für die Mädchen in der Regel nur die Ehe. Wer heiratete, konnte mit Besitz, mit einem Anteil des Familienvermögens, einer Mitgift oder Aussteuer rechnen. Nur mit Liebe war kein Auskommen zu gewinnen. In erster Linie zählte die Aussicht auf einen gesicherten Lebensunterhalt. Kinder waren als zusätzliche Arbeitskräfte unentbehrlich und garantierten die Altersversorgung.

Vor Beginn der Industrialisierung und der damit einsetzenden veränderten Bedeutung von Mode war das Schneiderhandwerk ein männliches gewesen, ein armes, das belächelt und mit Spott bedacht wurde. Der Schneider galt als Hungerleider, der den ganzen Tag auf seinem Tisch saß und vor sich hin stichelte. Der Spott galt insbesondere seiner angeblich wenig ausgeprägten Männlichkeit. Hiervon zeugt auch das grimmsche Märchen vom tapferen Schneiderlein.

Die »Nähschule« für Mädchen war eine wichtige Neuerung im Schulkanon der Zeit. Dieser Handarbeitsunterricht entwickelte sich parallel zur Entstehung der Konfektion[21] und schloss eine Lücke im Ausbildungsangebot. »Um 2 Uhr war die Schule aus, dann schleppten mich die stärksten von meiner Klasse in die Nähschule, welche auf dem gleichen Boden war.«[22]

Margarete musste sich auf einen Beruf einstellen, in dem sie ausschließlich mit den Händen arbeitete, so schwer das auch werden würde. Ihren handwerklichen Fähigkeiten waren Grenzen gesetzt. Der gelähmte rechte Arm genügte den

Anstrengungen nicht, und der linken Hand fehlte es an Übung. Dennoch war das Mädchen voll ungebremsten Eifers. »Bei Frau Schelling konnte man alles lernen; Weiss- und Kleidernähen, Stricken, Häkeln, Sticken und alle Modearbeiten. Es ging nicht nach System und Schablone, aber gelernt wurde und fertiggebracht.«[23]

Als Beispiel für diese Handarbeiten sei hier die Anleitung eines gehäkelten Halbhandschuhs wiedergegeben:

> Nichts ist im Sommer bequemer und praktischer als ein Halbhandschuh und werden dieselben daher auch immer von der Mode begünstigt. Unsere Vorlage war aus cremefarbener Kordonnetseide gehäkelt, doch würde sich schwarze Seide mindestens ebenso schön präsentieren.
>
> Man beginnt am unteren Rande und häkelt zunächst ungefähr 60 Luftmaschen, welche zum Ringe geschlossen werden.
>
> Dann 1. Tour: Luftmaschenbogen, aus je 5 Luftmaschen und 1 festen Masche bestehend
>
> 2. Tour: 3 Doppelstäbchen zu einer Masche vereinigt, 5 Luftmaschen, 3 Doppelstäbchen, 5 Luftmaschen usw.
>
> 3. Tour: 3 Luftmaschen, 1 feste Masche in die Mitte der Luftmaschen, 3 Luftmaschen, 1 feste Masche u. s. f.
>
> Nun häkelt man eine Tour feste Maschen und häkelt wie von der zweiten Tour an fort. Diese à-jour Streifen wiederholt man so lange bis man die gewünschte Länge erreicht hat, dann häkelt man für den dichten Rand, welcher das Handgelenk umschließt, einige Touren feste Maschen und beginnt dann wieder mit dem durchbrochenen Muster, und zwar dies an dem für die Hand bestimmten Teil, welchen man ohne die Reihen feste Maschen häkelt [...].[24]

Immenser Druck lag auf Margarete, der Zwang, sich unbedingt beweisen zu müssen. Ihr Tagebuch erwähnt ein anderes Mädchen, dem das Nähen wegen seiner angegriffenen Gesundheit ebenso schwerfiel wie ihr.

»Einer getreuen Freundin von der Nähschule muss ich noch gedenken, Ferde's Bärbele, sie war die brävste, fleißigste und geschickteste von allen. Auch hatte sie einen praktischen Nähstein, der immer in der Schule blieb, weil Bärbele zu schwach war, denselben jeden Tag heimzutragen. Sie war ausgewachsen und kränklich. Den Nähstein durfte jedes benutzen, denn s' Bärbele half aus jeder Verlegenheit.«[25]

In den evangelischen Gebieten Württembergs kleideten sich die Frauen eher bescheiden und gedeckt. Nur an Sonn- und Feiertagen war etwas Farbe und Stickerei erlaubt. Ab der Mitte des 19. Jahrhunderts wird die Kleidung außer in den ländlichen Gegenden auch dort modischer und aufwendiger. Margarete Steiff selbst begeisterte sich noch in den letzten Jahren ihres Lebens für Mode, auch wenn sie auf den erhaltenen Fotos nur Schwarz trägt.

Stoffe richten sich nicht nur ans Auge, sondern ebenso an die Hand. Sie können glatt und spröde sein wie reine Seide, schwer und füllig fallen wie ein weicher Wollstoff, in allen nur vorstellbaren Farben leuchten wie fein veredelte Baumwolle. Ein Moiré antique hat die Struktur einer leicht gekräuselten Wasseroberfläche. Spitzen können unendlich fein sein, wie das Gewebe eines Spinnennetzes, oder flauschig und derb, wenn sie aus Wolle sind.

Es gab Sonntags- und Werktagskleider, das typische schwäbische »Schaffhäs« und das »Staatskleid«. An der Kleidung erkannte man den Stand eines Menschen. Margarete wird die verschiedenen Materialien mit Begeisterung berührt haben, auch wenn sie sich später beim Nähen ihrer Hand widersetzten.

»So habe ich bei Frau Schelling vieles lernen können und es hat gar nichts gekostet.«[26] Das mit so vielen Schmerzen und Widrigkeiten verbundene Nähen blieb ohne Alternative. Die Zeit vor ihrer Konfirmation war eine der Doppel- und Dreifachbelastung für das Mädchen. Hatte es mit der Enttäuschung über die fehlgeschlagenen Heilungsversuche zu tun, dass für Margarete eine unnachsichtige Vorbereitung auf ein Leben begonnen hatte, das nur aus Arbeit bestehen sollte, dass ihr eine Belastung zugemutet wurde, die keines der gesunden Kinder in ihrer Klasse erbringen musste? Margarete hätte bei ihrem Einfühlungsvermögen, bei ihrer Sprachbegabung, ihrem Talent, andere zu fesseln, ihrer Neugier und ihrem Wissensdurst eine großartige Pädagogin werden können, aber sie musste nähen und sticken.

1848 war das Thema der Frauenbildung virulent gewesen. Zahlreiche Frauenvereine hatten sich gegründet. Louise Otto-Peters, die die gängige intellektuelle Rangfolge der Geschlechter, in der die Frau die zweite Stelle einnahm, grundsätzlich infrage stellte, vertrat auch in württembergischen Zeitschriften die Ansicht, dass die geistige Erziehung der Mädchen nicht nach dem 14. Lebensjahr beendet sein sollte. Dringend müsse die Forderung nach weiterführenden Schulen erhoben werden.

Frauenbildung war die wichtigste Voraussetzung für das zweite große Anliegen der bürgerlichen Frauenbewegung, das Recht auf Erwerb: »Es muss dem Weibe Gelegenheit gegeben werden, seinen Weg durch das Leben selbst zu finden, oder mit anderen Worten das tägliche Brot sich selbst zu verdienen. Die Befähigteren müssen es finden können als Lehrerinnen, besonders der weiblichen Jugend, in den Comptoiren usw., in Handel und Wandel.«[27] Schulbildung sollte also – im Notfall – eine Alternativexistenz zur Ehe ermöglichen. Entzündet hatte sich die »Frauenfrage« an der Not der ledig gebliebenen Frauen, die, von der Berufswelt ausgeschlossen, in Abhängigkeit von Eltern und Geschwistern leben mussten.

Noch 1896 wurde in Giengen der Antrag auf Einrichtung einer Mädchenmittelschule abgewiesen und einer Frauenarbeitsschule der Vorzug gegeben.[28] Dort wurde wieder nur gehäkelt, genäht und gestickt. Die Frauenrechtlerin und Publizistin des Vormärz Louise Dittmar (1807–1884) hatte in ihrem Text »Wider das verkochte und verbügelte Leben« aus dem Jahr 1849 diese Art der weiblichen »Beschäftigungstherapie« auf das Heftigste angeprangert. »Wie der Geist aus allen Verhältnissen verschwunden und in ein mechanisches Getändel ausgelaufen ist, zeigen alle unsere Beschäftigungen, vor allem die der Frauen und des häuslichen Lebens. Das raffinierte Häkeln, Stricken und Sticken der Frauen ist dieselbe geistlose Ausartung der häuslichen Beschäftigungen wie das raffinierte mechanische Getändel der Klavier- und Violinvirtuosen, der Bravoursänger usw. Es fehlt überall die innere Notwendigkeit, die schöpferische Triebkraft. [...]

Zu was treibt sich die ganze eine Hälfte der Menschheit in dieser Tretmühle herum? Um die weibliche Bestimmung zu erfüllen, d.h. den Kulminationspunkt des geschäftigen Nichtstuns zu erreichen, um die Zwecklosigkeit und Zweckwidrigkeit aller Privattätigkeit auf die Spitze zu treiben. [...] Da wir sehen, daß weder das Hauswesen für die Frauen noch die Frauen für das Hauswesen ausreichen, da sie auch zu anderen Dingen befähigt und geneigt sind, würde es nicht ersprießlicher sein, sie auch zu anderen Dingen zu erziehen, ihrer Tätigkeit teils einen größeren, teils einen entsprechenderen Wirkungskreis zu erschaffen? Aber nichts für sie zu erreichen und dann sagen ›es gibt nichts weiter für sie‹, sie zu nichts weiter zu erziehen und dann zu sagen, ›das ist ihre Bestimmung‹, heißt dies nicht vorausbestimmen?«[29] Auch Margaretes Eltern konnten sich nicht vorstellen, dass ihre Tochter anders als mit den Händen arbeiten könnte.

Erst dreißig Jahre nach Margaretes Schulentlassung sollte Maria Gräfin von Linden, die ganz in der Nähe, in Burgberg bei Heidenheim, aufwuchs, als erste junge Frau Württembergs mit diversen Sondergenehmigungen das Abitur ablegen und 1892 als erste ordentliche Studentin an der Universität Tübingen aufgenommen werden. Sie studierte Biologie und promovierte 1896 über »Die Entwicklung der Zeichnung und der Skulptur der Gehäuseschnecken des Meeres«.[30]

Margaretes ältere Schwestern besuchten ebenfalls die Nähschule. Sie sollten später einmal die Kleidung ihrer Männer ordentlich instand halten und für sich und ihre Kinder selbst etwas fertigen können.

»Meinen beiden Schwestern habe ich viel Kummer gemacht, die waren so fleißig und geschickt, während ich alles verkehrt anfasste. Sie hatten schon die Hoffnung aufgegeben, dass ich je etwas Ordentliches im Nähen fertigbrachte, bis mir endlich der Ernst doch gekommen ist. Das Nähen ist mir aber auch sehr schwer gefallen. Der rechte Arm tat mir bei der geringsten Anstrengung weh, und links hatte ich kein Geschick. Ich hielt mich vielmehr ans Häkeln und sonstige leichte Handarbeiten.«[31]

Der Austausch von neuesten Handarbeitstechniken ebenso wie das Lesen entsprechender Zeitschriften war von wichtiger Bedeutung, wenn man als Näherin auf dem sich nun stark ausdifferenzierenden Modemarkt bestehen wollte. Die *Allgemeine Muster-Zeitung*, Heft 1 vom 1. Januar 1854, bietet in ihrem Mode- und Handarbeitsteil entsprechende Musterbogen, zum Beispiel »Modell eines Putzkleidchens für Kinder«, gehäkelte Manschetten, »Initialen Alphabet in Taschentücher«, Bordüren, Lampenschirm, Klavierstuhl, »Besuchs-Toilette für Damen«. Daneben gibt es Kochrezepte für Weihnachtsbackwerk, »vortreffliche, sehr wohlfeile Lebkuchen, Pommeranzen-Brötchen, Gutes Rezept zu Weihnachtsstollen, empfehlenswerte Geschwind-Methode, das Rauch-Schweinefleisch zu pökeln« und Ratschläge für den Haushalt.

Insgesamt wird es 13 Jahre dauern, bis Margarete Steiff ihren Vater von sich überzeugt hat und er ihr eine Existenzgründung ermöglicht. Während dieser Zeit wird sie die Schmerzen beim Nähen ertragen, die Ungeduld, dass ihr die Dinge nicht ebenso leicht von der Hand gehen wie den anderen Mädchen, die Wut und die Trauer darüber, dass ihr so vieles schwerer fällt als anderen. Wie sie es bereits als Kind gelernt hat, lenkt sie sich wieder durch das Erzählen von Geschichten ab. Es wäre interessant zu wissen, welche Bücher sie kannte, ob und was sie lesen durfte. Gab es etwas, was ihren Geist beflügelte, oder war sie ganz auf ihre Fantasie angewiesen?

Ihre Fantasie jedenfalls hat sie, wann immer sie das wollte, weggetragen aus dem gleichförmigen Alltag, der monotonen Arbeit. In ihrer Umgebung lebten die erwachsenen Frauen mit Mann und Kindern, arbeiteten im Haus, im Garten und auf dem Feld. Wenn sie alt waren, wie ihre Großmutter, saßen sie auf der Ofenbank und strickten Strümpfe für andere Leute. Waren die Frauen unverheiratet, mussten sie sich ihr Leben lang mit allerlei Hilfsarbeiten finanziell über Wasser halten.

Im Laufe des 19. Jahrhunderts stieg die Zahl der Ledigen, die zur Unterschicht gehörten, drastisch an. Die Einführung des Bürgerrechtsgesetzes 1833 hatte die in Württemberg bestehenden Verehelichungsbeschränkungen, die die behördliche Genehmigung einer Heirat vom »Nahrungsstand« der Heiratswilligen abhängig machten, weiter verschärft. Um heiraten zu können, musste das Paar den Nachweis erbringen, dass es sich und seine zukünftigen Kinder ernähren konnte. Die Zahl der Ortsarmen sollte so möglichst klein gehalten werden.[32] Zusammen mit Witwen und Waisen stellten die Ledigen einen großen Teil der armen Bevölkerung. Immer mehr Pfarrerstöchter gehörten dazu. Auch christliche Kreise korrigierten nun ihre Haltung zu den »alten Jungfern«. Die Ledigen sollten ihr Leben nicht länger als verfehlt ansehen, sondern es in den Dienst Gottes stellen, etwa als Diakonissen.[33]

Maria Steiffs jüngste Schwester gehörte zu den ledigen »Fräulein« in Giengen. »Die Tante Ursche war auch geschickt und fleißig, sie machte alle Jahre in ihrer Schulvakanz die Kinderlehrerin.«[34] Dann brachte sie den Mädchen die neuesten Handarbeitstechniken bei, die sie sich auf abenteuerlichen Reisen zu Fuß bei anderen Frauen in ähnlicher Situation abgeschaut hatte. Tante Ursche machte regelmäßig »eine Kunstreise nach Augsburg, insofern Kunstreise, als sie höchstens einen Gulden kostete und Tante neue Arbeiten lernte. Zum Beispiel Perlenschmissetten, Granatenarmspangen, Wollpulswärmer, Uhrentäschchen usw. Die Reise wurde mit einem Stück Brot in der Tasche zu Fuß gemacht, unterwegs bei Bekannten übernachtet, in Augsburg konnte sie bei Bekannten wohnen. Ab und zu hat Tante auch ein Stück feine Leinwand an die Frau Riedinger verkauft, letztere war eine Jugendfreundin von ihr.«[35]

Von Giengen nach Augsburg beträgt die Entfernung auf heutigen Straßen rund 90 Kilometer; eine Strecke, die Margaretes Tante zu Fuß zurückgelegt hat, mit einem Stück Brot in der Tasche. Das waren wahrlich keine rosigen Zukunftsaussichten! »Die neuen Arbeiten wurden möglichst ausgenützt. Auch ich durfte sie lernen und konnte manchen Gulden damit verdienen.«[36] Die Mädchen »durften« sich die meiste Zeit mit Dingen beschäftigen, die Geld brachten. Alles, was man tat, musste nützlich sein, musste Erwerbsmöglichkeiten eröffnen, zum Lebensunterhalt der Familie beitragen und so die Gefahr des sozialen Abstiegs abwenden helfen. Die Obrigkeit sah mit Argwohn auf die wachsende Zahl der Armen und Entwurzelten.

Margaretes Schwestern Marie und Pauline Steiff gingen nach ihrer Schulentlassung – also mit 14 Jahren – den Weg weiter, der für ein Mädchen ihres Standes in der damaligen Zeit vorgesehen war. Sie traten fern von ihrem Heimatort Stellungen als Dienstmädchen in bürgerlichen Haushalten an. Nun taten sie das, was sie schon zu Hause getan hatten: Sie putzten, kochten, wuschen Wäsche, besserten die Kleidung der Familie aus und passten auf die kleinen Kinder auf. Ihre zusätzliche Qualifikation bestand darin, dass sie dabei lernten, wie all das in einer anderen sozialen Schicht, dem Bürgertum, gehandhabt wurde. Sie nahmen damit teil an einer städtischen Kultur und schätzten diese Zeit ihres Lebens rückblickend meist als besonders wertvoll ein.

Der Arbeitstag der Dienstmädchen war lang, die körperliche Belastung groß, eine soziale Absicherung gab es nicht. Sie wohnten mit in der Wohnung oder im Haus der Herrschaft, hatten keine Privatsphäre; Herrenbesuch war streng untersagt. Doch die erworbenen Fähigkeiten verbesserten ihre Heiratschancen, und der Verdienst eröffnete ihnen die Möglichkeit, sich selbst eine Mitgift zu ersparen oder die elterliche aufzustocken.

Margarete Steiff erinnert sich: »Meine Schwester Marie, die sehr gut gelernt hatte und sehr fleißig und folgsam war, kam bald nach ihrer Konfirmation in eine Stelle als Kindermädchen zu Frau Oberamtsrichter Bazing nach Neresheim [auf der Hochfläche des Härtsfeldes]. Frau Prediger Hartmann [die Frau des Vikars] besorgte stets für ihre ausgebreitete vornehme Familie Dienstmädchen, und durch sie kam Marie dort hin. Der Großvater entlehnte Ross und Wagen und fuhr mit der kleinen Marie dem Härtsfeld zu. Es gibt ein Sprichwort ›Wer Vater und Mutter nicht folgt, muss aufs Härtsfeld‹, und die Marie war doch die brävste von uns Geschwistern. Es ging ihr aber auch nicht schlecht.«[37] Und das, obwohl das Leben in dieser kargen, armen Gegend mit ihren steinigen Äckern noch härter war als in Giengen im Tal der Brenz.

Bald danach verließ die jüngere Schwester das Elternhaus. »Meine Schwester Pauline war auch bald nach ihrer Konfirmation in eine Stelle nach Augsburg gekommen zu Bezirksdirektionsleuten, wo sie das Sparen noch gründlicher lernen konnte als zu Hause.«[38]

Margarete blieb mit den Eltern und ihrem jüngeren Bruder in der Ledergasse zurück. Sie ergriff die Chance, mit Fritz das zu lernen, was eigentlich nur die Buben lernen durften. »Nun war nur noch mein Bruder Fritz daheim. Er nahm sich meiner getreulich an, und ich nahm an seinen Studien teil. Sein Freund Ranz als der dritte im Bunde war auch sehr lernbegierig und [wir] haben uns mit Lernen, Lesen und Rätsellösen usw. gut unterhalten. Dann kam auch Fritz fort in die Bauschule und ich war allein bei den Eltern.«[39]

Gemeinsam mit ihrem Bruder versuchte Margarete erneut, ihren Horizont über das hinaus zu erweitern, was für ein Mädchen in Giengen vorgesehen war. Das gemeinsame Lernen ließ eine tragfähige Allianz der Geschwister entstehen. Fritz Steiff sollte seine Schwester bis zu seinem Tod im Jahr 1900 in ihren geschäftlichen Aktivitäten unterstützen.

Bei ihrer unmittelbaren Lebensbewältigung war Margarete allerdings ausschließlich auf die Mutter angewiesen, die ihr täglich beim An- und Auskleiden helfen musste, die die Waschschüssel aus der Küche in die Stube brachte, so dass sie Gesicht, Ohren, Hals, Hände und Unterarme mit dem »Waschlumpen« reinigen konnte, ihr die Haare zu Zöpfen flocht und im Nacken feststeckte, sie auf den Abortstuhl hob, morgens aus dem Bett holte und abends ins Bett brachte.

Die 50 Jahre alte Maria Margarete Steiff fühlte sich erschöpft. Tochter Margarete beschreibt das in der offiziösen Sprache ihres Tagebuchs: »Als die Schwestern fort waren, musste die liebe Mutter die Haushaltung, viel im Geschäft und mich versorgen. Das war oft zu viel.«[40] Auf die Idee, der Tochter über die Beeinträchtigungen, die ihr Körper ihr auferlegte, auch psychisch hinwegzuhelfen, kam sie nicht. Galt doch das Sinnen und Trachten des Pietismus dem »neuen, dem wiedergeborenen Menschen«. Seine Erfüllung hatte er in »edleren Sachen« zu finden als nur im »Essen und Trinken« und im Wunsch, ein angenehmes Leben zu haben. Es war von höchster Wichtigkeit, nicht als »Sklave der Weltlust« zu leben. »Nicht viel brauchen«, lautete deshalb die oberste Regel.

Maria Steiff hatte die anerkannten Autoritäten auf ihrer Seite. Der Ludwigsburger Pfarrer Johann Friedrich Flattich (1713–1797), der »schwäbische Salomo«, forderte in seinen für den Bauernstand verfassten *Hausregeln*, die lange als Grundlagen der evangelischen Erziehungsarbeit galten, zwar, die Grundsätze der Nächstenliebe einzuhalten: Man sollte seine Kinder, seine Ehefrau und das Gesinde nicht körperlich züchtigen, vorbildlich leben und sparsam haushalten.[41] Doch sollte man es in der Welt nur ja nicht gut haben wollen. Arbeit war nicht nur »ein großer Segen«, wie es der Birkacher Pfarrer Friedrich Wilhelm Kohler (1754–1810) 1795 formulierte, dessen Predigten auch die fromme Mätresse und spätere Ehefrau Herzog Carl Eugens, Franziska von Hohenheim, lauschte. Arbeit galt auch als bester Schutz vor Eitelkeit und Hoffart.

Die strenge protestantische Pflichtethik ließ den Ehefrauen und Müttern keine Ausflucht außer der Krankheit. Diese Flucht trat auch Margaretes Mutter an. Ganz anders dagegen Margarete selbst. Sie musste gesund und fit bleiben, musste wieder einmal durchhalten, durchhalten, bis die Schwestern aus der Fremde zurückkehrten. Denn dann würden sie ihren gemeinsamen Plan in die Tat umsetzen. Sie würden Kleider für die Frauen von Giengen nähen. Darauf arbeitete die Alleingelassene in der Nähschule hin, und nebenbei wollte sie trotz der moralischen Einschüchterungen durch ihre Mutter auch noch etwas Spaß am Leben haben. »Wenngleich meine Schwestern beide fort waren, so wurde es doch nicht einsam um mich, die Nachbarstöchter und Freundinnen nahmen sich getreulich meiner an. Die Mutter hätte es gern gesehen, dass ich im Sommer abends um 7 Uhr ins Bett gegangen wäre, weil sie sich wegen ihrer schmerzenden Füße bald legen musste. Dies passte mir aber nicht, die Freundinnen holten mich ab und machten mit mir noch eine Mondscheinpromenade. Die Mädchen brachten mich dann ins Bett und schlugen die Haustüre zu. Dann war ich versorgt und hatte nach dem ewigen Stubensitzen doch auch etwas Luft geschnappt.«[42]

Dass der Konflikt mit der Mutter in der Zeit der völligen Abhängigkeit in alltäglichen Dingen besonders heftig war und Margarete nicht bereit war, sich unterkriegen zu lassen, belegt eine weitere Tagebuchstelle. »So musste ich mir eigentlich alles erkämpfen, denn die Mutter war entschiedene Feindin von jedem Vergnügen und jeder Erholung. Das stand einfach nicht in ihrem Wörterbuch, nur arbeiten und wieder arbeiten.«[43]

In frommen württembergischen Kreisen war die Lebensführung der Maria Margarete Steiff eine äußerst vorbildliche, ja, die ideale. Ein solch arbeitsames und vergnügungsfeindliches Leben stellte insbesondere nach Meinung der Pietisten den geraden Weg zu Gott dar – beziehungsweise den »schmalen«. Denn das Bild vom »schmalen Weg«, der alle Verlockungen der »Welt« meidet, war eine bevorzugte Metapher für die innerweltliche Askese, seit 1866 in einem Stuttgarter Verlag die äußerst beliebte und weit verbreitete Bildtafel »Der breite und der schmale Weg« erschienen war.

Die farbenprächtige Darstellung der mit zahlreichen Bibelversen geschmückten Tafel bezieht sich auf eine Stelle im Matthäus-Evangelium: »Gehet ein durch die enge Pforte. Denn die Pforte ist weit, und der Weg ist breit, der zur Verdammnis führt, und ihrer sind viele, die darauf wandeln. Und die Pforte ist eng, und der Weg ist schmal, der zum Leben führt, und wenige sind ihrer, die ihn finden.« (Matthäus 7,13 f.)

Eine enge Pforte, ein schmaler Weg, eine breite Pforte, ein breiter Weg: Der eine führt direkt in den Himmel, der andere endet in der Hölle. Auf dem breiten Weg liegen das Wirts-

»Der schmale und der breite Weg«, 1866 erstmals in Stuttgart gedruckt, formuliert die innerweltliche Askese des Pietismus.

haus, das Freudenhaus, die Eisenbahn, die Fabrik, das Theater, Krieg und Gewalt.

Margarete Steiff rebellierte von Kindheit an gegen das freudlose, durch rastloses Arbeiten von früh bis spät geprägte Dasein, wie es die streng protestantische Ethik ihrer Mutter vorgab – ohne Abwechslung, ohne Erholung, ohne darüber nachzudenken, ob man es nicht auch anders, effektiver, schneller machen konnte. Ihr schwacher Körper forderte sie ständig dazu auf, mit ihren Kräften zu haushalten. Und nach Jahren des Überlegens sollte sie eine andere Art des Geldverdienens für sich entdecken.

Im Tagebuch machte sie aus der Distanz von fünf Jahrzehnten Zugeständnisse an die Moral ihrer Mutter: »Ich bin zwar heute recht von Herzen dankbar, dass sie uns Arbeit und Genügsamkeit gelernt hat und dass sie mich nicht verwöhnte, wie so häufig Mütter ihre leidenden Kinder verwöhnen und verzärteln.«[44] Der Text belegt jedoch an anderer Stelle, dass sie als junges Mädchen und junge Frau alle Kraft darauf verwandt hatte, ihr zu entkommen.

Die Kontakte zu den Schwestern beschränkten sich auf die kurzen Briefe, die sie sich schrieben. Zur Konfirmation Margaretes reisten sie dann an, obwohl das Geld kostete. »Nach zwei Jahren durfte sie [Marie] zu meiner Konfirmation kommen. Das war für meine liebe Mutter eine schwere Zeit, weil sie sich so sehr um meine Zukunft absorgte, für mich eine schöne Zeit, weil ich mit heiligem Ernst den Unterricht und die Konfirmation machte. Das Jahr vorher war meine Schwester Pauline konfirmiert worden, sie kam sehr bald zur Basdot. Dort war sie einige Zeit, dann sorgte wieder Frau Prediger um eine Stelle in Augsburg, wo ihr die Kenntnisse im Nähen sehr zu statten kamen.«[45]

Die Konfirmation galt in dem streng evangelischen Milieu, in dem Margarete aufwuchs, als hoher und ernster Feiertag. Diese »Bekräftigung« des Glaubens, wie der Begriff aus dem Lateinischen übersetzt werden könnte, fiel üblicherweise mit dem Ende der Schulzeit zusammen und markierte den Übergang ins Erwachsenenleben. Jedem der nun als mündige Kirchenmitglieder Entlassenen wurde und wird ein eigens ausgewählter Spruch mit auf den Lebensweg gegeben. Er soll Halt und Stütze in schwierigen Lebenslagen sein. Für Margarete Steiff hatte der Pfarrer eine Stelle aus dem zweiten Brief des Apostels Paulus an die Korinther ausgewählt: »Lass dir an meiner Gnade genügen, denn meine Kraft ist in den Schwachen mächtig.« (2. Korinther 12,9)

Im Gesamtkontext gesehen, ist dies eine äußerst komplexe und schwierige Stelle, die in einer gewissen Analogie zu den drei Versuchungen Christi steht. Indem sich Paulus hier mit seiner eigenen Schwäche und seinen Anfechtungen auseinandersetzt, formuliert er implizit die paulinische Gnadenlehre. Der Giengener Pfarrer dachte bei seiner Auswahl vielleicht nur daran, dass der Text Margarete helfen sollte, ihr Leiden geduldig zu ertragen. Ihr weiterer Lebensweg und ihre optimistische und fröhliche Grundhaltung deuten jedoch darauf hin, dass sie den Text durchaus in seiner Tiefendimension erkannt und ernst genommen hat: Der Mensch ist stark gerade in seiner Schwäche.

Ein Grundgedanke des Paulus ist es, dass der Mensch die göttliche Gnade bereits geschenkt bekommen hat. Der paulinische Optimismus will, dass der Mensch anhand der Versuchung – oder, anders ausgedrückt, der Prüfung – erkennt, wie stark er in Wahrheit bereits ist. Sich vorzustellen, dass Margarete Steiff diese Botschaft verstanden hat, dass sie erkannte, welche Kraft in ihr ruhte, obwohl sie keine funktionierenden Beine hatte, bietet eine Interpretationshilfe zum Verstehen ihres weiteren Lebensweges. Auf jeden Fall begann sie, danach zu handeln. Drei Jahre später gab sie die Hoffnung auf eine Heilung auf. Sie erkannte nach und nach ihre Stärken und richtete ihr Leben dementsprechend aus.

Zudem war der Apostel eine äußerst aktive Persönlichkeit. Er ist durch die Welt gereist, hat sich in Dinge eingemischt, war innovativ. Antike Quellen sagen, er soll klein und hässlich gewesen sein, also ein Gegentyp zum herrschenden Ideal. All dies sind Eigenschaften, die ihn einer Margarete Steiff sicherlich nahebrachten.

Vom Stadtpfarrer bekam sie eine Bibel geschenkt. Die »Gnädige« von Pauline in Neresheim schickte ein »Communion-Buch«: »Margarethe Steiff. Zum Andenken. An Ihre Confirmation Von Oberamtsrichterin Bazing In Neresheim 1860«.[46] Im dritten Kapitel, »Selbstprüfung«, steht zu lesen: »Treibt dich der Glaube zu neuem Gehorsam?« Margarete Steiff war noch keine 13 Jahre alt.

Sie ertrug weiterhin die Torturen der Nähschule und bewies dem Vater, dass sie belastbar war. Ein Jahr später schloss sie die Schule ab. Pauline arbeitete inzwischen als Dienstmädchen in einer Heidenheimer Spinnerei. Sie sollte nach Hause kommen, um der Mutter zu helfen.

Dass Margarete nach der Schulentlassung etwas anderes hätte tun können als nähen, fiel niemandem ein. Die 1848 zum Verstummen gebrachte Frauenbewegung begann sich erst 1865 wieder zu regen, als die engagierte 1848er-Demokratin, Schriftstellerin und Publizistin Louise Otto-Peters in Leipzig den »Allgemeinen Deutschen Frauenverein« (A.D.F.) gründete. Aus dem deutschen Südwesten erfolgte keine Reaktion. Ein Jahr später erschien ihre Schrift *Das Recht der Frauen auf Erwerb*. Und in Berlin wurde der »Verein zur Förderung der Erwerbstätigkeit des weiblichen Geschlechts« (nach seinen Initiatoren Wilhelm Adolf Lette und Anna Schepeler-Lette dann in Lette-Verein umbenannt) ins Leben gerufen. Auch er entstammte dem liberalen Umfeld. Zum deutschen Frauentag 1869 in Kassel reiste als einzige Süddeutsche Mathilde Weber-Walz an. Sie wurde als erste Schwäbin Mitglied des A.D.F.[47]

1873 schließlich tagte der »Deutsche Frauenverein« in Stuttgart. Im Anschluss gründeten acht Frauen unter Führung der Schriftstellerin Emma Laddey den »Schwäbischen Frauenverein«. Sein Ziel war es, »durch vereintes Wirken die weibliche Jugend zu erhöhter Bildung, Erwerbstätigkeit und Sittlichkeit zu erziehen und ihr neue Bahnen zum Arbeitsverdienst zu eröffnen«.[48] Gemäß der Maxime von Louise Otto-Peters, dass Arbeit die Pflicht, das Recht und die Ehre der Frau sei, sah der Verein seine Aufgabe darin, die Frauen zu Berufen mit Verdienstmöglichkeit auszubilden und das »Ehrenamt« so weit als möglich zu verbannen. Die Mitgliederzahl wuchs schnell an, die württembergischen Königinnen Olga und Charlotte übernahmen die Schirmherrschaft.

Das war alles noch Zukunftsmusik, als sich Margarete Steiff als Lohnnäherin verdingte, was ihr immerhin ermöglichte, sich zeitweise von den Einengungen des Elternhauses zu befreien. Die Lohnnäherei bedeutete im Allgemeinen, dass man in den Haushalt des Auftraggebers eintrat und damit jegliche Privatsphäre aufgab. Die Stellung ähnelte der eines Dienstmädchens. Durch die ganztägig mögliche Kontrolle wuchs der Leistungsdruck. Aber Margarete hatte es vergleichsweise gut getroffen. Zunächst arbeitete sie für ihre Tante Apollonia und wohnte auch bei ihr. »Zu der Zeit, als meine beiden Schwestern in der Fremde waren, nahm mich Tante Apollonia viel ins Haus und habe ich bei dem Aussteuerrichten für die Hähnle'schen Söhne viel mitgeholfen. Viele Wochen musste ich mit einem alten Memminger Weible Federn putzen und kam ich die ganze Woche nicht heim, weil ich dort schlafen musste und in der Woche mindestens 42 Kreuzer verdiente samt der Kost. Der Verdienst stieg natürlich je nach der Leistung.«[49]

Margarete Steiff hat ihre frühen, bescheidenen Einkünfte ein Leben lang nicht vergessen. Sie hatte auch bei ihrer Tante ein reguläres Arbeitsverhältnis übernommen, das nicht durch Nebenabsprachen oder gar Geschenke erleichtert wurde. Margarete schreibt lapidar: »Der Verdienst stieg natürlich je nach der Leistung« – damit ist der Ernst der Lage hinreichend umschrieben.

Nach Leistung, also quasi im Akkord, wurde auch die Aussteuerwäsche bestickt. »Später durfte ich Namen nähen im Kreuzstich. Es wurde auf das Damastzeug Mull aufgeheftet, und nachdem der Name fertig war, wurden die Fäden von dem Mull herausgezupft. Als die Aussteuern für Michael, Melchior, Hans und Georg fertig waren, ging es an Christine's. So saßen wir viele Monate in der oberen Stube, da wurde geschafft und gesungen.«[50]

Das Anfertigen dieser Wäschestücke war Teil der Mitgift. Sie sollte die Stiefsöhne und die Stieftochter Appollonias ein ganzes Eheleben begleiten. Da war von den jungen Näherinnen größte Sorgfalt und Ernsthaftigkeit gefordert.

»Die Tante war sehr gut zu mir, nur hatten wir immer Angst, wenn es Milchnudeln gab, denn da gab es auch jedes

Mal einen Krawall. Wir durften uns im Spaß sehr viel erlauben. Aber einmal fasste es die Tante krumm auf und dann war's auf ein paar Tage nicht mehr gemütlich. Marie sagte oft, ›Mutter sag's, wenn's Ernst wird‹, aber wir vergaßen gern den richtigen Moment und dann kam die Aufregung. Im Winter wurde in der Stube genäht; da kamen die gefürchteten Herren Hans und Melchior zum Mittagessen, das war immer eine schreckliche Zeit bis das Essen vorüber war.«[51]

Auf Margarete Steiffs enge Beziehung zur Filzfabrik wurde bereits hingewiesen. Ins Tagebuch gelangte der oben zitierte Text in einer abgeschwächten Form. Hatte sie zuerst geschrieben, sie sei mit der Entwicklung der Filzfabrik aufs Engste »verwachsen«, so heißt es dann im Tagebuch »verbunden«. Auch die Rolle von Tante Apollonia ist im endgültigen Text nicht mehr so aktiv. Sie sei »mit Begeisterung auf die Gründung eingegangen«, steht da, und weiter: »Es war ein schwerer Anfang und überstieg fast die Kapitalkräfte der Familie Hähnle, aber mit zäher Ausdauer und unermüdlichem Fleiß kam das Werk doch zustande. Als das sogenannte Wildbad angekauft war, wurden nicht alle Räume zur Fabrik genommen, sondern das Bad und die Wirtschaft wurden weitergeführt.«[52]

Als es Margarete gelingt, Unterricht im Zitherspiel zu erhalten, bricht sie einmal mehr aus der Welt der Mutter aus. »Endlich wurde mir auch mein Lieblingswunsch erfüllt. Ich durfte Zitherspielen lernen. Tante Ursche konnte so schön spielen, doch hatte sie in letzter Zeit, als ich es lernen durfte, keine Saiten mehr berührt. Es war ihr durch fortwährende Leiden ganz zuwider. Herr Sautter, ein alter Musiker, bei dem mein Vater ein unsicheres Guthaben hatte, gab mir Unterricht und Freund Ranz, der sehr musikalisch war, sorgte für die Taktfestigkeit.« Ihr Lehrer war Leiter der örtlichen Musikschule,[53] der damals einzigen städtischen Musikschule in Deutschland; Margarete war der Besuch nicht erlaubt, weil sie – »nur« – ein Mädchen war.[54]

Neben dem Spaß an der Musik brachte das Zitherspiel eine Stärkung der rechten Hand. Margarete setzte hier noch einmal etwas durch, was sie bei Dr. Werner gelernt hatte: auf ihren Körper zu achten und ihn nach Möglichkeit zu kräftigen. Sie konnte die Zither vor sich auf den Tisch legen, und sie konnte das Instrument leicht überallhin mitnehmen. Die Musik sollte ein weiteres Element ihrer Geselligkeit werden und die Menschen ebenso an sie binden wie ihre Geschichten.

»Erst viel später habe ich mir eine Zitherschule gekauft und dann erst gründlich gelernt, auch Unterricht gegeben. Eine meiner ersten Schüler waren Christian und Eugen Link. Das Zitherstunden geben brachte etwas mehr als die Handarbeiten ein.«[55] Die genannten Musikschüler waren die späteren Giengener Orgelbaumeister. Die Werkstätte ihrer Väter Paul und Johannes Link lieferte seit 1851 Orgeln an einen überregionalen Kundenkreis. Die Söhne führten den Betrieb später mit weltweitem Erfolg fort.[56]

Margarete wird ein Leben lang mit Begeisterung Zither spielen, im Familien- wie im Freundeskreis. Für ihr Notenbuch muss sie sich die Noten und Texte schreiben lassen. Hierüber haben sich diverse Rechnungen erhalten. Interessant und aufschlussreich für ihren Charakter ist, dass Musikstücke völlig unterschiedlicher Couleur nebeneinanderstehen:

Marsch von Johann Strauß. Die Bummler in Berlin. Wetterauer Polka. Schnadahüpferl. Münchner Damenpolka. Jodler Marsch. Bairisch Polka. Polka Mazurka. Ländler. Attaque Marsch. Marseillaise. Düppeler-Schanzen-Galopp. Hausschlüssel-Walzer. Walzer von Schmid. Elfen-Walzer. Birnbaum-Ländler. Aus dem Postillon. Blau-Augen-Walzer. Philippinen-Walzer. Volksmelodie von Lautenbach. A Blümerl und a Herz. Ländler mit Glockentönen.

Des Morgens in der Früh. Ich wollte meine Lieb ergösse sich. Zar und Zimmermann. O wie wogt es sich so schön, aus der Oper *Oberon*. Befiehl Du Deine Wege. O Haupt voll Blut und Wunden. Wer weiß wie nahe mir mein Ende. Dir dankt mein Herz. Gott ist getreu. Mein Glaub ist meines Lebens Ruh. Ach wiederum ein Jahr entschwunden. Lobe den Herrn den mächtigen König der Ehren. Ruhe ist das beste Gut. Ruhet wohl ihr Totenbeine. Russisches Abendgebet. Wiener Lied. Wanderlied. Bitter treue Schwesterliebe. Freut euch des Lebens …

Im Notenbuch herrscht eine friedliche Koexistenz von Frömmigkeit und Vergnügen. Das eine nimmt dem anderen nichts von seiner Ernsthaftigkeit.

Margaretes Nähkünste hatten sich auch außerhalb der Familie herumgesprochen: »Nachdem man mich bei der Tante nicht mehr nötig brauchte, entdeckte mich Frau Stadtpfarrer Gross. Unternehmend wie sie war, ließ sie mich alle Tage holen und ich durfte die Aussteuer der Tochter Tusnelde machen helfen. Es war mir ganz neu, in einer fremden Familie zu sein, und brachte mir viel Genuss und Anregung. Daneben gab ich Zitherstunden und musste deshalb an bestimmten Tagen nach Hause.«

Margaretes Tage waren angefüllt mit Arbeit. Alles, was sie gelernt hatte, versuchte sie zu »vermarkten«. Dennoch war sie nach wie vor bereit für ein Abenteuer: »Ich war sehr waghalsig und gar nicht ängstlich im Fahren und ließ mich an einem Mittwoch von Paul Gross heimfahren. Derselbe durfte sich mit meiner Erlaubnis hinten auf meinen Wagen stellen, so sauste das Fuhrwerk an der Stadtpfarrei an, am Rössle vorbei, die niedere Gasse hinunter.«

Die schnelle, schwerelose Bewegung übte einmal mehr eine unwiderstehliche Faszination auf sie aus. Bedeutete sie doch, für kurze Zeit von der Last des Körpers befreit zu sein, der ihr im Alltag so viele Grenzen setzte. Das hatte sie bereits in ihrer Beschreibung vom Sturz in die Brenz oder vom Schwimmen im Katharinenbad in Wildbad deutlich gemacht. Dieses Mal verletzte sie sich allerdings schwer. »Unten ereilte mich jedoch die Strafe für meine Frechheit, der Wagen stürzte um, ich fiel heraus und brach den linken, vorher ganz lahmen Fuß, auch das Gesicht hatte ich stark verfallen.«

Margarete Steiff schien in Giengen für ihre Waghalsigkeiten bekannt zu sein, ein Draufgängertum, das man einem fünfzehn- oder sechzehnjährigen Mädchen nicht mehr zugestehen wollte. »Die Leute, welche mich aufhoben, machten mir gewaltige Vorwürfe: ›So hat's kommen müssen, Du lässt Dir ja nichts sagen.‹ Allerdings hat man mich schon oft gewarnt, besonders auch Tante Ursche, aber es war halt so schön, auch einmal schnell vorwärts zu kommen. Überdies hatte es mein Bruder schon oft so gemacht die Steigen herunter, dass er sich hinten aufgestellt hatte, er hatte aber das Fuhrwerk besser in der Gewalt als der kleine Bub.«

Margarete zeigte nun altersgemäße Einsicht. »Von da an bin ich nimmer so gefahren und beklagte sich Freund Spiess öfter, dass man mit mir gar keinen Galopp mehr anschlagen dürfte. Ich hatte ordentliche Schmerzen auszustehen. Als ich wieder genesen war, konnte ich meine Arbeit im Pfarrhaus wieder aufnehmen und zu Ende führen.«[57]

4. Kapitel
Die Schwestern Steiff

Am 13. Februar 1862 wurde in Württemberg der Gewerbezwang endgültig aufgehoben, und eine große Welle von Geschäftsgründungen rollte daraufhin durch das Land. Allein in Stuttgart siedelten sich innerhalb eines knappen Jahres 438 neue Firmen an. 340 von ihnen waren Handwerksbetriebe. Doch reichte der Abbau von politischen Hürden, das bloße Gewährenlassen, allein noch nicht, um eine industrielle Gesellschaft entstehen zu lassen.[1] Nach wie vor war es vor allem der Initiative einzelner Unternehmer zu verdanken, dass Vorstöße in diese Richtung gewagt wurden.

Im November des gleichen Jahres 1862 kehrten Marie und Pauline Steiff nach Hause zurück. Beide hatten jahrelang in der Fremde als Dienstmädchen gearbeitet. In Giengen eröffnen sie nun im Hause ihrer Eltern eine kleine Damenschneiderei. Margarete wird dort bis zur Heirat von Pauline 1873, also zehn Jahre lang, gemeinsam mit den Schwestern arbeiten. Sie erinnert sich: »Wir Geschwister durften jeden Kreuzer behalten, so wuchs der Sparhafen [Sparbüchse] langsam, aber sicher. Der Verbrauch wurde auf ein Minimum eingeschränkt. Meine Schwester Pauline war so geschickt und fing zu Hause ein Putzgeschäft [Hutmacherei] an; daneben wurden Kleider gemacht, wobei ich auch helfen konnte.«[2]

Der Tagebuchtext macht deutlich, wie ernst es den jungen Mädchen mit ihrer Geschäftsidee war. Sie schränkten sich in jeder Beziehung ein, um die wichtigsten Anschaffungen für die selbstständige Näherei tätigen zu können. Was die Schwestern Steiff nun taten, war, verglichen mit der reinen Lohnarbeit, ein deutlicher wirtschaftlicher Fortschritt. Sie lebten und arbeiteten im Haus der Eltern, nicht als Dienstboten in einem fremden Haus, und sie konnten ihren Tageslauf selbst bestimmen.

Zwei Tätigkeiten liefen parallel nebeneinanderher: Die Arbeit für fremde Auftraggeberinnen und die Anfertigung der eigenen Aussteuer. Vermutlich hat auch Margarete für sich eine »Aussteuer« genäht. Bett- und Leibwäsche benötigte sie ebenso wie ihre Schwestern, ob sie nun heiraten würde oder nicht. Sie fertigten Leibwäsche, Bettwäsche und Tischdecken, die sie kunstvoll bestickten. Von den Hüten, die Pauline dekorierte, und den Kleidern, die sie gemeinsam nähten, sparten sie den Geldbetrag zusammen, den Margarete in ihrem Tagebuch erwähnt.

Die Aussteuer war während des 19. Jahrhunderts ein wichtiges Statussymbol.[3] Sie gehörte zu den Voraussetzungen, sich verheiraten zu können. Vor allem in ländlichen Gegenden war es üblich, dass einige Tage vor der Hochzeit der gesamte Hausrat einer Braut, die Tisch- und Bettwäsche, die Möbel, ihr ganzes »Hab und Gut«, das sie in die Ehe einbrachte, für alle sichtbar auf einem Pferdewagen, dem sogenannten Brautwagen, unverdeckt zum Haus des Bräutigams gefahren wurde. Das Spektakel wurde von allen Nachbarn, Freunden und Verwandten begleitet und kritisch beäugt. Auch aus Giengen haben sich entsprechende Fotografien erhalten.[4] Nach der Hochzeit kamen dann die Nachbarinnen, und die junge Ehefrau öffnete ihre Schränke. Es durfte nachgezählt werden.

Ein Jahr nachdem Margarete angefangen hatte, mit den Schwestern zu nähen, gab sie die Hoffnung auf Heilung endgültig auf. »Von da an, etwa mit 17–18 Jahren, ließ ich mich durch keine angepriesenen Mittel oder Heilmethoden mehr aufregen, denn das unnütze Suchen nach Heilung lässt den Menschen nicht zur Ruhe kommen.«[5]

Bis zu diesem Zeitpunkt war die Verleugnung der Behinderung ein wichtiger Bestandteil ihrer psychischen Abwehr gewesen: Eine Margarete Steiff ertrank nicht, sie verletzte sich nicht ernstlich, sie war immer gesund. Sie hatte sich eher wie ein Junge verhalten, war der mutige Kamerad gewesen, der vor keinem Abenteuer zurückschreckte.

Nun aber war sie nach den Vorstellungen ihrer Zeit erwachsen, in einem Alter, in dem sich die anderen Mädchen nach einem zukünftigen Mann umsahen oder von jungen Männern umworben wurden. Auch sie musste ihr weiteres Leben planen und sich mit den Realitäten auseinandersetzen. Das bedeutete in erster Linie, die Behinderung als Tatsache zu akzeptieren, die sie ein Leben lang begleiten würde.

Seit der Konfirmation hatte sich die Welt der Mädchen erweitert, sie durften nun auch an öffentlichen Geselligkeiten teilnehmen, eine Tanzveranstaltung besuchen, im Winter in den »Lichtkarz« gehen, wie die abendlichen Zusammenkünfte genannt wurden. Es gab erste Kontaktmöglichkeiten mit gleichaltrigen jungen Männern, und es sollte sie auch geben, denn nun hieß es, eine Eheschließung anzubahnen. Die Schwestern und die Freundinnen werden Margarete von ihren ersten Erlebnissen auf dem Gebiet Liebe und Erotik nicht ausgeschlossen haben. Sie haben ihre kleinen heimlichen Annäherungen ans andere Geschlecht vielleicht im Detail wiedergegeben, die Vorzüge und Nachteile der Kandidaten mit mädchenhafter Aufgeregtheit und unter nicht abreißendem Gelächter diskutiert.

Auch die Mode, mit der Margarete Steiff sich nun beruflich beschäftigte, war und ist ein wichtiges Thema für junge Mädchen. Sich ausprobieren und in Rollen schlüpfen, zum Beispiel beim Betrachten diverser Zeitschriften, sind typische Verhaltensweisen in Auseinandersetzung mit zentralen Fragen der weiblichen Identität: Bin ich schön, bin ich begehrenswert? In der Zeit, in der Margarete lebte, waren das vor allem Fragen nach den Heiratschancen. Der Zeitgeist und das Milieu allerdings grenzten ein behindertes Mädchen rigoros von jeder Möglichkeit aus, sich zu verheiraten.

Eine Frau, die nicht gehen und nicht beherzt zupacken konnte, war keine Stütze für einen Giengener Handwerker. Eine Frau, die von ihrer Konstitution her zart war, konnte die vielen Schwangerschaften nicht durchstehen. Eine Frau, die im Rollstuhl saß, konnte vielleicht überhaupt keine Kinder bekommen. Wer wusste das in Giengen schon genau? Margaretes Leben und das der anderen Mädchen begannen nun endgültig, sich auseinanderzuentwickeln.

Es ist beinahe unmöglich, sich Margaretes Gefühle in dieser Zeit vorzustellen. Sie war außerordentlich hübsch, sie war lebhaft, sie war intelligent, konnte sehr gut mit Menschen umgehen, liebte es, der Mittelpunkt einer geselligen Runde zu sein, wurde überall gern einbezogen. Nichts deutet jedoch darauf hin, dass ihre Beziehung zu den jungen Männern Giengens einmal über diese rein freundschaftliche Ebene hinausgegangen wäre. Auch sie wird sich beim Blick in den Spiegel schön gefunden, sich als Frau gefühlt haben, stolz gewesen sein auf die Veränderungen ihres Körpers. Bei ihrer Vitalität hat sie sicherlich den Wunsch gehabt, den eigenen Körper auch sexuell zu erleben. Ob sie so sehr gegen die Konvention ihrer Zeit dachte, dass sie eine Zeit lang daran glaubte, diese Wünsche könnten erfüllt werden, muss offenbleiben.

Deutlich ist, dass sie sich fortwährend weiterqualifizierte und dadurch anstrebte, ihr Leben eigenständig zu meistern. Sie besuchte noch Jahre nach ihrem Schulabschluss die Nähschule in Giengen. »Später befand sich die Nähschule im Rathaus an der südwestlichen Ecke zu ebener Erde. Da ließ ich mich noch recht viele Jahre hinfahren, es war gar so schön dort. Ich wusste viele Geschichten zu erzählen, oft so lange, die nicht an einem Nachmittag zu Ende kamen. Da hatte ich aufmerksame Zuhörerinnen, aber die Arbeit durfte nicht versäumt werden.«[6]

Margarete nähte mit der linken Hand und unter Zuhilfenahme der schwachen rechten Leib- und Hauswäsche, Nachthemden für Herren und Damen, Herrenoberhemden und Einsätze für die Hemden, Kinderunterwäsche, Bettwäsche, bestickte Paradekissen und Servietten. Sie lernte, Damenröcke und Oberteile zu nähen, Unterröcke und Blusen. Sie akzeptierte, dass sie zu allem mehr Zeit brauchte als ihre Mitschülerinnen, dass sie häufiger scheiterte als die anderen Mädchen, dass sie mehrere Anläufe benötigte, bevor die Lehrerin das bestickte Unterhemd oder den plissierten Bluseneinsatz als gelungen billigte.

Die lebhafte, temperamentvolle Margarete Steiff, die sich eigentlich am liebsten an der frischen Luft aufhielt, musste sich in unendlicher Geduld üben, und sie musste tausend kleine Niederlagen wegstecken bei einer Tätigkeit, die ihre Intelligenz und Kreativität zugleich krass unterforderte. Um sich und die anderen von diesen Dingen abzulenken, erzählte sie abenteuerliche Geschichten, die sich über Tage hinzogen – eine Scheherezade von Giengen!

Für die anderen Mädchen war die Nähschule die letzte Etappe vor der Heirat. Dann würden sie versorgt sein, ihr Leben lang Ehefrau und Mutter bleiben. Ihr weiteres Schicksal hing von dem Mann ab, den sie geheiratet hatten. Er bestimmte durch seine Arbeit den sozialen Status und damit das alltägliche Leben der Familie. Die Frau stand rechtlich unter ihm, und er würde ihr mit in die Ehe gebrachtes Vermögen verwalten. Dennoch war eine Heirat die einzige Möglichkeit einer Teilhabe am gesellschaftlichen Leben. Einer unverheirateten Frau blieb dieses verschlossen.

Margarete arbeitete weiterhin auch außer Haus und genoss die damit verbundene Geselligkeit. »Anno 1864 oder 1865 (Jahreszahlen habe ich nie merken können) verheiratete sich Tante Susanna nach Bergenweiler. Dort gab es auch zu nähen und hat mich Onkel Joos des öfteren für ein paar Wochen geholt. Mir war jede Abwechslung sehr willkommen und ich freute mich stets auf die kleine Reise. Bergenweiler wurde auch ein beliebter Ausflugsort und nahmen mich die Geschwister, Freunde und Freundinnen stets mit dorthin. Natürlich musste die Zither dabei sein. Überhaupt war kein Weg zu weit und kein Berg zu hoch, wo ich nicht dabei gewesen wäre.«[7]

1864 war König Wilhelm von Württemberg gestorben. Sein Sohn Karl (1823–1891) zeigte deutlich liberale Tendenzen, aber wenig Interesse an Politik. Er hatte es sich unwirsch verbeten, »König der Landwirte« genannt zu werden. Was die wirtschaftliche Entwicklung anging, ließ der König den Dingen eher ihren freien Lauf, statt einzugreifen.[8]

Hans Hähnle hatte seine Filzproduktion konsequent weiterverfolgt, und Margarete interessierte sich außerordentlich dafür. »Dadurch kam ich viel in das Bad und so nach und nach sah ich ein Kabinett ums andere schwinden, bis endlich beschlossen wurde, es ganz aus der Fabrik zu entfernen. Von da ging das Geschäft mit Riesenschritten vorwärts. Tante Ursche verarbeitete nebenher noch die Filzenden und flocht sehr dauerhafte Teppiche daraus.«[9]

Die unverheiratete Schwester ihrer Mutter hatte also bei ihrem Neffen eine neue Beschäftigung gefunden, indem sie das – noch – unverkäufliche Material zu Teppichen verarbeitete, die dann verkauft werden konnten. Früher war sie für die Versorgung der Eltern zuständig gewesen und hatte sich mit aufwendigen Handarbeiten finanziell über Wasser gehalten. Vielleicht konnte sie, die von Margarete in diesen Jahren an anderer Stelle als krank und leidend beschrieben wird, ihre »Kunstreisen« nach Augsburg nicht mehr unternehmen. Arbeiten musste sie trotzdem. Sie und ihr Vater Bartholomäus Hähnle wohnten nun im Wildbad. Die Großmutter war bereits gestorben.

Die Textilindustrie in Württemberg hatte von 1820 bis 1846 eine erste Wachstumsphase erlebt. Nach dem Abflauen der Konjunktur gab es nun billige Arbeitskräfte in großer Zahl. Hähnle arbeitete an einem neuen Unternehmenskonzept, das auf die Standortvorteile der Alb setzte – Schafwolle und viel Wasser sowie preiswerte Arbeitskräfte, die in der Textilherstellung erfahren waren –, um so deren Standortnachteile zu kompensieren. Wolle, die gesponnen und zu Loden verarbeitet wurde, verlangte viel mehr Arbeit als Filz.

Der Arbeitsschritt des Spinnens zum Beispiel entfiel beim Filz, er wurde nass gewalkt. Die Lodenweber und andere

Textilhandwerker in Giengen, die einmal 40 Prozent der Gewerbetreibenden ausgemacht hatten, standen zu dieser Zeit bereits ohne Arbeit da. Sie waren gegenüber den maschinell hergestellten Produkten nicht mehr konkurrenzfähig.[10] 1856 waren zirka 60 Giengener, teils mit Frauen und Kindern, nach Amerika ausgewandert.[11] Andere fanden eine neue Arbeit in der Filzfabrikation.

In den Alpenregionen wurde Filz traditionell für wasserfeste Mäntel und Umhänge verwandt – Arbeitskleidung für Flößer und Schäfer. Filz war haltbar und billig. Und er fühlte sich gut an. Fest und trotzdem weich, konnte er stärkste Beanspruchung aushalten. Hähnles Innovation zielte auf möglichst hochwertige Filze, mit denen man bei zwei oder drei zusätzlichen Arbeitsgängen eine deutlich höhere Veredelung erzielen konnte. Am Anfang stellte er Hutfilze her, dann folgte Filz für Pantoffeln. Zunächst war der Stoff dick, schwarz und grau.

Jahre später sollte Margarete Steiff damit beginnen, aus dem verbesserten Filz der Hähnles Kleidungsstücke herzustellen. Vielleicht blätterte sie zu diesem Zeitpunkt bereits ihre Modehefte nach geeigneten Schnitten durch. Man müsste auf jeden Fall die Schnitte vereinfachen, um mit dem Filz arbeiten zu können. Dann hatte er viele Vorteile. Man musste ihn nicht versäubern, man musste ihn nicht füttern. Er war strapazierfähig und verzieh vieles. Sie wird sich an die eigenen zerrissenen Kinderkleider erinnert haben. Was hatte das immer für einen Ärger mit der Mutter gegeben! Wie schön müsste es für Kinder sein, ohne ständige Ermahnungen und Strafen beim Spielen über den Boden zu rutschen, auch dann, wenn sie gehen konnten.

Der Filz fühlte sich gut an in ihrer Hand, er war griffig und solide, er glitt nicht auf der Unterlage weg wie die glatten und spröden Stoffe. Außerdem konnte er prächtig bestickt werden. Die Brüder Hähnle fachsimpelten bei jeder Gelegenheit. Immer wieder gaben sie auch Margarete Proben der Stoffe in die Hand und fragten sie nach ihrer Meinung. Was könnte man alles daraus machen?

Aus dem Filz könnten Jacken oder Mäntel entstehen. Vielleicht sogar noch ganz andere Dinge, wenn er nicht immer schwarz und grau wäre. Der Filz war nicht nur wasserabweisend, er war auch warm. Filzhosen müssten gut verkäuflich sein, ebenso Filzröcke für die Frauen. Vielleicht waren Hans und Melchior Hähnle begeistert von dem, was die Cousine ihnen mit Feuereifer erzählte. Margarete konnte in der Tat die neu produzierten Filze auf ihre Tauglichkeit testen. Jedem Kunden würden die Möglichkeiten des Materials sofort einleuchten.

Die Spätzeit der Biedermeiermode, die in Giengen noch getragen wurde, als Marie, Pauline und Margarete Steiff ihre eigene Werkstatt eröffneten, zeichnete sich durch betont weite Röcke aus. Die für diese Fülle nötigen Unterröcke wurden zum Teil mit Rosshaar gestopft, französisch »Crin«, was der Krinolinenmode ihren Namen gab. Die Krinoline wurde in allen Gesellschaftsschichten getragen. Ab 1856 gab es mehrere technische Möglichkeiten, das gewünschte Volumen zu erzeugen. Die Stahlreifenkrinoline kam auf den Markt, entweder als Käfigkrinoline oder nur mit Haltebändern beziehungsweise aus Stoff mit Tunneln für die einzelnen Reifen. Der Umfang der Röcke betrug nun im Durchschnitt vier Meter. Der Stoff war im Bund in tiefe Falten gelegt. Der Rock war meist hinten geschlossen und das Oberteil vorne geknöpft. Beides in der Regel aus dem gleichen Material.

Typisch für die Oberteile der Krinolinenmode sind die weiten Ärmel, entweder mit Manschette am Handgelenk zusammengefasst oder weit fallend als Pagodenärmel. Tageskleider trug man hochgeschlossen. Die Frisuren waren damals straff gescheitelt, die Ohren bedeckt und die Haare dort oft zu Schnecken gedreht. Beliebt wurde der große Knoten, der »Chignon« im Haarnetz.

Es existiert ein Foto von der jungen Margarete Steiff, das sie genau in dieser Krinolinenmode zeigt. Sie sitzt im Atelier eines Fotografen auf einem gepolsterten Sessel mit obligatorischer Quaste. Rechts im Hintergrund ist ein kleiner Teil eines reich verzierten Möbelstücks zu erkennen, links von ihr steht ein runder Tisch mit einer bestickten Decke. Dahinter sieht man gemalte Wandpfeiler. Margarete hat den weiten Rock ihres Krinolinenkleides sorgfältig um sich ausbreiten lassen. Der Stoff fällt üppig und schwer bis auf den Boden herab. Sie sitzt sehr gerade im Sessel, ohne sich anzulehnen. Der Körper zeichnet sich unter dem aufwendig bestickten engen Oberteil deutlich ab. Die junge Frau hat ein Korsett angelegt. Zur Betonung der Taille trägt sie einen breiten Gürtel mit Metallschließe. Ihr Haar ist aus der Stirn gekämmt und tief im Nacken zu einer Schnecke geflochten. Margarete Steiff hält mit der rechten Hand ein schmales Buch in den Händen, die Linke liegt locker darüber.

Die in Sepiabraun getauchte Fotografie zeigt eine hübsche junge Frau in schöner Kleidung, im »Staat«, wie es das Schwäbische nennt. »Solchen Staat« habe sie als Kind nie wieder bekommen, schreibt Margarete in ihrem Tagebuch über die verlorene Haarschleife ihrer Kinderzeit. Jetzt konnte sie sich solchen Staat selbst leisten und tat das auch mit Stolz.

Auf dem Bild versteckt die junge Margarete Steiff ihre Be-

Stolz präsentiert sich Margarete Steiff im Sonntagskleid dem Fotografen. Der weite Rock und das Buch verdecken ihre Behinderung.

hinderung: Die rechte Hand ist durch das Buch verdeckt, die Beine sind nicht zu sehen. Das Foto hätte ein Geschenk für einen Bräutigam sein können. Der Traum vom erfüllten Leben, hier hat er einmal Gestalt angenommen. Aber das gelang nur für einen kurzen Moment und war keine Lösung. Die Frage nach Liebe und Verheiratung musste vorerst unbeantwortet bleiben.

Am 14. März 1866 wurde die Giengener Filzfabrik als »Württembergische Woll-Filz-Manufaktur Giengen« ins Heidenheimer Handelsregister aufgenommen. Hans und Melchior Hähnle gründeten sie gemeinsam.[12] Zur gleichen Zeit zog Württemberg an der Seite Österreichs in den Preußisch-Österreichischen Krieg und wurde besiegt. Der Sieg Preußens leitete einen grundlegenden Wandel in der Gesellschaft ein. Frankreich blickte bereits mit Sorge auf dieses Deutschland. Aber Politik war zu der Zeit ausschließlich die Angelegenheit von Männern.

Die Schwestern Steiff entdeckten 1868 in einer der Modezeitschriften eine Kleinanzeige, in der eine mechanische Nähmaschine angeboten wurde. Die erste Nähmaschine war 1845 von dem amerikanischen Webergesellen Elias Howe erfunden worden. Anschließend entwickelte der deutschstämmige Isaac Merritt Singer die Technik weiter. Die Maschine war der Handarbeit an Schnelligkeit und Akkuratesse bei weitem überlegen. Die Schwestern zögerten nicht lange und erwarben ein Exemplar. Damit besaßen die drei Steiff-Mädchen der Konkurrenz gegenüber einen klaren Vorteil.

Eine Enttäuschung war es freilich, dass Margarete das Schwungrad der Maschine zunächst nicht antreiben konnte. Sie schreibt: »Wir hatten die erste Nähmaschine hier. Nun ging es an ein strenges Arbeiten. Auf die Festzeiten hatten wir sehr viel zu tun und hörten oft den Jonathan oder den Ensle die Mitternachtsstunde ausrufen, oder unsere Glocke hat 2 Uhr geschlagen.«[13] Und: »Einmal an einem Pfingstfest gingen wir morgens um 6 Uhr ins Bett. Schwester Marie konnte nicht so lange auf bleiben, daher [konnte sie] früher aufstehen und sie hat auch die Hausgeschäfte besorgt. Mir hat das viele Nähen und Arbeiten nichts gemacht, aber Pauline hat ihre Gesundheit dadurch ruiniert.«[14] Der Tagesablauf im Haus der Eltern stand auf dem Kopf.

Die Nähmaschine ermöglichte es den Mädchen, die Wünsche ihrer Kundinnen in kürzerer Zeit zu erfüllen. Außerdem erzielten sie in der gleichen Zeit höhere Umsätze, also mehr Gewinn. Zusätzlich waren die Kleider durch die maschinellen Nähte strapazierfähiger und langlebiger. Diese Qualitätssteigerung brachte ihnen neue Kundinnen ins Haus. Die Steiff-Schwestern suchten mit ihnen die Schnitte aus, schlugen Stoffe und Garnituren vor. Immer noch fertigten sie Mode in individueller Herstellung. Das war teuer, und man besaß daher vergleichsweise wenig Kleidung. Es wurde immer wieder verändert, ausgebessert, aufgehübscht.

Briefe Margarete Steiffs an ihre Nichte Eva aus den Jahren 1899 bis 1908 belegen deutlich, dass sie sich auch in späteren Lebensjahren noch sehr für Mode interessierte. Sie wird auch als junge Frau die Kundinnen mit Begeisterung beraten haben. Die Frage, welches Kleid für welchen Anlass das angemessene wäre, welche Farbe und welches Material die Anmut der Trägerin am besten unterstrich, wie man die verschiedenen Wünsche umsetzen konnte, all das hat ihr sicher großen Spaß gemacht.

Das anschließende Nähen war allerdings mühselig. Margarete konnte im Sitzen nicht richtig mit der Schneiderpuppe umgehen. Die langen Bordüren, die Stoffmassen, die in den Röcken verarbeitet werden mussten, die zahllosen Fältchen und Abnäher, Spitzenapplikationen und Rüschenkaskaden, all das stellte für sie größte Herausforderungen dar. So würde sie niemals ihren Lebensunterhalt allein verdienen können!

Frankreich fürchtete seit dem Sieg der Preußen von 1866 um seine Vormachtstellung in Europa. Und Preußen strebte unentwegt nach mehr. Die Spannungen wuchsen. Frankreich wollte keinesfalls einen Hohenzollernprinzen, auch keinen süddeutschen und katholischen, auf dem spanischen Thron dulden. Keines der Länder wollte in dieser Prestigefrage nachgeben, und 1870 kam es zum Deutsch-Französischen Krieg. Die Kriegserklärung Frankreichs wurde in Deutschland mit Empörung aufgenommen. Württemberg stand nun an der Seite von Preußen.

Kurz zuvor hatte Margaretes Schwester Pauline geheiratet. »Meine Schwester Pauline kam nach ihrer Hochzeit nach Österreich, wo Fritz Röck Holzschleifmaschinen für Christian Völter aufzustellen hatte. Nach kurzer Zeit wurde er nach Schweden geschickt, es war gerade z[ur] Z[ei]t der Kriegserklärung im Juli 1870. Kaum reichte es noch zur Reise. Kurze Zeit danach waren die Eisenbahnen alle mit Truppentransporten beschäftigt und wären weder Leute noch Gepäck befördert worden.«

Zu jener Zeit hielt sich Margarete Steiff wieder bei ihrer Patentante Apollonia Hähnle auf, um dort zu nähen. »Als sich auch die jüngste Tochter [von Apollonia Hähnle] mit Adolf Glatz verlobte, gab es erst recht für mich zu tun und ich war einige Jahre mehr im Nebenhaus der Klingelmühle als daheim.«[15] Sie fertigte nun gemeinsam mit der Freundin deren Aussteuer an. Adolf Glatz (1841–1916) war ebenso wie Paulines Mann bei der Papierfabrik Voelter in Gerschweiler beschäftigt. Er war Kaufmann und arbeitete in der Buchhaltung.[16] Seitdem er sich mit der zehn Jahre jüngeren Marie Hähnle verlobt hatte, interessierte auch er sich mit Hingabe für die Entwicklung der Filzfabrik, die von einer zweiten Wachstumsphase der württembergischen Industrie zwischen 1861 und 1874 profitierte.

Nun war der Verlobte von Marie Hähnle bei den württembergischen Truppen, und sie fürchtete um sein Leben. »Als im Krieg der Bräutigam von Marie Hähnle, Adolf Glatz, in den Krieg musste, blieb ich die meiste Zeit bei der verlassenen Braut. Als Stellvertreter für den Onkel kam Julius Glatz nach Gerschweiler in die Papierfabrik. Er kam getreulich jeden Mittag nach Tisch mit der Frage: ›Ist kein Brief da von Onkel‹ und dann unterhielt er uns aufs beste. Die Tante war oft ungehalten, weil wir bei der Unterhaltung oft das Nähen vergaßen.«

Am Schicksal der Schwester konnte sie nur in Form von Briefen teilnehmen: »Von Schweden schrieb Pauline sehr interessante Briefe, sowohl von der Reise als vom Aufenthalt. Damals wurden die Deutschen in Schweden als Barbaren angesehen und gar nicht so gleichwertig geachtet. In Schweden hat Pauline ihr erstes Kind geboren und bald wieder begraben. Anno 73 wurde mein Schwager nach Hessen gerufen und war in Meerholz bei Gelsenkirchen einige Zeit. Dort wurde Paula geboren.«[17]

Zwei Monate dauerte der Krieg, bevor Frankreich am 2. September 1870 die entscheidende Schlacht bei Sedan verlor. Der französische Kaiser Napoleon III. geriet in Gefangenschaft. Der Krieg gegen die französische Republik dauerte noch bis Februar 1871. Dann feierte Deutschland seinen Sieg.

Noch während des Krieges gründeten die Fürsten der deutschen Länder das Deutsche Reich, das allerdings unter preußischer Vorherrschaft stand, und am 18. Januar wurde im Spiegelsaal von Versailles der preußische König Wilhelm I. zum deutschen Kaiser proklamiert.

Die riesigen Reparationssummen aus Frankreich brachten in Deutschland den wirtschaftlichen Aufschwung der »Gründerjahre«. Fünf Milliarden Goldmark flossen ins Land. Geld ging auch nach Württemberg und ermöglichte zum Beispiel den Ausbau der Eisenbahn.

Margarete Steiff erinnert sich: »Als nach banger Zeit die Truppen wieder heim kamen, war großer Jubel, besonders bei der Braut. Es folgte nun eine glückliche Zeit für das Brautpaar. Julius konnte das zärtliche Getue des Brautpaars nicht gut leiden (ich glaube es war Neid), desto eifriger widmete er sich mir und unterhielt mich stets in der Mittagszeit.«[18]

Der September wurde zum Hochzeitsmonat. »Im Herbst 1871 war dann die Doppelhochzeit von Hans und Lina Hähnle [1851–1941], Adolf Glatz und Marie Hähnle.«[19] Der dreiunddreißigjährige Hans Hähnle vermählte sich mit seiner 20 Jahre alten Cousine aus Tübingen.

Nach seiner Heirat mit Marie stieg Adolf Glatz in die Filzfabrik ein. 1873 stellte Hans Hähnle seine Filze erstmals auf der Weltausstellung in Paris aus. Er ging auf Expansionskurs und kaufte Papierfabriken in Gerschweiler und Hörbranz (Österreich). 1881 erwarb er die Filzfabriken in Augsburg sowie in Lambrecht und Neidenfels in der Pfalz und fusionierte sie zu den »Vereinigten Filzfabriken«, zu denen 1882 unter anderem noch eine Filzfabrik in Fulda hinzukam. 1892 wurde in Reims die »Manufacture de Feutres de Reims« gegründet. Ein riesiges Filzimperium entsteht.

Hans Hähnle heiratete seine Cousine Lina (hier mit vier Söhnen). An die spätere Pionierin des Umweltschutzes in Deutschland wird Margarete einen ihrer ersten Elefanten aus Filz verkaufen.

Auch Margarete Steiff konnte anhaltende Erfolge verzeichnen. »Meine Kundschaft hatte sich nach und nach sehr vermehrt. Ich musste auch moderne Kleider machen. Gelernt hatte ich es, indem ich mit Christine Brandtstätter bei den Verwandten mithalf, und nach und nach konnte ich selbständig arbeiten, habe es aber nie gerne getan. Desto lieber machte ich Kinderkleider. Dazu hatte ich bald bei befreundeten Familien Gelegenheit. Inzwischen hatte ich auch entdeckt, dass ich die Nähmaschine mit der linken Hand treiben konnte, indem ich sie verkehrt vor mich nahm. Das war eine große Errungenschaft.«[20]

Sie kämpfte noch mit der aufwendigen Damenmode ihrer Zeit, hatte aber bereits ihre Vorliebe für Kinderkleidung entdeckt, deren kleinere Schnittteile für sie wesentlich leichter zu handhaben waren als die Stoffmassen der Damenröcke. Und, besonders wichtig, sie hatte gelernt, die Nähmaschine zu bedienen, die zirka zehnmal schneller nähte, als das mit Handarbeit möglich war.

Arbeiten, arbeiten, arbeiten. Margarete war hineingewachsen in eine Welt, in der es ein Wert an sich war, von morgens früh bis abends spät die Hände zu regen. So arbeitete ihre Mutter Tag für Tag, erschöpfte sich stets aufs Neue, machte den Haushalt, versorgte die Wäsche, bestellte den Acker und den Hausgarten. Dennoch fehlte es der Familie überall an Geld. Das wollte Margarete Steiff für sich ändern. Auf sich allein gestellt, verbesserte sie ihre Technik beim Nähen und fertigte Kinderkleidung. Ebenso arrangierte sie sich mit der Abwesenheit der Schwester Pauline. Freundinnen traten an deren Stelle.

»Die Geselligkeit wurde viel gepflegt, wir hatten einen großen Kreis um uns. Einmal waren es 5 Marien, da waren im Winter viele Visiten, wo es immer sehr vergnügt war. Da durfte natürlich die Zither nicht fehlen; obgleich die Mehrheit nicht musikalisch war, wurde doch viel gesungen.«[21]

Auch ihre ältere Schwester Marie trat nun in den Ehestand ein. »Im Herbst dieses Jahres verlobte sich meine Schwester Marie mit Michael Häussler. Sie gründeten ein Geschäft in der Memmingertorstraße und hatten über die Eisenbahnzeit gute Jahre. Marie war eine sehr rührige Geschäftsfrau, bemühte sich noch nebenher im Nähen.«[22] Der Bau der Eisenbahnstrecke brachte vorübergehend viele Arbeitskräfte nach Giengen, die sich mit Lebensmitteln und anderen Dingen des täglichen Bedarfs versorgen mussten. Seit 1845 zwischen Untertürkheim und Cannstatt die erste württembergische Eisenbahn verkehrte, war das in den Händen des Staates liegende Eisenbahnwesen fortschrittlich konzipiert und systematisch ausgebaut worden. Entlang der Bahnstrecken setzte der industrielle Aufschwung ein. Erwähnenswert ist die interessante Tatsache, dass sich unter den Eisenbahnarbeitern stets auch Frauen befanden.

Eine Studie zum Eisenbahnbau in den Jahren 1859 bis 1869 im Oberamt Schwäbisch Hall belegt einen Frauenanteil von immerhin 17,2 Prozent. Sie kamen aus Württemberg, Bayern, aus Thüringen, Baden und Österreich.[23] Die weiblichen Arbeitskräfte waren wie die Männer bei den Erdarbeiten eingesetzt, die zur Konstruktion des Unterbaus für die später zu verlegenden Schienen nötig waren. Zuerst mussten dafür Wald und Büsche gerodet oder Wiese abgestochen werden. Dann wurde mit dem Spaten oder der Schaufel, mit der Spitzhacke oder der Brechstange der Boden abgetragen. Felsen wurden gesprengt. Dass Frauen als Steinhauerinnen eingesetzt wurden, ist in den Quellen überliefert. Sie waren auf Taglohnbasis tätig und wurden in der Öffentlichkeit überhaupt nicht wahrgenommen, sondern galten ähnlich wie Kinder und Jugendliche als minderwertige Arbeitskräfte.[24]

Margarete Steiff erwähnt in ihren Lebenserinnerungen lobend, dass die ältere Schwester sich in diesen Tagen der beginnenden »Eisenbahnzeit« als gute Geschäftsfrau zu bewähren wusste. Marie bewies ein Gespür für die Konsumbedürfnisse der Wanderarbeiter und -arbeiterinnen. Sie hatte eine einmalige Situation wirtschaftlich nutzen können. Das freut die Spielwarenfabrikantin im Rückblick. Doch damit nicht genug, nach Ladenschluss wartete mit der Näherei noch eine Nebentätigkeit auf sie. Arbeiten, arbeiten, arbeiten.

Beide Schwestern von Margarete hatten sich relativ spät verheiratet. Vor einer Hochzeit waren – wie bereits erwähnt – auch von Gesetzes wegen zunächst die wirtschaftlichen Voraussetzungen für Ehe und Familie zu schaffen. Im Rahmen der für Württemberg typischen »Inventuren und Teilungen« wurde bei einer Heirat das Vermögen von Mann und Frau akribisch aufgenommen und registriert. Damit war

»amtlich«, was jeder der beiden Gatten mit in die Ehe gebracht hatte. Margaretes Schwestern hatten durch ihre fleißige Näherinnentätigkeit und ihre Sparsamkeit einen eigenen Beitrag zum Zustandekommen ihrer Ehen geleistet. Sie selbst war mittlerweile 26 Jahre alt. Zwar hatte sie nicht wie ihre Schwestern als Dienstbotin in der Fremde gearbeitet, ansonsten aber bisher weitgehend das gleiche Leben wie sie geführt.

Margarete Steiffs fachliches Können sprach sich immer weiter herum, und ihr Kundenstamm vergrößerte sich. Ihre Arbeit als Hausnäherin, bei der sie völlig abhängig von anderen, zum Teil fremden Menschen gewesen war, hatte sie gelehrt, dass sie möglichst wenig Umstände machen durfte: ins Bett gehen, an- und ausziehen, ein Haus betreten oder verlassen – nichts konnte sie aus eigener Kraft. Sie lernte weiter, sich beliebt zu machen und gesellig zu sein, so dass man sie trotz ihrer Behinderung engagierte. Ob sie noch gehofft hat, einen Mann zu finden, der sie »trotzdem« heiratete?

Bei ihren Reisen jedenfalls trieb sie ihren eigenen Worten zufolge gerade dieses »Jetzt erst recht!« an. »Das sehr wahre Sprichwort ›Der Mensch treibt just das am gernsten, wozu er am wenigsten Beruf hat‹ habe ich deutlich illustriert, indem ich zu gerne reiste. Meine erste Reise ging nach Geislingen. Zuerst musste man mit der Post nach Heidenheim, von dort nach Gerstetten, wo ich übernachten musste. Wir hatten Verwandte im Gasthof, wo ich übernacht blieb und morgens in aller Früh nach Geislingen fuhr. Der Wagen [Rollstuhl] war durch Botenfuhrwerke vorausgeschickt und kam demoliert in Geislingen an. Der Schaden wurde schnell ausgebessert und es hat mir bei den vielen Leuten gut gefallen. Bei meiner bekannten Unverfrorenheit nahm ich alles, was man für mich tat, zwar mit großem Dank, jedoch als ganz selbstverständlich an.«[25]

Als das »Jahrhundert der reisenden Frauen« wird das 19. Jahrhundert oft beschrieben.[26] Die ohne männliche Leitung und Obhut allein reisende Frau war ein Novum. Für viele, meist bürgerliche, reisende Frauen war der »Schritt in die Welt« ein Akt der Selbstbefreiung, ein Auf- und Ausbruch aus der traditionellen Frauenrolle. Reisende Frauen waren meist nicht mehr ganz jung, ihre Kinder erwachsen, manche waren schon Witwen. Oft führte das Reisen zu einer schriftstellerischen Betätigung oder wurde umgekehrt durch eine vorausgegangene Autorentätigkeit ausgelöst. Die bereits erwähnte Schriftstellerin und Frauenrechtlerin Louise Otto-Peters betrachtete Reisen ganz deutlich als emanzipatorischen Akt. Margaretes zunehmend größer werdende unternehmerische Verantwortung erlaubte ihr keine weiten Reisen, aber sie reiste ihr Leben lang gern, geschäftlich und zu ihrem Vergnügen. »Es war halt so schön, auch einmal schnell vorwärtszukommen.«

5. Kapitel
Etablierung im elterlichen Haus

In Württemberg war Landbesitz die Lebensgrundlage der Mehrzahl der Bevölkerung. Auch die Handwerkerhaushalte ergänzten damit ihr Einkommen. Der Besitz von Garten- und Ackerland erlaubte eine Grundversorgung mit Lebensmitteln. So gering die Erträge auch sein mochten, sie waren jedes Jahr erneut sicher. Dagegen konnte es in Zeiten von Krieg und Seuchen geschehen, dass der Markt für Dienstleistungen völlig zusammenbrach: Niemand kaufte mehr etwas. Wer nichts oder zu wenig besaß, war auf Taglohn- oder Saisonarbeit angewiesen. Der Verdienst dabei war gering, besonders für Frauen. Allein durch Lohnarbeit ließ sich keine gesicherte Existenz aufbauen.

Aber sowohl in der Landwirtschaft als auch im Handwerk war die für den Lebensunterhalt erforderliche Arbeit von einer Person allein nicht zu schaffen. Erst wer heiratete, schuf die Voraussetzung für ein wirtschaftlich eigenständiges Leben. Dieser Weg war Margarete verschlossen – also brauchte sie einen guten Plan!

»Als meine Schwester Pauline sich im Jahr 1870 verheiratete, Marie 1873, Fritz anno 1874, war es mir ein wenig bang, was nun aus mir werden sollte. Es hatte aber gar keine Not, es fehlte mir niemals an hilfreichen Freunden und Freundinnen.«[1] Das ist die einzige Stelle in ihrem Tagebuch, an der sich Margarete Steiff eine Schwäche erlaubt und eine Angst andeutet. Keines der Geschwister hatte angeboten, sie mit in den Haushalt aufzunehmen. Sie musste nun unter allen Umständen selbst für sich sorgen. Sie musste langfristig leistungsfähig bleiben. Das hieß für sie, ihren Körper zu beobachten, auf seine Symptome zu hören, das Aufliegen und die Druckstellen vermeiden, sich viel an der frischen Luft aufhalten, um ihre Lunge zu stärken, die stets mit der eingeschränkten Atmung zu kämpfen hatte.

Doch sie hatte für diesen Weg bereits neue Verbündete gewonnen. »Die zweite Reise war mit Adolf Glatz und seiner jungen Frau nach Neckarsulm gegangen. Ich hatte mich nämlich mit der sehr liebenswürdigen Familie Glatz gut angefreundet. Das waren ganz andere Leute als man in unserer Familie gewohnt war, wo man immer nur Sorgen und Arbeit hatte und sich kaum seines Lebens freuen durfte. Dort in Neckarsulm war es wunderbar gemütlich und blieb mir dieser Aufenthalt eine liebe Erinnerung.«[2]

Aus der Freundschaft wurde eine lebenslange verlässliche Geschäftsverbindung und Unterstützung für die Unternehmerin. Glatz wird ihr eigentlicher Berater und Unterstützer. Im Umgang mit ihm und ihrer Freundin Marie wurde Margarete noch einmal deutlich bewusst, welch gedrückte Stimmung demgegenüber in ihrer eigenen Familie herrschte. Sie erkannte die engen Schranken ihres Milieus, über die sie sich unbedingt hinwegsetzen wollte. Ein vergleichbares Erlebnis hatte sie schon einmal in der Obhut Dr. Werners gehabt.

Adolf Glatz mit seinem offeneren Blick auf die Chancen der Gegenwart ermutigte sie zur Expansion. »Von da an [von Neckarsulm aus] reiste ich allein nach Stuttgart, und da mein Brief nicht zeitig ankam, wurde ich nicht abgeholt. Ich rief mir einen Dienstmann, der mich zu Frau Vollherbst brachte. Diese war furchtbar entsetzt, als ich so unerwartet kam. In Stuttgart gab es für mich viel zu sehen, und ich blieb einige Wochen dort.«[3] Ihre Unbekümmertheit gegenüber den bürgerlichen Normen Stuttgarts ist beachtlich und erfrischend. Sie kam einfach an, mit Gepäck und Rollstuhl, nicht ahnend, welche Vorbereitungen in einem wohlorganisierten – sprich bis ins kleinste Detail durchformalisierten – Haushalt für so einen »Ausnahmezustand« in der Regel getroffen werden mussten.

Seit einiger Zeit hatte Margarete Steiff, inspiriert durch den Giengener Filz, begonnen, eine Geschäftsidee zu entwickeln. Sie stellte eine Kollektion von Dingen zusammen, die sich leicht und schnell aus diesem Material nähen ließen. Zunächst einmal Kleidungsstücke, später aber auch Dekorationsgegenstände für den Haushalt. Der Filz konnte in der Wohnung sehr gut aussehen: als Sesselschoner, Kaffeewärmer, Kissenhülle. Er könnte uni oder meliert sein, in unzähligen Farben leuchten.

Diese Arbeiten wollte sie möglichst als komplette »Kollektion« an einen Auftraggeber verkaufen. Da konnte sie quasi auf Vorrat arbeiten, immer wieder die gleichen Schnitte benutzen. Ein einmal gefertigter Entwurf ließe sich unendlich oft reproduzieren, variieren. Sie hatte den festen Vorsatz gefasst, an sich selbst zu denken, sich keinen sinnlosen Träumereien hinzugeben, die sie nur unglücklich machen konnten.

Zu diesem Zeitpunkt hatte Margarete bereits eine gewisse Härte gegen sich selbst entwickelt und auch gelernt, den Blick nach vorn zu richten. Sie hatte seit Jahren gesehen, dass auch nicht behinderte Frauen aus ihrer Umgebung, ob sie nun verheiratet waren oder nicht, ein schwieriges Leben führten.

Sie wollte ihr Leben sinnvoll leben, und sie wollte es genießen. Sich von einem Verleger abhängig zu machen, der ihre Produkte weiterverkaufte, kam ihr nicht in den Sinn. Sie ließ sich beraten, lernte hinzu, erwarb selbst kaufmännisches Know-how und stellte ihre Existenz auf eine eigene, für ihre individuelle Lebenssituation passende Grundlage. Margarete Steiff war auch in dieser Anfangsphase keine Heimarbeiterin, sondern eine Jungunternehmerin.

Der Wunsch, effizienter zu arbeiten, und die Ausweitung ihrer Produktpalette waren die ersten tiefgreifenden Veränderungen in Margaretes Arbeitsphilosophie. Sie erkannte immer klarer, wie unsinnig es war, Muschelkäntchen am laufenden Meter zu häkeln, wenn es ihr doch so schwerfiel, oder 50 Arbeitsstunden oder mehr in ein Kleid mit einem komplizierten Schnitt zu investieren, dessen Preis fest vereinbart worden war, als sie noch davon ausging, in 30 Stunden damit fertig zu sein. Arbeitszeit und Arbeitskraft waren etwas Wertvolles, das gerade sie mit Überlegung einsetzen musste. Sie hatte die Einstellung immer gehasst, dass Frauen mit Handarbeiten überlastet werden sollten, um ja nicht auf dumme Gedanken zu kommen.

Muschelkäntchen vom Meter konnten inzwischen von Maschinen hergestellt werden, und seit den 1830er Jahren war in Deutschland eine Damenkonfektionsbranche entstanden. Begonnen hatte die Entwicklung mit der Herstellung von Damenmänteln in Berlin.[4] »Engros-Konfektionshäuser« etablierten sich. In den folgenden 30 Jahren entwickelte sich ein wachsender Binnenmarkt und Märkte im Ausland wurden erschlossen.[5] Die Standorte Breslau und Erfurt kamen hinzu.[6] Immer exklusivere Modelle kamen auf den Markt, immer hochwertigere Materialien wurden verwendet.

Während Margarete zusammen mit ihren Schwestern nähte, konnte sie viele Stunden über dieses Thema nachdenken. Wenn sie nach der Arbeit Hans und Melchior Hähnle im Wildbad besuchte, konnte sie mit ihnen darüber sprechen. Die beiden Filzfabrikanten waren in einer ähnlichen Situation wie sie. Margarete wollte nicht mehr warten, bis eine der möglichen Kundinnen aus Giengen mit einem Kleiderwunsch auf sie zukam. Sie wollte überhaupt nicht mehr auf den lokalen Markt beschränkt sein, sondern wollte »ihre« Produkte auf einem viel größeren Markt anbieten, mit viel mehr Interessenten. Sie wollte aktiv auf potenzielle Käufer zugehen. So wie Hans und Melchior!

Diese Veränderung konnte natürlich nur in kleinen Schritten erfolgen. Zur Sicherung ihres Lebensunterhaltes nähte sie daher zunächst weiter wie bisher. Ihre langfristige Geschäftsidee, Konfektionskleidung herzustellen und ihren Kundenkreis über Giengen hinaus auszuweiten, musste sie in erster Linie mit ihrem Vater besprechen, unter dessen Vormundschaft sie als ledige Frau stand.

Das Erbrecht in Württemberg behandelte Männer und Frauen im Wesentlichen gleich. Die Töchter erhielten ein genauso großes Erbteil wie die Söhne. Die Art und Weise der Teilung war vom Gesetz genau festgelegt: Grundlage war eine detaillierte Inventarisierung aller Besitztümer des oder der Verstorbenen. Geteilt wurde alles: Grund und Boden, Häuser, Kleidung, Werkzeug, Möbel.

1874 schenkte Friedrich Steiff seiner Tochter zum 27. Geburtstag einen Grundriss seines Hauses in der Ledergasse 26, der einen An- und Umbau vorsah, nach dessen Fertigstellung Margarete eine eigene Werkstatt und ein eigenes Schlafzimmer haben würde. Nur nach der Entlassung aus der väter-

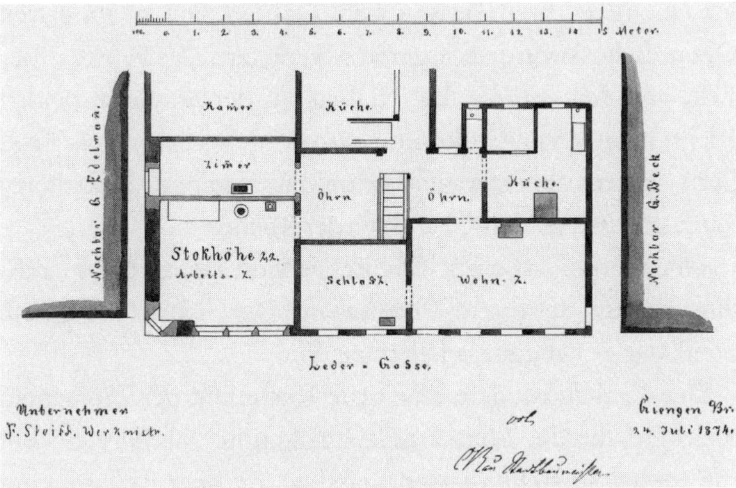

Der Grundriss des Hauses in der Ledergasse 26 zeigt Margaretes eigene Werkstatt. Der Bauplan ist auf ihren 27. Geburtstag datiert: 24. Juli 1874.

lichen Gewalt konnte Margarete Steiff selbst über ihr Leben bestimmen und war sie voll geschäftsfähig. Zu diesem Zeitpunkt hatte sie sich in ihrer Heimatstadt aufgrund ihres Durchhaltevermögens und ihres Fleißes bereits ein beachtliches Stück Anerkennung erkämpft. Der Vater investierte in den Umbau seines Hauses, um die wirtschaftliche Position der Tochter weiter zu stärken. Das hatte er sich gut überlegt, und das musste sich natürlich auch rentieren. Gleichzeitig war mit der Entscheidung zum Umbau klar, dass niemand mehr mit einer Verheiratung Margaretes rechnete.

Der Vater riss den Stall ab und mauerte das Haus an dieser Stelle neu hoch. Es reichte nun bis zum Grundstück der von Margarete als Kind so geschätzten Nachbarn, der Edelmanns. Zwischen beiden Häusern blieb nur ein Abstand von zirka 60 Zentimetern. Und Friedrich Steiff brach Mauerwerk für eine neue, breite Haustür ab. Das Eckzimmer im ersten Obergeschoss wurde Margaretes Werkstatt. Das Fenster über Eck, von dem aus sie das Treiben auf der Straße in beiden Richtungen verfolgen konnte, so wie sie es bereits als Kind gern in ihrem Leiterwägele getan hatte, war ein besonderes Zugeständnis an den Charakter der Tocher.

»Wunderfitz« ist ein schwäbisches Wort für die Neugier als eine positiv bewertete Eigenschaft. Der lieben Margarete Steiff war er ein ganzes Leben eigen.

Den Umbau rundete eine neue Küche mit geschlossenem Sparherd für die Mutter ab. Nun konnte Margarete Steiff die Möbel so stellen lassen, dass sie mit dem Rollstuhl auf der Etage herumfahren konnte. Sie besaß einen schweren ledergepolsterten Stuhl für innen, der heute noch in ihrem Geburtshaus steht, und einen leichten mit Korbgeflecht für draußen.

Margarete hatte ihren Platz im Leben errungen. Sie konnte mit dem großen Arbeits- und Geschäftsraum, den der Vater ihr geschaffen hatte, und den Rücklagen der letzten Jahre an der Weiterentwicklung ihrer Geschäftsidee arbeiten. Damit hatte sie entschieden bessere Voraussetzungen als die meisten anderen Frauen, die mit der Näherei ihren Lebensunterhalt verdienen mussten.

Die zweite große deutsche Spielzeugherstellerin, Käthe Kruse, berichtet in ihrer Autobiografie von 1951 über ihr Leben als einziges Kind einer ledigen Näherin aus Breslau. Ihre Mutter, Christiane Simon, war 1855 in einem kleinen Ort in Niederschlesien in eine kinderreiche Bauernfamilie hineingeboren worden. Sie war also acht Jahre jünger als Margarete Steiff. Mit einem Bruder und einer Schwester war das Mädchen ohne Kapital und ohne alle wirtschaftlichen Absicherungen in die unbekannte Großstadt Breslau gezogen, um dort seinen Lebensunterhalt zu verdienen.

Im Gegensatz dazu konnte Margarete in der Stadt leben und arbeiten, in der ihre Vorfahren als Wirtsleute zu den Honoratioren gehört hatten und in der auch ihr zugewanderter Vater sich integriert hatte und sozial geachtet war. Sie konnte auf den Leistungen der vorangegangenen Generationen aufbauen. Sie wohnte und arbeitete im Haus ihres Vaters, nicht irgendwo zur Miete. Sie hatte einen separaten Arbeits- und Geschäftsraum, Schlafzimmer und Küche waren getrennt. Ihre Privatsphäre blieb gewahrt.

Ganz anders die Lebens- und Arbeitsbedingungen von Christiane Simon. Sie musste mehrfach umziehen, von einem Hinterhaus ins nächste. Mit ihrer kleinen Tochter bewohnte sie ein Zimmer, das »Allzimmer«, wie Käthe Kruse es nennt. Jede Kundin sah sofort auf das Bett und auf den Küchenherd, über dem die Wäsche trocknete. Christiane Simon lebte ohne jede soziale Anerkennung. Das schlug sich auch in der Gestaltung ihrer Vergütung für das Nähen nieder. Armut und Bedürftigkeit luden zu Preisdrückerei und Ausbeutung ein.

Sie verdiente ausschließlich an ihrer Handarbeit, das Material brachten die Kundinnen selbst mit. Oft besserte sie einfach die Kleider vom Vorjahr noch einmal aus, machte sie aktueller, modischer. Ein Brief belegt, dass sie auch für die Zwischenmeisterei nähte, wo es zwar viel und regelmäßig Arbeit gab, die Löhne aber besonders niedrig waren und gedrückt wurden, indem die Frauen eine Art Akkordarbeit leisten mussten. Käthe Kruses Mutter sollte ein Leben lang an der Armutsgrenze existieren müssen. Sie führte ein Leben von der Hand in den Mund, von einem Tag auf den andern. An eine Expansion und berufliche Selbstständigkeit war dabei nicht zu denken.[7] Es brachte kein Prestige, das Kleid einer Christiane Simon zu tragen.

Margarete Steiff hingegen arbeitete zunächst für ihre angesehene Verwandtschaft. Diese Damen erzählten dann natürlich, wenn sie bewundernd auf die neue Kreation angesprochen wurden, dass es sich um ein Kleid vom »geschickten Töchterle« des Baumeisters Steiff handelte. Da war die Chance groß, dass andere auch ein Kleid »vom Gretle« haben wollten und dass sie bereit waren, dafür angemessen zu bezahlen. Bei Margarete die Preise drücken zu wollen ging nicht – das hätte sich herumgesprochen.

Aber auch Margarete Steiff musste noch drei Jahre wie bisher weiterarbeiten, bevor sie ihre neue Geschäftsidee in die Tat umsetzen konnte. Während dieser Zeit stellte sie auch eine eigene Kollektion in Filz zusammen: Kleidung, praktisch und robust, Dekoratives für den Haushalt, den täglichen Gebrauch. Im März 1877 eröffnete sie schließlich ein Filzkonfektionsgeschäft, in dem sie beides anbot. Das heißt, sie hatte auf eigene Kosten eine Kollektion genäht, Preise für jedes Teil festgelegt und Verträge über die Abnahme von Stoffen mit der Filzfabrik abgeschlossen.

War ein Schild am Haus angebracht worden, welches das Geschäft von »Gretchen Steiff«, wie sie sich damals noch nannte, anzeigte? Margarete Steiff war in die Schicht der Unternehmer aufgestiegen, wenn auch zunächst nur der Kleinunternehmer. Sie war nun 30 Jahre alt.

»Der Filz wurde inzwischen immer vollkommener und konnte für Kleider verwendet werden. Im Jahr 1877, als ich es durch verschiedene Handarbeiten zu einigen Ersparnissen gebracht hatte, wagte ich mit Hilfe und Zuspruch von Adolf Glatz, ein Filzkonfektionsgeschäft auf eigene Rechnung zu betreiben. Zuerst arbeitete ich nur für Siegle in Stuttgart. Bald hatte ich große Privatkundschaft und versorgte alle Bekannten und Verwandten mit Filzröcken, Kleidern, Kindermänteln usw. und konnte mehrere Personen beschäftigen.«[8] Stellen wir uns das Gesagte bildlich vor: So ging also ganz Giengen auf einmal in der praktischen und rustikalen Filzkleidung umher.

Margarete Steiff hatte die eigene Handarbeit erfolgreich hinter sich gelassen. Sie ließ jetzt nähen und übernahm Managementaufgaben. Ihr Neffe Paul Steiff hielt unter der Überschrift »Margarete Steiffs Lebenslauf. Geschäftsgründung« fest: »K[atharina] Schnapper Mai 1877 erste Arbeiterin [...] März 1877 Unterrockgeschäft mit Siegle Stuttgart und Privatverkauf, auch Kinderkleider, Röcke und Mäntel.«[9]

Margarete Steiff schuf von Anfang an Frauenarbeitsplätze. Aber sie ließ nicht nur nähen, sie verkaufte auch Material weiter. Besonders gern fertigte sie ihrer eigenen Aussage nach Kinderkleidung. Diese war jahrzehntelang nur eine Kopie der Erwachsenenkleidung gewesen und hatte die Bedürfnisse des Kindes nach Bewegungsfreiheit und Strapazierfähigkeit bewusst ignoriert. Die Kinder sollten sich gesittet benehmen, sich nicht beschmutzen und auch nicht toben. Das vermittelte ihnen bereits die Kleidung, die bei den Jungen aus eng anliegenden kurzen Hosen mit Strümpfen oder, wenn sie älter waren, aus langen Hosen und einer engen Jacke bestand. Bei den Mädchen sorgten die gestärkten Unterröcke, die eng anliegenden Kleidchen mit den weiten raschelnden Röcken, die Haarschleifen und gedrehten Locken dafür, dass sie sich möglichst »erwachsen« benahmen. Hier eröffnete sich ein weites Feld für jemanden, der die Kleidung einfacher und kindgerechter gestalten wollte, damit die Kleinen in jeder Bedeutung des Wortes etwas Bewegungsfreiheit erhielten.

Da wurde die Erinnerung an die eigene Kindheit und ihren Aufenthalt bei den Werners wach. Margarete Steiff konnte sich gut einfühlen in Kinder und wollte das auch. Ihr Tagebuch zeigt deutlich, dass sie sich die kindliche Sicht auf die Dinge bewahrt hatte. Zwischen 1876 und 1878 wurden die ältesten Söhne ihres Bruders Fritz geboren: Paul, Richard und Franz. Sie spielten von klein auf bei der Tante, und sie kleidete die Buben ein. Die Mütter anderer Kinder kamen als Kundinnen ihrer Kleider zu ihr.

Seit 1876 war Giengen über die Strecke Heidenheim–Ulm an das Eisenbahnnetz angeschlossen. Der rührige Hans Hähnle saß im Eisenbahnkomitee. Mit der Gewährleistung eines raschen Gütertransports auf der Schiene war ein entscheidender Schritt zur weiteren Industrialisierung der Region getan. Auch Margaretes Lieferungen für die Firma Siegle in Stuttgart traten ihren Weg im Eisenbahnwaggon an. Wegen seiner zunehmenden wirtschaftlichen Bedeutung nannte der Ort sich nun selbstbewusst »Giengen an der Brenz«. Früher hatte er, nach der nächstgelegenen Oberamtsstadt, »Giengen bei Heidenheim« geheißen.

Die jubelnde Begrüßung der neuen, weltoffeneren und wirtschaftlich aussichtsreicheren Zeit hatte zu einer umtriebigen Bautätigkeit in der Stadt geführt. Es gab einen neuen Markt und eine Lagerhalle für das Korn, die Schranne. Eine Glasmanufaktur wurde eröffnet, die Stadtbefestigung abgerissen.

Margarete Steiff hatte ein wirtschaftliches Beziehungsgeflecht aufgebaut. Sie bezog ihr Material von ihrem äußerst erfolgreichen angeheirateten Vetter und hatte für ihre Produkte sowohl einen festen Großabnehmer als auch Privatkunden vor Ort. Für Hans Hähnle besaß sie den Bonus der Vertrau-

Margarete Steiff in einer eigenen Filzkreation: ernst und energisch, selbstbewusst und entschieden.

ten. In Giengen musste sie sich nicht immer wieder neu beweisen. Ihre Biografie verschaffte ihr zu diesem Zeitpunkt bereits Kredit bei den anderen: Margarete Steiff war ernst zu nehmen, weil sie ihre Behinderung gemeistert hatte, weil sie selbstständig durchs Leben kam, weil sie das geworden war, was diese Gesellschaft am allermeisten schätzte: Sie war eines ihrer nützlichen Mitglieder.

Ein Porträtfoto zeigt die junge Unternehmerin. Sie trägt ein hochgeschlossenes schwarzes Kleid mit einer einfachen großflächigen Bordüre und einem kleinen weißen Stehkragen. Einziger Schmuck ist eine schlichte Brosche in Blattform. Beim genaueren Betrachten sieht man, dass das Kleid aus Filz gefertigt ist. Sie trägt also ihre eigene Kreation.

Margarete Steiff hat ein strenges, durch ihre Energie geprägtes Gesicht. Der Ausdruck ist ernst und entschieden. Die Augen fixieren ein Ziel in der Ferne. Der Mund ist fest und entschlossen. Das Haar trägt sie in einer lockeren Flechtfrisur. Sie zeigt sich in aller Offenheit und mit Selbstbewusstsein. Das von ihr gewählte Kleid wirkt allerdings im Gegensatz zum Stil der Zeit klösterlich streng. Es ist einfach, schlicht, ganz reduziert. Großzügig fällt der steife Stoff über den Körper, dessen Formen darunter verschwinden. Das also machte Margarete aus dem neuen Material Filz.

Sie hat ganz offensichtlich von dem Wunsch Abschied genommen, der das Krinolinenfoto noch unverkennbar prägte. Sie präsentiert sich nicht mehr als hübsche, modische, heiratsfähige junge Frau, sondern erscheint etwas entrückt in ihrer Strenge. Hatte das frühe Foto eine körperbetonte Kleidung gezeigt, so verschwindet der Körper des Fräulein Steiff nun unter dem starren Filzgewand. Körper, Körperlichkeit und Körpergefühl sind Worte, die der Dialekt nicht kennt.[10] Das *Schwäbische Wörterbuch* verweist stattdessen auf »Leib, auch Korpus«, wobei der Begriff des Leibes allerdings mehr in katholischen Gegenden von Bedeutung sei. Der Leib war das Verborgene, das Verdrängte in einer Gesellschaft, in der es außerhalb der sexuellen Begegnung kaum körperliche Berührungen gab; höchstens gab man sich »anstandshalber« die Hand.

»Mit Leib und Seele« – dieses biblische Begriffspaar war und ist in der schwäbischen Umgangssprache dagegen äußerst geläufig. Das »Leible« oder der »Seelenwärmer«, beides Umschreibungen für das Unterhemd, hielt den Körper warm. Ihr Körper hatte Margarete Steiff bereits in frühester Kindheit im Stich gelassen. Ihre Behinderung war nicht zu heilen gewesen, die Hoffnung der Eltern und Verwandten längst begraben. Sie selbst hatte schon als Kind Techniken entwickelt, das Handicap zu kompensieren, und sich später mit diesem Körper abgefunden. Nun begann sie, den Körper zu verstecken, der für die Aufgaben, wie sie die Gesellschaft einer erwachsenen Frau zuschrieb – Heiraten und Kinderkriegen –, nicht taugte.

Bis zu ihrem letzten Lebensjahr werden von Margarete Steiff nur noch Fotos in dunkler, höchstwahrscheinlich schwarzer Kleidung entstehen. Sie bleibt ihr Leben lang schmal, zart. Das Haar trägt sie in späterer Zeit extrem straff nach hinten genommen, zu einem Zopf geflochten, der dann ganz stramm mit Haarnadeln zu einem Knoten fixiert wurde: die typische Frisur frommer Pietistinnen. Nichts lenkt von diesem klaren Gesicht mit den klugen Augen und dem energischen Mund ab.

Die Unternehmerin Margarete Steiff hat so etwas wie eine äußere Form gefunden, in der sie sich den Anforderungen ihres Alltags gewachsen sieht. Dabei ist ihre Weiblichkeit reduziert, sie erscheint sachlich nüchtern, tadellos, vertrauenswürdig, unbeirrbar, durch nichts zu irritieren oder abzulenken. Sie wurde »Chefin«. »Dresscode« würde man diese Art der Stilisierung des äußeren Erscheinungsbildes heute nennen.

Die innerweltliche Askese des Protestantismus bildet seit den Untersuchungen Max Webers eine Kategorie der historischen Forschung. Margarete verkörpert sie auf diesem Foto geradezu ideal. Ziel ist es, keinen Wert auf Äußerlichkeiten zu legen, eine »vernünftige« Lebensweise zu praktizieren, Bescheidenheit in allen Bereichen als oberste Maxime anzuerkennen.

Besonders Frauen hatten sich nicht in den Vordergrund zu spielen. Was zählte, waren die »inneren Werte«. Diesem Bild passt sich Margarete Steiff in gewisser Weise an. Sie erscheint dadurch als in erotischer Hinsicht völlig ungefährlich; auch das kam dem Zeitgeist sehr entgegen. Nur so konnte sie männliche Verbündete gewinnen.

Sexualität von Frauen war in der Öffentlichkeit kein Thema. Nach den Entfesselungen der Französischen Revolution und den massiven Gegenreaktionen auf allen Gebieten des gesellschaftlichen Lebens hatten seit Beginn des Biedermeiers die Frauen »sanft und engelsgleich« zu sein. Sie waren züchtige Töchter, treusorgende Schwestern, liebende Gattinnen, verständnisvolle Mütter. Damit galt der gesamte Kosmos weiblicher Eigenschaften als umgrenzt.

Für alles, was die männliche Leidenschaft herauszufordern drohte, war in diesem Frauenbild kein Platz. Mit den Märchenfeen und Wasserfrauen, wie wir sie etwa aus den Erzählungen der Spätromantik kennen, kehren ganz sacht die verführerischen Fähigkeiten der Frauen zurück; man denke etwa an Undine oder Mörikes »schöne Lau«. Im alltäglichen Leben freilich bleibt die leidenschaftliche Frau ein Tabu. Dieser Teil ihrer Persönlichkeit muss abgespalten bleiben, bis er dann von den Herren Charcot und Freud ausgerechnet im Krankheitsbild der Hysterie wiederentdeckt wird. Die Welt der Frauen bleibt in einen offiziellen und einen inoffiziellen Teil gespalten.

In Giengen gab es nur den offiziellen Teil. Bereits im Jahr ihrer Geschäftseröffnung hatte Margarete den Anbau einer Rampe an das Haus ihrer Eltern in der Ledergasse veranlasst; auch das ein wichtiger Einschnitt in ihrem Leben. Sie musste sich nicht länger von anderen Leuten würdelos durch die Gegend schleppen lassen, und sie war nicht immer von einem Träger abhängig, wenn sie das Haus verlassen wollte oder am Haus angekommen war. Die Eltern hatten dafür einen Teil ihres Gemüsegartens hinter dem Haus geopfert.

Ihr Neffe Paul Steiff erwähnt in seinen bereits zitierten handschriftlichen Aufzeichnungen eine »Eva von Bächingen

1877 erstmals Magd«.[11] Der enge körperliche Kontakt mit der Mutter hatte damit endlich ein Ende. Margarete musste sich nicht mehr auf deren tägliche Handreichungen verlassen, nicht mehr bitten und nicht mehr danken.

Margarete Steiff, die behinderte junge Frau, die nun ganz allein für ihren Lebensunterhalt sorgte und dabei für alle offensichtlich die Unterstützung ihres Vaters genoss, war eine Person mit einer gewissen Stellung in Giengen geworden. Das dokumentierte sie mit der Rampe und mit der Einstellung der Magd. Sie begann, ihre Umgebung nach ihren Wünschen und ihren Bedürfnissen zu gestalten. Und sie hatte bereits geschäftlichen Erfolg zu verzeichnen, sonst hätte sie nicht solchen Aufwand um sich betrieben.

Mit dem Schritt ins Unternehmertum sprengte Margarete das, was sich in der zweiten Hälfte des 19. Jahrhunderts als weiblicher Geschlechtscharakter herausgebildet hatte. Eigenständigkeit, Risikofreude, Verantwortungsbewusstsein, Führungsqualitäten sollten keine Eigenschaften von Frauen sein. Es hatte in der Geschichte aber immer Ausnahmen von dieser Regel gegeben. Äbtissinnen von Klöstern waren stets auch Unternehmerinnen und Managerinnen gewesen. Frauen hatten in einigen mittelalterlichen Zünften wie den Goldwirkerinnen oder Spitzenklöpplerinnen Meisterinnen werden können. Wirtinnen waren schon immer ihre eigenen Herrinnen gewesen. Im Judentum schließlich war eine Ehefrau als Unternehmerin eine Selbstverständlichkeit. Meist hielt sie mit ihrer Berufstätigkeit ihrem frommen Mann den Rücken für seine religiösen Studien frei.

Margarete Steiff setzte von Anfang an auf eine typisch weibliche Art des Managements. Sie baute verlässliche Netzwerke auf und arbeitete mit Menschen zusammen, die sie persönlich kannte. Das war ihr Schlüssel zum Erfolg. Viele Familien auf der Schwäbischen Alb lebten zu dieser Zeit an der Armutsgrenze, und die Frauen und Mütter mussten, wenn möglich, dazuverdienen, um die Familie durchzubringen. Margarete wusste genau und aus eigener Erfahrung, wie schwer sich Frauen damit taten, Geld zu verdienen. Bei ihr zu arbeiten war ein Riesenfortschritt gegenüber der Arbeit einer Tante Ursche. Sie bot feste Arbeitszeiten, sicheren Lohn, einen sauberen Arbeitsplatz. In ihrem Tagebuch spielt sie die Veränderung in ihrem Leben total herunter. Sie verweist auf ihre Reisen, der Betrieb laufe auch ohne sie, etc.

»Ich machte für Ch[ristoph] Siegle in Stuttgart Unterröcke, die damals in die Mode kamen, daneben auch solche für den Detailverkauf. Ich machte gleich im ersten Jahr ein gutes Geschäft.« Nach dem Adressbuch der Stadt Stuttgart aus dem Jahr 1879 betreibt Christoph Siegle ein »en gros-Geschäft mit Schuhwaren und Filze[n]«.[12] In ihrem Katalog von 1892 schreibt die Unternehmerin: »Ich verkehre nur mit Privaten ohne Agenten und Reisende direct durch die Post, so dass ich zu Fabrik-Preisen absetzen kann.« In den Katalog eingeklebte Filzstückchen dienten als Qualitäts- und Farbmuster.[13] Margarete Steiff hatte den passenden Partner gefunden. Nun machte sie ihr Angebot überregional bekannt. Durch die Zusammenarbeit mit der Filzfabrik vor Ort boten sich ihr entscheidende Standortvorteile. Sie bekam schnell die neuesten Materialien. Auch bei bereits bekannten Qualitäten konnte sie schnell reagieren. Zudem fuhr sie zweigleisig wie Hans Hähnle, als er am Anfang seiner Filzexperimente das Wildbad weiter führte. »Das Kleidernähen durfte ich aber nicht aufgeben, man hätte die lieben Basen und Freundinnen zu unglücklich gemacht, wenn ich ihnen nicht ihre Garderobe anfertigte und ihre Kinder kleidete.«[14]

Was für ein Unterschied zum Leben anderer lediger Frauen in Giengen! Als zum Beispiel die jüngere Schwester ihrer Mutter, Tante Ursche, starb, war in der »Realteilung über den Nachlass der Ursula Hähnle, ledig allhier« vom 29. November 1878 zu lesen, dass ihre Schwester Maria Margarete, die Gattin des Friedrich Steiff, einen Erbteil von 939 Mark 64 gefordert habe. Die Erben hatten zu diesem Zeitpunkt das Geld bereits unter sich aufgeteilt. Margaretes Mutter verlangte nun aber einen Betrag, der die Außenstände ihrer verstorbenen Schwester, zum Beispiel in Form von Mietschulden, einschloss und entsprechend höher war. Aus dem Schriftstück geht hervor, dass drei der Geschwister inzwischen in die USA ausgewandert waren.[15] Von Margarete Steiff haben wir über diese Tante eigentlich nur Trauriges gehört. Sie musste als junge Frau für ihre alten Eltern sorgen, hatte der kleinen Margarete die Leckereien des Großvaters zu vergällen versucht, sie marschierte mit einem Stück Brot in der Tasche zu Fuß nach Augsburg, kümmerte sich um den Badebetrieb im Wildbad, fertigte aus den Abfällen der Filzfabrik Teppiche, und schlussendlich hatte sie nicht einmal mehr Lust gehabt, Zither zu spielen. Sie hatte genau jenes bescheidene und anspruchslose Leben am Rande der Gesellschaft geführt, wie es damals für unverheiratete Frauen vorgesehen war – und deshalb hatte sogar sie etwas zu vererben.

Die selbstbewusste und innovative Margarete Steiff dagegen ließ einen kleinen Katalog drucken und inserierte in Zeitungen. Die Geschäftsbücher belegen, dass bereits im ersten Jahr Filz im Wert von 3065 Mark verarbeitet wurde.[16] Margarete nähte Unterröcke, und Siegle garantierte die Abnahme. Sie stellte insgesamt vier Näherinnen ein.

Nach wie vor arbeitete die vorsichtige Jungunternehmerin auch bei fremden Leuten. »Ein andermal reiste ich nach Hochberg zu Frau Pfarrer Elwert geborene Gross, da ging es von Waiblingen aus per Post. Mein Wagen [Rollstuhl] wurde diesmal auf einen Postwagen gepackt. In dem Pfarrhaus wurde mir viel Liebe erwiesen.«[17] Für Tusnelde Gross hatte sie in Giengen bereits die Aussteuer genäht. Von ihrer Zeit bei Dr. Werner wissen wir, dass sie sich in diesen frommen Kreisen gern aufhielt; gleichzeitig gewann sie neue Kundinnen.

»Dort lernte ich auch ein Freifräulein von Hügel, nachmalige Gräfin Beroldingen kennen, mit der ich längere Zeit in Geschäftsverbindung stand, indem ich in späteren Jahren für ihre Buben jedes Jahr Filzmäntelchen lieferte.«[18] Margarete Steiff erwähnt hier ganz en passant eine der originellsten adligen Wohltäterinnen Württembergs in der zweiten Hälfte des 19. Jahrhunderts. Gräfin Alexandrine von Beroldingen (1843–1903) war Tochter des württembergischen Diplomaten und späteren Außenministers Karl Freiherr von Hügel. Zeitgenossen bezeichnen die hochgebildete und musisch begabte Frau als »fast männliche starke Persönlichkeit«. Sie beherrschte fünf Sprachen und war eine bemerkenswerte Pianistin. Frei von gesellschaftlichen Vorurteilen, empfing sie in ihrem Salon neben den Mitgliedern des Hofes und der Stuttgarter »Ehrbarkeit« – also Honoratioren von weltlichem und geistlichem Stand – auch Künstler, Schauspieler und Musiker, selbst Bauern aus ihrem Heimatort Hochberg. Um die Eröffnung der dortigen Kinderschule zu finanzieren, hatte sie ab 1874 mehrere Benefizveranstaltungen ins Leben gerufen.

Vom Erfolg ermutigt, ließ sie daraus eine Gewohnheit werden und engagierte sich für die Unterstützung von Frauen.

Die Gräfin von Beroldingen überraschte mit komödiantischen Auftritten als Gemüsefrau, als Orangenverkäuferin oder als »Bärbele von der schwäbischen Kirmes« und durchbrach dabei durchaus die Konventionen ihres Standes. Ihre Lesungen im schwäbischen Dialekt, bei denen sie im Kostüm und vom Vortrag schwäbischer Volkslieder umrahmt Mundartgedichte rezitierte, waren unter ihren Standesgenossen ein Anlass zur Empörung.[19] Margarete Steiff hatte bei dieser Begegnung sicherlich einigen Spaß. Wenn sich daraus eine Geschäftsverbindung ergab, umso besser.

»Auch war ich einmal in Ludwigsburg bei Frau Stadtpfarrer Gross. Von dort wurde ein Ausflug gemacht nach Monrepos und ich bin sogar auf dem See im Schiff gefahren. Frau Kriegsrat Landbeck lud mich auch ein und ich war wenigstens 6 Wochen dort im obersten Stockwerk des kleinen Lagers. Ein Glück, dass ich damals sehr leicht war, sonst hätte mich das Mädchen nicht so oft die vielen Treppen hinaufschleppen können.«[20]

1879 verlor Margarete ihre Schwester Marie. »Leider ist sie im Jahr 1879 bei der Geburt des dritten Kindes gestorben, das tot zur Welt kam. Das war ein harter Schlag für uns alle. Zu derselben Zeit war das älteste vierjährige Kind sehr krank an Hirnentzündung und sogar blind. Emilie erholte sich bald wieder, hatte jedoch die Sehkraft an einem Auge verloren.«[21]

In der ersten »Preis-Liste des Filz-Versandt-Geschäfts von Gretchen Steiff in Giengen an der Brenz« aus dem Jahr 1883 bietet die Jungunternehmerin »garantiert reinwollene Produkte« der Vereinigten Filzfabriken an.[22] Über den Filz sagt sie an dieser Stelle: »Filz ist der billigste Bekleidungsstoff am Markt und auch der beste, solange er aus reiner Wolle fabriziert wird. Ich biete nur garantiert reinwollene Ware, welche sich vortrefflich eignet zum Anfertigen von: Mänteln, Juppen [Jacken], Schlafröcken, Kinder-Anzügen, Damen-Unterröcken, Mützen, Kaputzen, Decken, Teppichen, Stickereien, Gardinen, Draperien etc. etc.« In der Broschüre des »Filz-Versandgeschäft Margarete Steiff« aus dem Jahr 1892 fügt sie hinzu: »Der Filz, in seiner Eigenschaft als ein Stoff, der nicht fasert, auf beiden Seiten verwendbar, ohne sogenannten Strich, erfreut sich, namentlich seines billigen Preises wegen, allgemeiner Beliebtheit. […] Auf gleichem Blatte finden Sie auch von mir verfertigte Filzarbeiten verzeichnet, und erlaube ich mir noch, Ihre besondere Aufmerksamkeit auf ausgezackte Borduren zu lenken.«[23]

Darüber hinaus fertigte sie zu diesem Zeitpunkt »Schreibunterlagen ausgezackt, vorgezeichnet zum Selbstbesticken 0,90–1,50 Mark«, Arbeitsbeutel, Schirmtaschen, einen Fadenkorb. »Decken aller Art« konnten nach Maß angefertigt werden. Sie kosteten je nach Größe zwischen 3 und 15 Mark. Ein »Sopha-Kissen-Bezug«, 45 × 45 cm, lag bei einem Preis von 2,50 Mark, ein »Zeitungshalter« war mit 4,0 Mark zu bezahlen. Die »Staubtuchdüte« schließlich musste einer Kundin 2,20 Mark wert sein. »Bettwandtaschen« für 3 Mark konnten auf beiden Seiten des Ehebettes angebracht werden und unverzichtbare Dinge griffbereit aufbewahren.

Die immer wieder zitierten »Filzunterröcke werden nach Maass angefertigt«. Ein »Filzrock mit gestepptem Säumchen«, den vermutlich vor allem Arbeiterinnen und Mägde trugen, kostete zwischen 4,50 und 5 Mark, »mit Volant, Plisse oder sonstiger Garnitur« 6,50 bis 9,0 Mark – »je nach Stoff, Länge und Weite«. Das waren doch in der Tat reelle und für die Kundin transparente Angebote.

Margarete Steiff war mit ihren Produkten, was die Kleidung betraf, bei den arbeitenden Frauen angekommen. Ihre Haushaltsartikel dagegen gehörten der städtischen Kultur mit ihrem Nippes und Kitsch an. Das Bedürfnis nach Dekorationsluxus für die überladenen bürgerlichen Wohnungen der Gründerzeit führte dazu, dass eine unendliche Fülle an Dingen produziert wurde, die eigentlich niemand brauchte, zum Beispiel Zeitungshalter aus Filz für die Wand, bestickte Sofakissen in unendlichen Mengen, Tischdecken und Tischläufer, in mehreren Schichten übereinandergestapelt.

Diese Artikel boten allerhand Abwechslung für unbeschäftigte Frauen, die ihren Gatten ein besonders gepflegtes Heim bieten wollten, Prestigeobjekte für die »beati possidentes«, die glücklichen Besitzenden. Die Damen konnten diese Gegenstände je nach Lust und Ausdauer noch durch individuelle Stickereien verschönern. Damit beschäftigte Margarete Steiff die Frauen mit genau dem, was sie selbst in ihrer Kindheit so gehasst hatte. Die ewige weibliche Handarbeit, jetzt war sie zum Verkaufskonzept geworden.

6. Kapitel
Spieltiere

Margarete Steiff war es mittlerweile gelungen, ihre kreative Begabung, ihren Geschäftssinn und ihre weitläufigen Verwandtschaftsbeziehungen erfolgreich einzusetzen. Das Wagnis, sich zu verheiraten, war sie nicht eingegangen – ob nur aus Mangel an Gelegenheit, wissen wir nicht. Sie wollte auf jeden Fall ihr Leben, soweit es ging, unter eigener Kontrolle behalten, und sie vermied die Enttäuschung des Abgewiesen- oder Verlassenwerdens. Beherrschtheit und Eigenständigkeit sollten zunehmend ihren Charakter prägen.

Diese Entwicklung ging aber Hand in Hand mit der Ausprägung von geradezu gegenteiligen Eigenschaften. Zu den Kindern ihres Bruders Fritz und seiner Frau Anna, geborene Boeckh (1846–1919), zum Beispiel baute sie ein enges Verhältnis auf. Die Mädchen und Jungen spielten häufig in ihrer Nähwerkstatt mit den Filzresten und hörten den spannenden Geschichten ihrer Tante zu. Es ist ein besonderes Charaktermerkmal Margarete Steiffs, dass diese verschiedenen Wesenszüge in ihr nebeneinander bestehen können – einerseits Beherrschtheit und Eigenständigkeit, andererseits Einfühlung in das kindliche Erleben mit seiner kreativen Verspieltheit.

Ihre eigene Kindheit mit all ihren spezifischen Schwierigkeiten war für sie ein intensives Erlebnis gewesen. Nun sah sie ihre Nichten und Neffen heranwachsen. Das scheint sie in ihrem Unterbewusstsein stark beschäftigt zu haben: Die Liebe zu Kindern mit all ihrer Fantasie und Kreativität ist einer ihrer kennzeichnenden Charakterzüge. Sie selbst hatte als Kind und als Heranwachsende im Umgang mit ihrer Behinderung immer neue Ideen entwickeln müssen, um ihren Alltag bewältigen zu können. Mit dem Erfinden von Spielen und dem Erzählen von Geschichten hatte sie andere Kinder am Weglaufen gehindert und sie zu ihren Spielkameraden gemacht. Und sie hatte die Nähmaschine umgedreht, um das Schwungrad mit der linken Hand bedienen zu können, als sie Filzunterröcke und Kinderkleidung, Sofakissen und Tischdecken kreierte.

Das Schwäbische hat bezeichnenderweise kein Wort für »spielen«. Das dem Sachverhalt am nächsten kommende »dockeln« meint den Umgang mit einer Puppe, der »Docke«, und das machten nur verwöhnte Mädchen. Im übertragenen Sinne meint »dockeln« dann auch »sich verzetteln, ineffizient sein, seine Zeit vertrödeln«. Das war für das Kind Margarete nicht infrage gekommen. Eigentlich hatte man immer zu arbeiten. Spielen war Müßiggang und Zeitverschwendung, nach dem Wertesystem der Mutter beinahe eine Sünde.

Den Spielen der Kinder im Freien, ihrem Laufen und Rennen, hatte Margarete nur zusehen können. Statt zu resignieren, hatte sie sich, in ihrem Leiterwägelchen auf der Ledergasse sitzend, neue Spiele ausgedacht und die anderen Kinder damit überrascht. Zumindest in ihrer Erinnerung wurde sie so zum Mittelpunkt des Geschehens. Spielgegenstände, die sie für sich allein gehabt hatte, waren ein Töpfchen mit getrockneten Erbsen oder eine Schachtel mit Knöpfen gewesen, mit denen sie das Zählen oder das Unterscheiden von Farben und Formen übte. Beides Tätigkeiten, die in ihrem späteren

Leben als Geschäftsfrau und Unternehmerin sehr wichtig wurden.

Auch als junge erwachsene Frau gönnte sich Margarete ab und zu Vergnügen und Abwechslung, zum Beispiel Reisen. Damit wich sie immer wieder von dem »schmalen Weg« ab, den ihr die Mutter doch mit so viel Energie als den einzig tugendhaften zu vermitteln versucht hatte. Bei ihren Stuttgart-Besuchen war die Unternehmungslustige vielleicht auch beim »Affenwerner« oder im 1871 gegründeten »Nill'schen Tiergarten« gewesen, um dort die exotischen Tiere zu bewundern.

Im Laufe des 19. Jahrhunderts hatte die wissenschaftliche Tierbeobachtung große Fortschritte gemacht; immer mehr Wildtiere wurden erfolgreich in Gefangenschaft gehalten. Der erste zoologische Garten war 1828 im Londoner Regent's Park eröffnet worden. 1843 folgte der Zoo in Berlin. Auf Forschungsreisen neu entdeckte Tierarten sorgten für Sensationen. Brehms *Thierleben* wurde begeistert gelesen, und die naturgeschichtliche Verortung des Menschen im Sinne der Evolutionstheorie war in der zweiten Jahrhunderthälfte nicht mehr aufzuhalten. Er wurde zu einem Geschöpf unter Geschöpfen.

Dass Tiere in Margarete Steiffs Kindheit eine wichtige Rolle gespielt hatten, ist unzweifelhaft. Sie war wie jedes Kind in ihrem Umfeld von Nutz- und Haustieren umgeben gewesen. Dass das behinderte Mädchen sich in ihrem Unbewussten Tiere als Helfer wünschte, bleibt eine Hypothese, die ihre Plausibilität allerdings aus dem unternehmerischen Werdegang von Frau Steiff bezieht.

Das Journal *Die Modenwelt* war seit 1865 auf dem Markt und informierte die Damenwelt über Nützliches und Schönes. Margarete entdeckte dort in der Ausgabe vom 8. Dezember 1879 das Modell eines Elefanten, der als Spielzeug für Kinder empfohlen wurde. Kurz vor Weihnachten fertigte sie ein solches Exemplar aus Filz an und stopfte es mit Scherwolle aus der Filzfabrik weich aus. Sie benutzte darüber hinaus zwei zehn Zentimeter lange knöcherne Stricknadeln, zwei schwarze Porzellanknöpfe, ein Stückchen farbiges Tuch für den Sattel und etwas Nähseide. Als Werkzeug dienten ihr Nadel und Schere.

Sie schreibt dazu: »Zu dieser Zeit kam mir ein Muster von einem Elefanten in die Hände. Filz eignete sich sehr gut dazu, zur Ausfüllung wurde die schönste Scherwolle verwendet. Nun wurden die Kinder der Familie damit beschenkt und Proben gemacht von verschiedenen Größen.«[1] Dieser sensationelle und zukunftsweisende Vorgang wird von ihr im Rückblick völlig heruntergespielt, er erscheint wie alltäglich und selbstverständlich. Lakonisch schildert sie nur den äußeren Ablauf des Geschehens. Zu diesem Zeitpunkt war Margarete Steiff 32 Jahre alt und hielt mit dem kleinen, etwas wackligen Elefanten das Konzept für ihr weiteres Leben in den Händen. Dieses erste Exemplar soll sie ihren Nichten und Neffen zum Geschenk gemacht haben – oder vielmehr ihrer Schwägerin Anna Steiff, die den Elefanten als Nadelkissen benutzen sollte. Da existieren zwei Versionen.

Margarete verwertete Reste aus ihrer Filzkonfektion und Abfälle aus der Filzfabrik und machte daraus Geschenke – eine sparsame Haushaltsführung hatte sie bereits als kleines Mädchen gelernt. Es fällt auf, wie nahtlos die Unternehmerin in ihrer Beschreibung an den kreativen Vorgang die serielle Herstellung der Tiere anschließt: »Proben in verschiedenen Größen«, damit meint sie keine in der Familie zu verschenkenden Präsente, sondern Spieltiere zum Verkauf.

Das legendäre »Elefäntle« war 1879 das erste Spieltier, das Margarete Steiff herstellte – nach einem Schnittmuster aus der *Modenwelt*. Der älteste erhaltene Filzelefant und damit das älteste noch existierende Filztier von Margarete Steiff stammt aus dem Jahr 1890.

Im Februar 1880 reiste Margarete mit ihrem Bruder Fritz nach Hörbranz zu Marie und Adolf Glatz. Hans Hähnle hatte auf der österreichischen Seite des Bodensees eine weitere Fabrik gekauft, eine Filiale der »Woll-Filz-Manufaktur«, deren Leitung Glatz übernommen hatte. Margarete schreibt: »Als die Familie Glatz nach Hörbranz versetzt wurde, durfte ich im Februar 1880 mit meinem Bruder dorthin reisen. Da der Bodensee in dem vorhergehenden kalten Winter gefroren war und damals noch keine Schiffe fahren konnten, so reisten wir über Kempten usw. Nun war mir auch Gelegenheit geboten, das Gebirge und den See zu sehen.«

Es gab natürlich im Leben der erwachsenen Margarete Steiff niemanden mehr, der ihr eine solche Reise verbieten oder auch erlauben konnte. Das schwäbische »dürfen«, das sie gerne und häufig in ihrem Tagebuch verwendet, ist ein Verbum mit stark wechselnder Bedeutung. Hier meint es eher die Tatsache, dass sie diese Reise vor sich selbst verantworten konnte. »Im nächsten Jahr durfte ich wieder dort hin und war bei dem Umzug nach Lindau dabei. Ich habe bei der Familie Glatz sehr viel genossen, wie schön waren nur die Wagenfahrten um den See. Zu der Zeit hatte ich schon ein Geschäft zu Hause, in dem ich Filzröcke fabrizierte. Es ging jedoch nicht so streng, so dass ich schon für einige Monate abkommen konnte.«[2]

Solche Randbemerkungen werfen ein interessantes Licht auf Margaretes Charakter, sie sind wesentlich aufschlussreicher als ihre ausdrücklichen Stellungnahmen. Zeigen sie doch, wie weit sich die junge Frau bereits von der Welt ihrer Kindheit und Jugend und der täglichen monotonen Handarbeit entfernt hatte. Völlig untypisch für eine Schwäbin ihrer Zeit nahm die Unternehmerin sich den Freiraum, den sie für die Weiterentwicklung ihrer Geschäftsideen für erforderlich hielt. Nur durch den Abstand, den sie in ihrem Innern wie auch in der äußeren Distanz einnimmt, wird verständlich, wie sie zu ihren neuen Ideen kommen konnte, die so gar nichts mit der Welt in Giengen zu tun hatten.

Margarete Steiff war mit dem Nähen des ersten Elefanten bei der Produktion von Kinderspielzeug angekommen. Solches Spielzeug war ein Luxusartikel, den sie aus ihrer eigenen Kindheit nicht kannte, höchstens bei den Kindern im Haushalt von Dr. Werner in Ludwigsburg gesehen hatte. Jahrhundertelang war dieser zunächst in Form von Modepuppen für Erwachsene hergestellte Luxus Adligen vorbehalten gewesen.

So wurde in Nürnberg zum Beispiel seit dem 14. Jahrhundert Spielzeug produziert. Als »Nürnberger Tand« war es seit dem Ende des 18. Jahrhunderts berühmt. Die Spielzeugherstellung unterlag keiner Zunftbindung, sondern galt als »freie Kunst«. Puppen, Steckenpferde, Windmühlen, Tiere aus Holz entstanden – meist in Heimarbeit. Dies war alles schönes und wertvolles Spielzeug – für kleine Erwachsene. In der Puppenmacher-Hausindustrie waren ganze Familien, vom Kleinkind bis zum Großvater, in den Produktionsprozess einbezogen, ohne dafür wesentlich mehr als das Existenzminimum erwirtschaften zu können.

Des Weiteren gab es fünf Zentren der Spielzeug-Heimindustrie: Berchtesgaden, Oberammergau, Thüringen um Sonneberg, das Erzgebirge und das Grödner Tal in Südtirol. Die Spielzeughersteller dieser Regionen waren auf das Schnitzen und Fassen (Bemalen) sowie den Vertrieb von Spielzeug aus Holz spezialisiert. Männer und Frauen arbeiteten unter schwierigsten Bedingungen und auf engstem Raum. Kinder wurden, sobald das möglich war, als Hilfsarbeiter herangezogen. Sie wuchsen in das Handwerk hinein, mit dem sie ab einem gewissen Alter selbst ihren Lebensunterhalt bestritten. Der Vertrieb des Spielzeugs erfolgte über Hausierer, die mit beladenen Kraxen, also Rückentragkörben, von Haus zu Haus zogen – heute noch ein beliebtes Motiv bei den Räuchermännchen der erzgebirgischen Volkskunst. Über organisierte Vertriebsfirmen, sogenannte Verleger, baute sich dann ein größerer Absatzmarkt auf.

Württemberg hatte nie zu den traditionellen Spielzeugregionen gehört. Als sich aber nach Öffnung der Zünfte von

Flaschnern (Klempnern) und Blechschmieden der Konkurrenzdruck vergrößerte und um 1860 Spielzeug aus Eisenblech auf den Markt kam, gehörte auch ein Württemberger zu den frühen Produzenten: Theodor Friedrich Wilhelm Märklin (1817–1866), von Beruf Flaschner. Er war 1817 in Tieringen bei Balingen auf der Hohenzollernalb geboren worden und hatte sich 1840 in der württembergischen Stadt Göppingen niedergelassen, wo er 1856 die Bürgerrechte erhielt.

Seine Wahlheimat lag an der alten Fernhandelsstraße Speyer–Esslingen–Ulm–Augsburg und war Anziehungspunkt für die ländliche Bevölkerung der ganzen Region, Umschlagplatz für Güter des täglichen Bedarfs und Zwischenstation des Transitverkehrs – ein wesentlich günstigerer Standort als das abgelegene Giengen. 1859 heiratete er Caroline Hettich (1826–1893) aus Ludwigsburg, eine Verwandte des Nationalökonomen Friedrich List, des Vorkämpfers für den Deutschen Zollverein und das Eisenbahnwesen. Märklin machte sich im Jahr seiner Eheschließung selbstständig und begann – lange bevor im Konstruktionsbüro von Märklin die erste Systembahn, die »Spur I«, entwickelt wurde –, Puppenstuben und Puppenhäuser, also Mädchenspielzeug, samt Inventar aus Weißblech zu fertigen: vom Herd bis zur kompletten Küche, vom Kaufladen bis zum Blechpuppenwagen. Seine Frau, die an der Geschäftsidee, Spielzeug in einer preisgünstigeren Variante und damit für einen größeren Käuferkreis herzustellen, vermutlich maßgeblichen Anteil gehabt hatte, übernahm den Vertrieb und bereiste mit den Puppenstuben und Puppenstubenmöbeln aus Blech Süddeutschland, Österreich und die Schweiz. Man sagt, Caroline Märklin war die erste deutsche Handlungsreisende überhaupt. Als Märklin 1866 bei einem Unfall auf der häuslichen Kellertreppe ums Leben kam, führte sie die Firma ohne durchschlagenden Erfolg weiter. 1888 übernahmen die Söhne Eugen und Karl die Leitung des Unternehmens, das nun als »Gebrüder Märklin« firmierte.[3]

Seit der Mitte des 19. Jahrhunderts versuchte eine neue Pädagogik, Erziehung im Sinne von Charakterbildung einzusetzen. Einzelne Pädagogen wie Johann Heinrich Pestalozzi und Friedrich Fröbel hatten schon lange zuvor kindgerechtes Spielzeug gefordert, das neben seinen pädagogischen Qualitäten auch Schutz vor Verletzungen gewährte, unzerbrechlich war und Rollenspiele erlaubte.

Bezeichnend für die realen Verhältnisse der Zeit ist jedoch, dass die beiden berühmtesten (Erziehungs-)Bücher über und für Kinder von expliziter Grausamkeit geprägt sind. Entsprechend dienten sie vielen Elterngenerationen zur Einschüchterung ihres Nachwuchses. Erst vor diesem Hintergrund wird deutlich, wie sehr sich die weichen Tiere einer Margarete Steiff vom Zeitgeist abhoben, wie intensiv sie aus der Position des Kindes dachte, wie stark sie sich mit dem kindlichen Spiel identifizieren konnte und welch großen Freiraum sie ihm geben wollte.

Als 1844 der Arzt und Psychiater Heinrich Hoffmann (1809–1894) nach einem Weihnachtsgeschenk für seinen dreijährigen Sohn Carl suchte, war das offizielle Bild, das sich die Zeit vom Kind machte, in einer Mischung aus Kitsch und Dressur erstarrt. Hoffmann suchte ein Bilderbuch, fand aber nichts, was ihm für ein Kind dieses Alters passend erschien. Er selbst schrieb 1871 in der *Gartenlaube* über die Entstehungsgeschichte seines bekanntesten Werks, er habe nur »lange Erzählungen oder alberne Bildersammlungen, moralische Geschichten« gefunden. So beschloss er, selbst tätig zu werden. Und er begann, zu schreiben und zu zeichnen.

Das Ergebnis wurde in seiner unmittelbaren Umgebung mit Begeisterung aufgenommen. Ein befreundeter Verleger bewog Hoffmann zur Veröffentlichung. 1845 erschien das Buch unter dem Pseudonym »Reimerich Kinderlieb« erstmals im Druck: *Lustige Geschichten und drollige Bilder für Kinder von 3-6 Jahren*. Die vierte Auflage von 1847, dem Geburtsjahr von Margarete Steiff, kam schließlich unter dem bis heute wohlbekannten Titel *Der Struwwelpeter* auf den Markt.[4]

Hoffmann erzählt Geschichten von Kindern, die nicht auf ihre Eltern hören und denen aus diesem Grund Grausames widerfährt. Die Titelfigur, der Struwwelpeter, will sich Nägel und Haare nicht schneiden lassen, der böse Friederich quält Tiere, Paulinchen zündelt während der Abwesenheit ihrer Eltern, ein Mohr wird von zwei Buben verspottet, die dafür zur Strafe in schwarze Tinte getunkt werden, dem Daumenlutscher werden die Daumen abgeschnitten, der Suppen-Kaspar schließlich stirbt an seiner Weigerung zu essen.

Längst hat die Medizin all die kindlichen Verhaltensauffälligkeiten, deren Symptome hier geschildert werden, mit Namen benannt: Anorexia nervosa (Magersucht), Hyperaktivität, Aufmerksamkeitsdefizitsyndrom. Heinrich Hoffmann empfiehlt als Therapie psychische und physische Gewalt. Gleichzeitig thematisiert er die Inhalte der neuen bürgerlichen Erziehung. Sie will nicht nur Ausbildung, sondern Charakterbildung des Menschen sein. Gewünscht war ein »gehorsames und störungsfreies« Wohlverhalten der Kinder.[5]

Noch negativer dargestellt sind die Kinderfiguren eines Wilhelm Busch (1832–1908). Max und Moritz sind aggressiv und bösartig, sie quälen ihre Mitmenschen ohne Unterlass und ohne die geringste innere Beteiligung, nur zum Zeitvertreib. Und damit scheinen sie kein Einzelfall zu sein. Im Vorwort heißt es: »Ach, was muss man oft von bösen / Kindern hören oder lesen! / Wie zum Beispiel hier von diesen, / welche Max und Moritz hießen.«

Die beiden Knaben, die laut Text »Menschen necken, Tiere quälen, Äpfel, Birnen, Zwetschgen stehlen«, sehen im Bild dagegen eher drollig und keck aus. Sie werden in den einzelnen Stationen der Geschichte jegliche Ordnung in Chaos verwandeln. Nach sieben turbulenten Streichen finden sie bekanntlich den Tod durch Bauer Mecke, der sie in der Mühle in kleine Stücke zerraspeln lässt. Damit sie auch tatsächlich völlig vom Erdboden verschwinden, fressen zwei Enten die kleinen Stückchen auf. Im Epilog dürfen die Geschädigten ihre Freude zum Ausdruck bringen: »Gott sei Dank! Nun ist's vorbei / mit der Übeltäterei!«

Damit entsprechen Max und Moritz ganz dem pessimistischen Menschenbild des Autors, das in der strengen protestantischen Ethik des 19. Jahrhunderts wurzelte.[6] Der Mensch war für Busch von Natur aus böse. Niemals würde er seine Laster bezwingen. Die Zivilisierung des Menschen als Ziel der Erziehung kann die ihm eigene Triebhaftigkeit nur überdecken, nicht auslöschen. Sanftmut führt zu einer Fortsetzung der Missetaten. Strafe muss sein.

Buschs Bubengeschichte, 1865 zum ersten Mal veröffentlicht, ist Teil seines Frühwerks. Während seines Kunststudiums in München fertigte er Karikaturen und Gebrauchstexte für den Künstlerverein Jung München an und arbeitete für den *Münchener Bilderbogen* und die *Fliegenden Blätter*. Sein damaliger Verleger, der Sohn des Malers Ludwig Richter, weigerte sich, die Geschichte, die selbst den *Struwwelpeter* an Grausamkeit bei weitem übertraf, zu veröffentlichen, woraufhin sich Busch an einen anderen Verlag wenden musste.

Busch selbst bezeichnete seine Figuren als »Konturenwesen« oder »Phantasiehanseln«.[7] Für diese Geschichte jedoch wurde ein autobiografischer Kern – die Verarbeitung gemeinsamer Erlebnisse mit einem Jugendfreund – ebenso aufgespürt wie ein historischer Kontext: In Buschs niedersächsischer Heimat sollen in den 1840er Jahren Tausende von ihren Eltern verlassene jüdische Kinder bettelnd und stehlend durch das Land gezogen sein.[8] Kinder, die sich in Banden zusammengeschlossen hatten und mit allen Mittel um ihr Leben kämpften.

In letzter Konsequenz schließlich halfen die Foltergeräte eines Moritz Schreber (1808–1861), die Kinder so hinzubiegen, wie die Eltern sie haben wollten. Der Direktor der orthopädischen Anstalt in Leipzig und Namensgeber der Schrebergärten warb nicht nur für »systematische Heilgymnastik«, sondern auch für die Ertüchtigung der Stadtjugend durch Arbeit im Grünen.

Im programmatischen Vorwort seines Erziehungsratgebers *Kallipädie* von 1858 formuliert er: »Selbst sehr mangelhafte Naturmitgabe ist oft in staunenswerter Weise ausgleichbar durch wohlberechnete Erziehung, wovon die augenfälligsten maßgeblichen Beispiele in den immer höher steigenden Resultaten der Erziehungsanstalten für Taubstumme, Blinde, Blödsinnige, Cretinen, sittlich verwahrloste Kinder u. s. w. zu erblicken sind. Die glücklichste Naturmitgabe ist aber der Verkümmerung preisgegeben, wenn die erziehende Entwicklung derselben fehlt.«[9]

Beim Erscheinen der schreberschen Schrift war Margarete Steiff zehn Jahre alt und besuchte im Sommer zum zweiten Mal den Kurort Wildbad im Schwarzwald. Dort wollte sie mit Hilfe von Bädern und stärkendem Essen ihre durch die Kinderlähmung verkümmerten Muskeln reaktivieren.

Um gesunde Kinderkörper zu formen, entwickelte Schreber allerlei Apparaturen, wie orthopädische Kinnbänder, die Fehlbissen vorbeugen sollten, Schulterriemen, die das Kind im Bett in Rückenlage fixierten, und »Geradhalter« für aufrechtes Sitzen. Das Festschnallen der Knaben und Mädchen im Bett sollte die »schädliche« Masturbation verhindern, eine »gesunde Triebabfuhr« sollte durch körperliche Arbeit, abendliche kalte Sitzbäder und Ähnliches erfolgen. Damit waren jeder Fantasie des in dieser Weise traktierten Kindes oder Jugendlichen die Flügel gestutzt – nicht nur der sexuellen.

Kinder hatten zu funktionieren und das Leben der Erwachsenen möglichst nicht zu beeinträchtigen. Dieses Prinzip hatte Margarete Steiff – natürlich ohne sarkastische Zuspitzungen und Exzesse von Gewalt, dafür aber am eigenen Leibe – als Kind in Giengen auch erfahren. Fast alle, die zur Zeit des Erscheinens von Max und Moritz erwachsen waren, teilten diese Erfahrung mit ihr. Die meisten waren froh, einer solchen Kindheit entwachsen zu sein. Entsprechend groß war die Begeisterung für die Drastik, mit der Wilhelm Busch in seiner Geschichte die Ordnung der Erwachsenen wiederherstellte.

Das analytische Vorgehen eines Sigmund Freud (1856–1939) dagegen ließ Fantasie zu, auch bei Kindern, und bewertete sie positiv – als Forschungsgegenstand. Die so gewonnenen Erkenntnisse sollten sich als etwas genuin Wertvolles herausstellen. Als Freud seinen eineinhalb Jahre alten Enkel beobachtete, wie dieser mit einer hölzernen Spule, festgebunden an einem Faden, »Verschwinden« und »Wiederkehren« spielte, zog er daraus den Schluss, dass der kleine Junge auf diese anschauliche Weise die Trennung von seiner Mutter nachspielte und »verarbeitete«.

Ein ähnlicher Zufallsgegenstand wie die Spule ist für das Kleinkind das Schmusetuch, Winnicotts berühmtes »Übergangsobjekt«. Der Kinderpsychiater beobachtete, dass sich in einer Abfolge von Ereignissen, die damit beginnt, dass das Neugeborene die Faust in den Mund steckt, und schließlich zur Bindung an einen Teddybären oder eine Puppe führt, vielfältige Formen einer Übertragung von Bedeutung auf Gegenstände auffinden lassen, die für das Kleinkind von großer Wichtigkeit sind.[10] Der amerikanische Zeichner Charles M. Schulz (1922–2000) hat dieser Beobachtung in seiner Comicserie »Die Peanuts« in der Figur von Linus, der niemals ohne seine Schmusedecke anzutreffen ist, populäre Gestalt gegeben.

Margarete Steiff wird sich mit ihrem Spielzeug an das komplette Repertoire kindlicher Gefühle wenden, ohne jedoch explizite Äußerungen über ihre damit verbundene Pädagogik zu machen. Ihre Steifftiere reisen in ihrer pädagogischen Mission gleichsam »undercover«, weil ihre Schöpferin nur über ihre äußerliche Ungefährlichkeit, Haltbarkeit und Robustheit spricht, nicht aber über die Funktionen, die sie für die kindliche Psyche übernehmen.

Margarete Steiff dachte mit und für die Kinder. Ihre Tiere sollten Helfer und Tröster, Spielkameraden und Abenteuergefährten sein, je nachdem, was das Kind gerade brauchte. Steifftiere durfte man nicht nur mit gewaschenen Händen und aufmerksam und konzentriert anfassen. Margarete Steiff hat zutiefst empfunden, dass es Kindern auch erlaubt sein muss, unachtsam und aggressiv zu sein. Ihre Tiere hielten solche kindlichen Aggressionen »spielend« aus. Das erste Tier, das sie als Spielzeug herstellte, war das größte heute lebende Landtier, der Elefant mit zwei bis fünf Tonnen Gewicht und einer Größe von bis zu vier Metern.

Speziell die Mädchen konnten mit den Steifftieren andere Formen des Spielens als die hergebrachten entwickeln. Bereits die frühen Tiere konnten geküsst und geherzt werden. Sie konnten auch einmal verhauen werden, wenn ihre »Mutter« das für nötig hielt. Sie reisten mit den Mädchen um die ganze Welt, bereit, jedes Abenteuer zu bestehen. Sie hielten manchen kindlichen Hieb und Stoß aus. Das kleine Mädchen konnte sie sogar ohne Bedenken an die Wand werfen: Es geschah – nichts.

In der Aufbruchstimmung der Gründerzeit erwarteten die beruflich erfolgreichen Väter, dass auch ihre Kinder so bald als möglich an der neuen schnelllebigen Zeit teilnahmen. Voraussetzung dafür war wie eh und je, dass sie sich möglichst früh und reibungslos in die Gesellschaft integrierten. In den finanziell besser ausgestatteten Familien sollte Spielzeug, das seit wenigen Jahren in Massenproduktion hergestellt wurde, Jungen und Mädchen auf ihre geschlechtsspezifischen Rollen vorbereiten.[11]

Damit schien den Kindern gleichzeitig aber auch eine Daseinsberechtigung mit eigenen Bedürfnissen zugestanden. Mit der Einrichtung einer eigenen »Kinderstube«, die zugleich eine gute Erziehung verbürgen sollte, war der pädagogischen Einflussnahme ein eigener Raum zugeordnet worden.[12] Mit der neuen Einstellung zum Kind ging auch eine verstärkte Nachfrage nach Spielzeug einher – jedenfalls in der bürgerlichen Oberschicht.

Die Kinderzimmer des Bürgertums quollen über von Abbildern der Erwachsenenrealität.[13] Jungen und Mädchen übten die jeweilige Rolle, die sie im späteren Leben einnehmen sollten, auf scheinbar spielerische Art ein. Nach heutigen Berechnungen konnten in der Zeit, als Margarete das Elefäntle kreierte – also um 1880 –, zirka 15 bis 20 Prozent der Bevölkerung zum Kreis potenzieller Spielzeugkäufer gerechnet werden.[14] Für diese Käuferschicht existierte bereits um die Jahrhundertwende eine stattliche, sich immer weiter ausdehnende Industrie.[15] Die Kindheit in den übrigen Familien war entweder nach wie vor von den vormodernen Strukturen geprägt, oder die Eltern konnten ihren Kindern aus finanziellen Gründen kein Spielzeug kaufen. Solche Kinder lebten immer noch in einer einzig von Arbeit bestimmten Gesellschaft und trugen weiterhin zur Existenzsicherung der Familie bei.

Nachdem die bürgerliche Frau erfolgreich in die Rolle der häuslichen Erzieherin zurückgedrängt worden war, wurden Puppen zum beliebten Spielzeug. Was immer zu dem Aufgabenbereich einer Mutter gehörte, fand sich im Zubehör: Puppenkleidung, Puppennähmaschine, Puppenwäsche, Möbel, Geschirr, der Puppenherd. Das Mädchen musste vor allem in seinem Puppenhaus und in seiner Puppenwelt Ordnung halten lernen. Die üppige und kleinteilige Ausstattung der Räume ermöglichte keinen lebhaften Umgang mit diesen kostbaren Miniaturen. Püppchen aus Porzellan in Seidenkleidern mit Spitzenkragen wollten nur behutsam und zart angefasst werden. All das diente zur Vermittlung gesellschaftlicher Regeln. Die Mädchen lernten beim Spielen die Sorge um Familie und Heim sowie die Entwicklung hausfraulicher Fähigkeiten.

Das entsprechende männliche Rollenbild verkörperte der kleine Soldat, der im Spiel Mut und Tapferkeit unter Beweis stellen sollte. Schwert, Helm, Trommel, Spielzeugtrompete, Ritterburgen und Zinnsoldaten halfen ihm dabei. Der Knabe bekam als erstes Geschenk ein Schaukelpferd, oft bevor er laufen konnte. Das technische Verständnis des Jungen, seine Weltoffenheit und Intelligenz sollten durch Dampfmaschinen,

Eisenbahnen, Schiffe, später durch Automobile und den Zeppelin gefördert werden.[16] Die Entfaltung der eigenen Kreativität erlaubten Stein- und Holzbaukästen.[17] Seine Empathie und zärtlichen Impulse wird er mit den Tieren von Margarete Steiff entdecken. Für Mädchen und Jungen verniedlichten Ställe und Holztiere die Verhältnisse auf dem Land. Außerdem gab es Karten- und Brettspiele, die sogenannten Gesellschaftsspiele. All diese Spielsachen sollten eine Erziehung zu Zurückhaltung, Ordnung, Fleiß und vor allem Disziplin gewährleisten, die erklärten Ideale des bürgerlichen Tugendkanons.[18]

Margarete Steiffs erstes Spieltier fühlte sich warm und weich an. Es konnte ein sanftes und zartes Spielzeug für ein Kind sein, ließ der Fantasie alle Freiheit der Welt und war durch seine auf robuste Benutzung ausgerichtete Herstellungsweise dazu prädestiniert, nichts übelzunehmen. Der haptische Sinn war seiner Schöpferin besonders wichtig. Sie war als Kind viel angefasst und getragen worden. Da hatte sie schnell gelernt, aus der Art, wie das geschah, auf die Stimmung des Menschen, der sie gerade trug, rückzuschließen. Er war entweder freundlich und zugewandt oder unwillig und unaufmerksam. Das richtige Tragen verlieh ihr Sicherheit. Wenn sie berührt wurde, war die Hilfe ganz nah.

Ihr Neffe Paul Steiff, dessen Aufzeichnungen zur »Geschäftsgründung« der Tante bereits zitiert wurden, vermerkt weiter: »1880 Dez[ember] die erste Notiz über einen zugeschnittenen Elefanten samt Zähnen, also Weihnachten. Dez[ember] 29. 2 Elefanten verkauft an Frau Marie Spieß.«[19] Für fünf weitere Elefanten fand Margarete in Lina Hähnle, der Frau des Giengener Filzfabrikanten, eine Abnehmerin.

Sie berichtet: »Einst nahm ich zur Familie Hähnle, wo ich

ab und zu noch Kinderkleider machte, einen kleinen Elefanten mit und setzte ihn dem jetzigen Herrn Direktor als Belohnung aus, wenn er den ganzen Tag nicht heulte, was er nebenbei bemerkt stets ausgiebig tat. Aber oh weh, er konnte sich nicht enthalten, auch beim Anblick des begehrenswerten Elefanten fürchterlich zu weinen und gab ihm denselben gerne, damit er wieder stille war.«[20]

Mit dieser kleinen Anekdote beendete Margarete Steiff ihr Tagebuch. Die Erwähnung der für Hähnles gefertigten Kinderkleider zeigt einmal mehr, in wie enger Verbindung sie zu dieser Familie und damit zur Filzfabrik stand. Den Rest ihrer Geschichte kannten ihre Verwandten, warum ihn also aufschreiben? Zeitverschwendung!

Als die Familie Glatz 1881 nach Lindau zog, war Margarete wieder dabei und blieb erneut monatelang bei den Freunden. Noch im selben Jahr wurde Adolf Glatz Direktor der Vereinigten Filzfabriken. Er kehrte mit seiner Familie nach Giengen zurück. Jetzt hatte Margarete ihren Berater wieder vor Ort. Nach der Umwandlung der Filzfabriken in eine Aktiengesellschaft war Hans Hähnle Vorsitzender des Aufsichtsrates.[21] Die Politik nahm bereits einen wichtigen Raum in seinem Leben ein. Er saß im Landtag und wurde schließlich als Mitglied der Freisinnigen Partei in den Reichstag gewählt. Hähnle zog mit seiner Familie nach Stuttgart um. Als Mitbegründer des Dampfkesselrevisionsvereins rief er den Vorgänger des heutigen TÜV ins Leben.

1881 nähte Margarete Steiff 18 Elefanten. Ihr Bruder Fritz soll sie auf dem Heidenheimer Weihnachtsmarkt verkauft haben. Und sie studierte weiter die Bastelanleitungen in der *Modenwelt*. Immer wieder erschien dort das Schnittmuster eines Tieres. Im Jahr 1881 war ein Bär mit Bärenführer abgebildet. Im Firmenarchiv befindet sich eine kolorierte Zeichnung dieses Motivs, die von Margarete Steiff signiert und mit einem Datum versehen wurde. Es spricht einiges dafür, dass sie sie selbst angefertigt hat. Ihr Neffe Richard Steiff fertigte später einen solchen Tanzbären mit 1,50 Meter Höhe für Reklamezwecke. 1882 folgte in der *Modenwelt* ein Pudel, 1883 ein Esel,[22] 1888 ein Affe, 1890 Kamel und Löwe.[23]

Magarete Steiff agierte, auch was die Spieltiere betraf, in den ersten Jahren außerordentlich vorsichtig und fuhr wirtschaftlich lange Zeit zweigleisig. Ihre erste, 1883 veröffentlichte Preisliste erwähnt neben Kleidung und zahlreichen Haushaltswaren auch »Kinderspielwaren aus Filz«.[24] Schon auf der Titelseite nennt sie den weltweiten Marktführer für das verwendete Material, die »Vereinigten Filzfabriken«, als Geschäftspartner. Da sie sich bereits seit Jahren im Textilgewerbe etabliert hatte, war sie auch für den Vertrieb ihrer Spielwaren nicht auf Hausierer angewiesen, sondern konnte sie einfach in ihren Katalog aufnehmen. Sie warb dort sehr selbstbewusst für ihre Filzelefanten: »Kinderspielwaren aus Filz – unverwüstlich und ungefährlich – Elefanten mit bunten Sätteln. Kein neueres beliebteres Kinderspielzeug am Markte. Das Fell des Tieres ist lederzäher Filzstoff, die Füllung Filzabfälle.«

Tiere in der Weise als Spielzeug zu verstehen, wie Margarete Steiff es nunmehr produzierte, war etwas noch nie Dagewesenes, es entstand ein ganz neues Produkt. Bis dahin gab es nur eine Menagerie von Spieltieren aus Holz, manchmal mit Stoff bezogen, wie sie in der zweiten Hälfte des 19. Jahrhunderts in Thüringen und im Erzgebirge hergestellt wurden.[25] Margarete Steiffs Tiere waren geschlechtsneutral, Jungen und Mädchen konnten damit spielen. Bald produzierte sie auch Tintenwischer, kleine Tiere, die den Kindern beim Lernen beistanden, sowie Mobiles für Säuglinge. Aber sie sollte vor allem das Tier zum Spielen und Schmusen entwickeln.

Spieltiere müssen nicht am Weglaufen gehindert werden. Sie können in der kindlichen Fantasie mit allen Fähigkeiten ausgestattet werden. Die frühen Exemplare waren natürlich nicht so betont flauschig und knuddelig wie das Kleinkindspielzeug von heute; verglichen mit dem anderen Spielzeug auf dem Markt waren sie aber weich und warm. Sie ermöglichten all die Arten des Spiels, die von der heutigen Psychologie als unabdingbar für die Entwicklung des Kindes angesehen werden.

In Anlehnung an den bereits erwähnten Kinderpsychiater Donald W. Winnicott seien hier einige wichtige Motive kindlichen Spielens angeführt: Kinder spielen zum Vergnügen. Sie genießen körperliche und emotionale Spielerfahrungen, erleben dadurch Anregungen und lernen neue Materialien kennen. Das kindliche Spiel erlaubt das Ausleben von Aggression. Ein Kind muss die Möglichkeit haben, Hass und aggressive Antriebe sowie heftige Gefühle im Allgemeinen in seiner vertrauten Umwelt zum Ausdruck zu bringen. Spielen trainiert Angstbewältigung: Sachverhalte, die schwierig und übermächtig erscheinen, können vom Kind »spielend« gelöst werden. Die Bedrohung durch übermächtige Angst allerdings führt bei einem Kind zu beinahe zwanghaftem Spielen. In sich häufig wiederholenden Spielabläufen versucht das Kind, die übermächtigen Eindrücke und Erlebnisse seiner Innenwelt zu verarbeiten.

Spielen als Auseinandersetzung mit der Umwelt, mit Personen, Gegenständen, Vorgängen bringt dem Kind stets auch Erfahrungszuwachs. Es dient zum Aneignen von Umwelt. Alles ausprobierend, erspielen sich Kinder die Welt. Im gemeinsamen Spiel mit anderen Kindern lockern sich die Familienfixierungen, und die sozialen Kontakte wachsen. Das Spielen führt zu einer Festigung der Persönlichkeit: Das Kind lernt durch das Spiel, eine Verbindung zwischen der inneren und der äußeren Realität herzustellen, zwischen seinen Gefühlen und seiner Umwelt.[26] Die Eltern, die ihren Kindern Steifftiere schenkten, konnten erwarten, dass das per se zweckfreie Spiel »produktiv« war, das heißt die Entwicklung des Kindes vorantrieb, es zum Lernen anregte, seine Fertigkeiten förderte, seine Kreativität beflügelte.

Margarete Steiff hatte mehrere Erlebnisse in ihrer Kindheit gehabt, die sie zur Produktion von Spielzeug motivieren konnten. Das Vorbild Hans Hähnles und die Unterstützung von Adolf Glatz machten die Realisierung ihrer Geschäftsidee und die langfristige Produktentwicklung erst möglich. Die Erlebnisse bei Dr. Werner, der den Kindern den Bären machte, hatten ihr gezeigt, wie schön und befriedigend Spielen sein konnte. In ihrem Elternhaus hatte sie nicht gelernt, an so etwas zu glauben. Bei den Werners durfte sie auch einmal ein Kleid zerreißen, dann wurde es eben wieder geflickt. Sie selbst war einmal wichtiger gewesen als das Kleid. In Wildbad lernte sie, dass ihr Körper etwas Wertvolles war und dass sie ihn pflegen musste.

Im Gegensatz zu Margarete Steiffs völliger Verschwiegenheit, was die innere Motivation ihres Handelns angeht, hat die zweite große deutsche Herstellerin von Kinderspielzeug beziehungsweise Puppen – Käthe Kruse – ihr ganzes Leben lang immer wieder über die Entstehung ihrer »Künstlerpuppe« unter Mithilfe ihres Ehemannes Max Kruse, seines Zeichens Bildhauer und Lebensreformer, gesprochen. Anhand ihrer Biografie lässt sich gut nachvollziehen, was sie zur Schöpfung der ultimativen Babypuppe motivierte: An zentraler Stelle sind hier die Erfahrungen ihrer einsamen Kindheit an der Seite einer vom Leben überforderten Mutter zu nennen. Käthe Kruse, damals noch Katharina Simon, wird im Alter von 18 Jahren zum ersten Mal selbst Mutter und hat in Interviews die Zeiten, als ihre sieben Kinder ganz klein waren, stets als die glücklichsten ihres Lebens bezeichnet.

Ein weiteres entscheidendes Motiv für ihr Vorhaben, eine möglichst »menschliche« Puppe zu kreieren, lag in dem Wunsch, ihren Geliebten und Ehemann von ihrer eigenen künstlerischen Begabung zu überzeugen. Emotional blieb die Puppe für ihre Schöpferin ein Leben lang ein Liebesobjekt. Die Kinder sollten mit der Puppe Muttergefühle entwickeln lernen, damit es ihren eigenen Kindern später gutgehen konnte.[27]

Käthe Kruses Beschäftigung mit der Puppe und damit mit dem Spiel war von der Dominanz der Beziehung zwischen Mutter und Kind bestimmt, von dem Wunsch nach möglichst großer Nähe. Margarete Steiffs Kindheit dagegen war geprägt durch die Distanz zur Mutter. Sie hatte keine eigenen Kinder. Das Spiel mit ihren Tieren ist ein Spiel zwischen dem Kind und einem vertrauten Wesen, das unendlich viele Formen annehmen kann. Als sie das erste Elefäntle nähte, hatte sie längst gelernt, ihr Erwachsenenleben zu meistern. Der Bezug zu ihren Tieren war von abstrakten Ideen bestimmt, nicht von Gefühlen.

Im Spielzeug von Margarete Steiff schwingt die Revolte gegenüber der Welt ihrer eigenen Kindheit mit: Es ist aus der Perspektive des Kindes entwickelt, versetzt sich in ein Kind hinein, fragt: Was braucht das Kind? Das ist das Besondere an den Steifftieren. Kinder müssen nicht nützlich sein, sie sind nicht nur kleine Helfer der Erwachsenen, sie haben Fantasie, für die sie einen legitimen Freiraum brauchen. Margarete

Steiff hatte gelernt, realistisch mit ihrer Schwäche umzugehen, und sie hatte Verbündete gewonnen. Ihre Tiere scheinen auch für den Notfall gedacht, wenn einem Kind all das misslingt, wenn es einen Tröster, eine starke Figur braucht, zum Beispiel einen Elefanten oder einen Bären.

In der Unzerstörbarkeit des Spielzeugs, auf die sie größten Wert legte, spricht sich ihre eigene Vitalität aus. Das Spielzeug muss strapazierfähig sein, Kinder müssen sich darauf in jeder Bedeutung des Wortes verlassen können. Sie müssen gemeinsam mit den Tieren die Welt entdecken können. Über viele Jahre hinweg hatte Margarete andere dazu bringen müssen, ihre Aktivität für sie zur Verfügung zu stellen. Hier sei nur an das »Tragt mich auf die Gasse« aus dem Tagebuch erinnert. Das können die Spieltiere natürlich nicht, aber in den »starken« Tieren manifestiert sich der Wunsch nach einer solchen Hilfe.

Die Unzerstörbarkeit der Tiere, die zum festen Bestandteil ihrer Firmenphilosophie wird, erinnert auch an ihre kindliche Fantasie der eigenen Unzerstörbarkeit, die sie durch die Jugend getragen hat, an das Kind, das wild spielen möchte, das keine Angst hat und sich nicht einschüchtern lässt. Die kleine Margarete rutscht über den Boden, fällt in die Brenz, stürzt in Wildbad vom Wagen. Als Jugendliche jagt sie mit dem Rollstuhl in rasanter Fahrt durch Giengen, schürft sich das Gesicht auf und bricht sich das Bein. Die erwachsene Margarete Steiff propagiert für die Kinder eine Welt der unbegrenzten Möglichkeiten, des wilden Spiels ohne negative Folgen – mit ihren Tieren.

Wie in der Firmenfestschrift von 1930 dokumentiert, entwirft Margarete neben dem Elefäntle kontinuierlich weitere Stofftiere.[28]

Jahr	gesamt	Elefant	Velo	Affen	Esel	Pferd	Kamel	Schwein	Maus
1880	8	8							
1881	18	18							
1882	11	11							
1883	103	103							
1884	297	297							
1885	596	596							
1886	5170	5066		104					
1887	2686	2032		366	11	20	153	104	
1888	3997	2488	138	505	66	4	596	200	
1889	4682	2791	158	648			743	342	
1890	5480	1215	27	738	177	191	246	346	171

Außer den in der Tabelle gelisteten Modellen wurden 1890 noch 945 Hunde, 327 Katzen, 1088 Hasen und 9 Giraffen hergestellt – wie die Maus wurden auch diese Tiere in jenem Jahr neu in die Produktpalette aufgenommen.

In den ersten Jahren der Spielzeugproduktion verfolgt die Unternehmerin wirtschaftlich gesehen eine typisch weibliche Geschäftsidee, die wenig Einsatz von Maschinen benötigt und den intensiven Einsatz von Handarbeit erfordert. Doch bereits 1883 ist eine Lieferung an das Exportmusterlager Stuttgart verzeichnet.[29] 1886 werden 5066 Elefanten verkauft.

Die Tiere von Margarete Steiff sollten sich von Anfang an »bewegen« können. Friedrich Steiff hatte inzwischen für den Elefanten ein Gestell auf Rädern erdacht.[30] 1886 wurden erste Muster von Reit- und Fahrtieren angefertigt. Die erwähnte Festschrift informiert über deren Herstellung: »Von einem Schreiner wurden starke Holzgestelle zusammengezimmert, mit Filz umwickelt, die Haut darübergezogen und das Ganze ausgestopft und mit Rädern versehen.«[31] Sie sind 19, 26 oder 34 cm groß. Auf den Elefanten folgten Pferde, Kamele, Hunde und Schafe.[32] Gefährten für Kinderspiele drinnen und »auf der Gasse«.

1888 wurden 3997 Tiere produziert und eine Neuschöpfung, »Velo« genannt, eingeführt: ein auf einem Metalldreirad sitzendes Tier – ein Hase zum Beispiel. Es wirkt wie eine heitere Anspielung auf Margaretes eigene Begeisterung für fahrbare Untersätze, letztendlich auch auf ihren Rollstuhl. Die Fahrzeuge aus Metall stammten von Märklin. 1889 wurden 4682 Tiere hergestellt, ein Jahr später wurde das Sortiment um Maus, Katze, Hase und Giraffe erweitert. Von allen Modellen zusammen werden in diesem Jahr 1890 insgesamt 5480 Exemplare produziert.

Der Zeitgeist war günstig für Tiere als Spielgefährten und beförderte die Motivation der Eltern, Margarete Steiffs Erzeugnisse zu kaufen. Die Tradition der humanistisch-aufklärerischen und idealistischen Philosophie verlor mehr und mehr an Boden und wurde durch eine Anthropologie ersetzt, die sich aus dem Kampf ums Dasein herleitete. Charles Darwin, dessen Name mit dieser Entwicklung maßgeblich verbunden war, forderte Humanität gegenüber Tieren. Die Verantwortung des Menschen für die Natur wurde erstmals explizit formuliert. Wenn es keinen Gott gab, der sie stets wieder neu erschaffen konnte, musste der Mensch die Natur als Lebensraum achten und erhalten.

Margarete Steiff reiste weiter: »In Augsburg war ich zweimal bei meinen Geschwistern, 1887 bei Paula's [der Tochter ihrer Schwester Pauline] Konfirmation. Auch Ulm habe ich mir angesehen, indem ich bei meiner Freundin Emma Rieber geb.

Die Kinder der Familie Steiff bauten 1898 für die Tante einen Elefanten aus Schnee, das erste Filztier und frühe Firmenzeichen.

Hähnle war. Dort habe ich meine Lisbeth mit und wir haben tüchtig genäht. Schon früher war ich in Ulm bei der Familie Dangel bei Besuch, noch im Grabenhäuschen, und scheute meine Freundin Luise keine Mühe, mir Ulm zu zeigen.«[33]

Danach besuchte sie ihre Schwester Pauline, mit der sie in ihrer Jugend viele Jahre gehäkelt, gestickt und genäht hatte. Und was taten die beiden? Sie nähten wieder gemeinsam, vielleicht schon an der Aussteuer der Konfirmandin. Das Rad des weiblichen Lebens drehte sich unentwegt weiter, die Nichte hatte die Schule abgeschlossen und musste auf ihr Leben als Ehefrau und Mutter vorbereitet werden, und Margarete nahm wieder aus zweiter Reihe Anteil, wie sie das schon bei ihren Schwestern getan hatte – sie half, die Aussteuer zu fertigen.

Trotz ihrer starken Beanspruchung durch die neue Geschäftsidee hatten die privaten und schönen Seiten des Lebens weiter ihr Recht. Margarete Steiff besuchte ihre Verwandten, feierte mit ihnen die wichtigen Familienfeste und übernahm einen Teil der »Familienarbeit«. Auch als Unternehmerin saß sie nach wie vor im Kreis der Frauen und nähte. Das ist typisch für sie, der jeder Dünkel ein Leben lang fremd war und die in ihrer nächsten Umgebung stets möglichst unauffällig, möglichst so wie immer auftrat.

Zwischen 1884 und 1890 wurden die jüngeren Kinder von Margarete Steiffs Bruder Friedrich (genannt Fritz) geboren: Hugo (1884), Otto (1885), Maria (1887) und Ernst Steiff (1890), die glücklichen Erstbesitzer vieler Steifftiere. Sie wuchsen in einer Welt auf, die durch das Plädoyer der Tante für die Kindheit als eine eigene wichtige Lebensphase geprägt war.

7. Kapitel
»Erste Filzspielwaren-Fabrik Deutschlands«

Das Elternhaus von Margarete Steiff war für ihren erweiterten Geschäftsbetrieb, in dem nun Kleidung und Haushaltswaren genäht und Spieltiere hergestellt wurden, endgültig zu eng geworden. Sie musste neu und größer denken. Ihr Bruder Fritz hatte bereits 1888 das Baugeschäft seines Vaters übernommen.[1] Zahlreiche Gebäude in Giengen waren von ihm errichtet worden, er hatte den Umbau der glatzschen Papierfabrik in Gerschweiler geleitet, den Neubau der Papierfabrik in Hörbranz unter sich gehabt und mehrere Gebäude in Esslingen errichtet.[2] Nun planten er und Margarete ein neues Wohn- und Geschäftshaus, in das seine Schwester mit ihren Privaträumen, ihrer Produktion und ihren Geschäftsräumen umziehen konnte.[3]

Die »Filz-Spielwaren-Fabrik« in der Mühlstraße (heute Margarete-Steiff-Straße), Ecke Turmstraße entstand. Am Haus befand sich eine weithin sichtbare Firmenaufschrift. Bereits 1888 hatte Friedrich Steiff in derselben Straße ein Haus zu Wohnzwecken errichtet. Das Gebäude seiner Schwester konzipierte er als spiegelverkehrten »Zwilling« davon.

Auch der alte Baumeister Steiff unterstützte seine Tochter bei ihrem neuen Vorhaben. Dieses Mal gewährte er ihr für den Neubau einen Kredit. Margarete notiert: »Von meinem Vater habe [ich] auf unbestimmte Zeit gegen 4% Zinsen erhalten: 1000 Mark, an Martini 1890.« Der Vater schrieb darunter: »Januar 1892 vom Gretle zum Zins aus tausend Mark erhalten 40 Mark fälligen Zins, 1893 ...«[4]

Zu diesem Zeitpunkt lag bereits ein langer Weg hinter dem Mädchen aus Giengen, das aufgrund seiner Behinderung so gar nicht den Erwartungen seiner Umgebung entsprochen hatte. Margarete hatte sich mit ihrem Gespür für andere Menschen, ihrem Einfallsreichtum und ihrer Hartnäckigkeit durch eine schwierige Kindheit hindurchgearbeitet. Als junge Frau gelang es ihr, auch in fremden Haushalten Arbeit zu finden, wobei sie weitgehend auf die Hilfe Dritter angewiesen war. Trotz dieser erschwerten Bedingungen hatte sie niemals resigniert. Im Gegenteil, sie orientierte sich an den wirtschaftlich mutigsten Männern und Unternehmern ihrer Heimatstadt, sie entwickelte eine eigene Geschäftsidee, und sie begann, mit ihnen gleichzuziehen.

Nun war sie als Frau in der »Gründerzeit« angekommen, der Zeit der Geh- oder »Bratenröcke« und der Wohlstandsbäuche, der Knebelbärte und dicken Zigarren, der prächtigen Kutschen und der mit Stuck reich verzierten Häuser – in einer Männerwelt. Margarete Steiff war nicht nur seit über zwei Jahrzehnten berufstätig und selbstständig, sie gründete als Frau nun auch eine Fabrik, während die meisten bürgerlichen Frauen ihrer Zeit sich ins Korsett zwängten und, eingepfercht in Humpelrock und enge Stiefeletten, das Geld ihrer Männer ausgaben – unter anderem für die Dekorationsartikel, die die Unternehmerin aus Giengen seit Jahren erfolgreich produzierte.

Mit ihren bisherigen beruflichen Aktivitäten hatte sich Margarete Steiff weit vom Leben in der Ledergasse entfernt. Für streng religiöse Zeitgenossen musste das, was die Unternehmerin seit Jahren mit größter Konsequenz verfolgte, der »breite Weg« und damit der falsche Weg sein. Auf dem berühmten Bild von 1866 ist die Fabrik selbstverständlich am breiten Weg angesiedelt, sie gehörte zu den Dingen der »Welt«, von denen sich ein gläubiger Christ fernzuhalten hatte.

Den Bau und die Eröffnung der ersten Steiff-Fabrik erlebte die im Dezember 1889 verstorbene Maria Margarete Steiff nicht mehr. Ihre Tochter dachte seit vielen Jahren wirtschaftlich expansiv, statt sich mit dem Platz zufriedenzugeben, den andere ihr zuwiesen. Sie setzte ihre Intelligenz und Kreativität ein, um erfolgreich ein Unternehmen aufzubauen, das ihr und später ihrer Familie den Lebensunterhalt sichern würde.

Nahmen sich die »Stillen im Lande« im Rahmen der zu lösenden »Sozialen Frage« dennoch des Themas Fabrikarbeit und Industrialisierung an, so wie es Sixt Carl Kapff 1856 in seiner Schrift *Der glückliche Fabrikarbeiter, seine Würde und Bürde, Rechte und Pflichten, Sonntag und Werktag, Glaube, Hoffnung und Gebet* tat, so wurden die folgenden Pflichten formuliert: »Gemeingeist, Unterordnung und Gehorsam, Pünktlichkeit, Ordnung und Reinlichkeit [...] Pflicht der Keuschheit, Mäßigkeit, Sparsamkeit, Pflichten gegen Gott.«[5]

Dieser religiöse Pflichtenkanon passte perfekt zum neuartigen System der Arbeitsteilung, der Koordination einzelner Arbeitsabläufe und der streng durchrationalisierten Produktionsweise, das Tugenden wie Unterwerfung, Ordnung und Reinlichkeit zu verlangen schien. All das war seit Jahrhunderten aus der Religion bekannt und hatte auch die Dorf- oder Stadtgesellschaft bestimmt. Wer in der Fabrik gegen diese Anforderungen verstieß, hatte zumindest mit Geldstrafen zu rechnen. Zu Beginn der Industrialisierung waren auch Körperstrafen oder Kündigung üblich gewesen. Erst nach der Jahrhundertwende setzte sich ein System der Anreize durch. Zu den traditionellen Obrigkeiten war also lediglich eine neue hinzugekommen: der Fabrikherr oder auch – im Fall von Margarete Steiff – die Fabrikherrin. Nicht nur in den frommen Kreisen gab es Aversionen gegen die Zeitzeichen der Industrialisierung, sondern auch alteingesessene Honoratioren einer Stadt wie Giengen hegten Einwände gegen diese Art der Produktion, die die alte Ordnung in Gefahr brachte, die Väter über Tag von ihren Familien trennte, fremde Menschen anzog und zu allerhand sozialen Unverträglichkeiten führen konnte.

Man denke nur an die Sozialdemokratie! Die Sozialdemokratische Partei galt als Umsturzpartei, als Partei der Geldverschwendung und des Atheismus. Die Handwerker fürchteten seit Jahrzehnten die Konkurrenz ständig neuer Produkte und nahmen ebenfalls eine Antihaltung gegenüber »Fabrik« und »Fabriklern« ein. Besonders für Frauen und Mädchen war es verpönt, dort zu arbeiten.

Wenn die Männer in der Zeit um die Jahrhundertwende in die Fabrik gingen, blieb das Leben zu Hause dasselbe wie Generationen zuvor. Erst wenn auch ihre Ehefrauen arbeiten gingen, Tag für Tag, Monat für Monat, Jahr für Jahr, änderte sich das Leben der Familie. Gingen die Frauen in eine Fabrik, trennte sich ihre Arbeit in eine produktive, bezahlte und eine reproduktive zu Hause, die, in Geld bewertet, nichts zählte. Es stand ihnen nun die Möglichkeit offen, außerhalb der Eheschließung ihren Lebensunterhalt eigenständig zu verdienen. Zu diesem wirtschaftlichen Umbruch kamen gesellschaftliche Veränderungen hinzu: neue politische Ideen, Freiheits- und Emanzipationspostulate der Frauen.

Als die ersten Textilfabriken entstanden, war auch in Deutschland erklärt worden, die Fabrik sei ein unmoralischer Ort, wo Mädchen und junge Frauen verdorben würden. Die Familie würde zerstört. Eine in der Fabrik arbeitende Frau vernachlässigte Haushalt und Mutterpflichten. Außerdem stand sie in Verdacht, mit diesem Tun eine intellektuelle Emanzipation zu verbinden.[6] Die Frauen selbst sahen das ähnlich. Man betrachtete eine Arbeit in der Fabrik als Übergangslösung bis zur Hochzeit, als eine Alternative zum »in Stellung«-Gehen. Das macht noch die Bezeichnung der nach der Jahrhundertwende entstehenden gläsernen Fabrikneubauten von Margarete Steiff als »Jungfrauenaquarium« mehr als deutlich.

Die Kritik an der Frauenarbeit in der Industrie richtete sich gegen die Trennung von Wohn- und Arbeitsort und die Arbeit der Frauen ohne familiäre Aufsicht. Frauen wurden als Lohndrückerinnen beschimpft und auf ihren »natürlichen« Wirkungskreis zurückverwiesen. Und selbstverständlich wurde die Arbeit der Frauen schlechter bezahlt als die vergleichbare von Männern.

In der Arbeiterbewegung war die Frauenarbeit stets ein umstrittenes Thema. Auch die Genossen dachten in familienpolitischer Hinsicht konservativ, sahen die Frau gerne in der Rolle der Hausfrau und Mutter und fürchteten die Konkurrenz am Arbeitsplatz. Im Juli 1889 übte die sozialistische Frauenrechtlerin Clara Zetkin (1857–1933) auf dem Gründungskongress der II. Internationale in Paris scharfe Kritik an diesen reaktionären Tendenzen. Die ökonomische Unabhängigkeit der Frau war für sie die Grundlage der Emanzipation. Ihre Theorie wurde im selben Jahr unter dem Titel *Die Arbeiterinnen- und Frauenfrage der Gegenwart* veröffentlicht.

Dennoch war der Frauenanteil an der Fabrikarbeit seit Beginn der Industrialisierung stetig angestiegen. Während 1841 »1000 weibliche Gehülfen« in den Fabriken des Königreichs Württemberg registriert waren, arbeiteten dort 1853 bereits 13586 Frauen.[7] 1882 betrug der Anteil der Frauen an den Erwerbstätigen reichsweit 23,0, in Württemberg 26,3 Prozent; 1909, im Todesjahr von Margarete Steiff, 34,0 beziehungsweise 39,8 Prozent.[8]

Immerhin waren die Arbeitsbedingungen für Frauen in der Industrie inzwischen durch eine Reihe von Schutzbestimmungen geregelt. Eine Novelle der Gewerbeordnung von 1878 schrieb erstmals den Mutterschutz vor. Ein Beschäftigungsverbot für die Dauer von drei Wochen nach der Niederkunft musste eingehalten werden – eine Bezahlung war für diese Zeit allerdings nicht vorgesehen. Zur sozialen Absicherung wurde 1882 die erste Kranken- und Sterbekasse für Mädchen gegründet. 1891 beschloss der Reichstag das erste Arbeiterinnenschutzgesetz und führte den Elfstundentag für Frauen sowie vier Wochen bezahlte Ruhepause nach der Geburt ein. Später sahen die Gesetze zwar einen achtwöchigen Schwangerschaftsurlaub vor, oft wagten die Frauen jedoch nicht, ihn zu nutzen.

Neben der Arbeit in der Fabrik mussten die Arbeiterinnen nach Feierabend und am Wochenende ihren Haushalt erledigen. In der Regel konnten sie dabei keine Mithilfe von ihren Männern erwarten. Unterstützung erhielten sie von ihren Kindern, weiblichen Verwandten, Freundinnen und Nachbarinnen. Trotz aller Härten hoben die neuen Erwerbsmöglichkeiten in der Industrie allmählich auch die traditionellen Heiratsnormen auf. Sie lockerten die schicksalhafte Gebundenheit an Grund und Boden und ermöglichten Neigungsheiraten.

Der größte Posten in einem reinen Arbeiterhaushalt war die Ernährung. An zweiter Stelle standen die Ausgaben für die Wohnung: Miete, Heizung, Beleuchtung, Instandhaltung. Danach kamen die Kosten für die Neuanschaffung und Pflege von Kleidung. Eigener Grundbesitz, über den viele Menschen in Giengen und Umgebung verfügten, ermöglichte es den Arbeitern, sich selbst mit Obst und Gemüse zu versorgen und Hasen, Kaninchen oder Hühner zu halten. Margarete Steiff vergab Kredite für den Kauf von Gärten an ihre Arbeiter und machte ihnen so das Leben leichter.[9]

Der Übergang von der gewohnheitsmäßigen und selbstbestimmten landwirtschaftlichen Produktionsweise zur Fabrikarbeit war schwierig, auch wenn sich die Menschen seit Generationen handwerkliches Geschick in der Herstellung von Textilien angeeignet hatten. In der Fabrik waren sie gezwungen, sich fremden Regeln unterzuordnen. Waren Leben und Arbeiten zuvor vom jahreszeitlichen Rhythmus der Natur bestimmt gewesen, so regelten nun Fabrikordnung, Stechuhr und Sirene den Tagesablauf.

Margarete Steiff startete eine Produktion mit der Zielvorgabe hoher Qualität. Sie benötigte dazu Menschen, die diesen hohen Anspruch in ihrer täglichen Arbeit erfüllen konnten und erfüllen wollten. Die bei Steiff Beschäftigten sollten pünktlich und sorgfältig arbeiten, mit den teuren Arbeitsmaterialien sparsam umgehen und Fehler möglichst vermeiden. Um diese Vorgaben zu erfüllen, bedurfte es einer guten betrieblichen Ausbildung und einer ausgewählten Belegschaft.

Die Unternehmerin suchte ihre Näherinnen und Stopferinnen selbstverständlich persönlich aus – die Arbeiterinnen in der Firma ebenso wie die Heimarbeiterinnen. Ihre familiäre Herkunft und ihre persönlichen Lebensumstände waren der

»Chefin« bestens bekannt. Sie liebte es, mit ihren Mitarbeiterinnen zu feiern, und beschenkte sie an Weihnachten. Auch während der Arbeit wurde gesungen. Singenden Arbeiterinnen ging das Nähen schneller und leichter von der Hand und sie konnten dabei auch nicht tratschen. Eine scharfe Trennung von Arbeit und Freizeit waren die Menschen noch nicht gewohnt. Längere Arbeitszeiten – im Weihnachtsgeschäft unausweichlich – wurden nicht als Überstunden abgegolten, sondern zu ihrer Entschädigung bekamen die Arbeiterinnen ein Vesper.

Nach wie vor nähte Margarete Steiff alle Tiere, die entstanden, als Muster selbst. Sie kannte jede mögliche Schwachstelle im Aussehen, in der Verarbeitung und in der Haltbarkeit. Stets war sie überaus kritisch mit dem, was in der Fabrik und in Heimarbeit erstellt wurde, eine Perfektionistin. Das akribische Lernen der komplizierten Handarbeitstechniken hatte ihren Blick lebenslänglich für das kleinste Detail geschärft. Vieles musste neu genäht werden. Steifftiere sollten »spielend« den höchsten Ansprüchen genügen können. Das Geheimnis der Spieltiere aus Giengen war das Rohmaterial, der Filz. Besonderes Augenmerk legte Margarete darauf, dass auch zum Stopfen nur beste Materialien verwendet wurden. Zuerst benutzte sie Schafwolle, in den 1890er Jahren Holzwolle. Im Katalog betont sie, dass das Stopfmaterial »leicht, weich und rein (keine Sägespäne, Tierhaare, Korkabfälle)« sei.[10]

Der Filz ließ sich leicht verarbeiten, das heißt schneiden, pressen und stanzen. Die feinen Filze waren geschoren und mit einer Appretur versehen, sie konnten bemalt sein, um den Charakter eines Tierfelles zu verdeutlichen.[11] Erst beim Stopfen erhielten die Tiere ihre endgültige Form. Wenn sie fast vollständig mit Holzwolle gefüllt waren, wurde der Filz angefeuchtet, damit er sich straffte, zusammenzog und enger anlag. Durch Drücken, Kneten und Nachstopfen wurde allmählich die gewünschte Form erreicht.[12]

Margarete Steiff schaltete keine Anzeige in der Giengener Zeitung, um den Umzug anzukündigen. Sie vollzog ihre Geschäftserweiterung und Neuetablierung ganz leise und unauffällig.[13] Auch bei diesem Schritt kam sie wieder ohne das laute Renommiergehabe der männlichen »Gründer« aus. Fritz Steiff hatte zwei großzügige Häuser mit je zwei Vollgeschossen, einem Ecktürmchen und flachem Mansarddach entworfen und seiner Schwester in ihrem Haus eine behindertengerechte Wohnung im ersten Stock und einen kleinen Laden im Erdgeschoss eingerichtet. Hier lebte Margarete Steiff bis zu ihrem Tod, außerhalb der Altstadt von Giengen, die immer noch durch eng beieinanderstehende Fachwerkhäuser und schmale, verwinkelte Gassen geprägt war.

Wie im Haus ihres Vaters hatte sie in der neuen Wohnung ein Erkerfenster, von dem aus sie einen Rundumblick auf das Geschehen genoss. Im Innern des Hauses ermöglichten extrabreite Türdurchgänge, dass sie mit ihrem Rollstuhl von Zimmer zu Zimmer fahren konnte.

Nun gestaltete sie nicht nur ihr Leben selbst, sondern auch das der gesamten Familie. Margarete Steiff führte als alleinstehende Frau einen aufwendigen Mehrpersonenhaushalt, in dem bis zu ihrem Tod wechselnd Mitglieder der Familie lebten. Zunächst kamen die Schwägerin ihrer Schwester Pauline, Johanna Röck, und Emilie Häussler, die Tochter ihrer verstorbenen Schwester Marie, sowie ein Fräulein Dangel, spätere Frau Geometer Schimpf, ins Haus. Letztere war vor allem mit der Fabrikation der aufwendigen Spielteppiche beschäftigt.

Johanna Röck besorgte Margaretes Haushalt, betreute sie und sorgte für ihr Wohl. Sie wurde nach den erhaltenen Unterlagen mit einer Mark pro Tag bezahlt. Fräulein Röck bekam dadurch Anschluss an die Großfamilie Steiff mit den neun Kindern von Fritz, der weit verzweigten Verwandtschaft und einem großen Freundes- und Bekanntenkreis in Giengen. Damit entging sie dem einsamen Alter sowie dem Hohn und Spott, den die Gesellschaft für ältere, unverheiratete Frauen parat hatte. Ob die beiden Frauen tatsächlich jenes freundschaftliche und innige Verhältnis verband, das in der Literatur über Margarete Steiff ausgemalt wurde, lässt sich nicht belegen.

Nach Ansicht der Zeit stand den ledig gebliebenen Frauen vor allem Demut an: In den *Zeitfragen des christlichen Volkslebens* aus dem Jahr 1887 wandte sich eine Frau Merk, selbst unverheiratet, an »alte Jungfern«, die in den Haushalten von Verwandten mithalfen:

»Sehr dankenswert, wenn man uns in dieser Weise begehrt! Das ist denn zumeist eine zwar mühselige, aber doch nicht unbefriedigende Arbeit […]. Gewiss ist es vor Gott ganz selbstverständlich, und dem Herzen der Einsamen soll es auch ganz selbstverständlich sein, dass sie in Liebe gibt und sich opfert, ohne auf Dank zu rechnen oder ihn zu erwarten.«[14] Je bescheidener sich eine Frau in ihrem Dienst benehme, desto inniger sei der Dank.

Das Mitleben und Mitwirtschaften einer »Tante« in einem Haushalt beinhaltete natürlich Konfliktpotenzial. Daher riet die Autorin den Ledigen, sich in jeder Weise zurückzunehmen, sich nicht in Angelegenheiten der Hausfrau einzumischen sowie die Liebe der Kinder nicht an sich zu ziehen, um die Eltern nicht eifersüchtig zu machen.

»Von unserer Seite wird unbedingt erwartet, dass wir uns unterordnen und mit der Stellung zufrieden zu sein haben, die man uns einräumen will. Das müssen wir uns immer wieder vergewärtigen.«[15] Der Ledigenstand ist ein von Gott auferlegter Prüfstein.[16] Margaretes Pflegerin Johanna Röck hatte für derlei erbauliche Überlegungen sicher wenig Zeit.

Frauen, die bei Margarete Steiff arbeiteten, hatten einigermaßen feste Arbeitszeiten und konnten mit regelmäßigem Verdienst rechnen. Dafür benötigten sie die Zustimmung ihrer Ehemänner beziehungsweise Väter – eine gesetzliche Regelung, die bis in die frühen 1970er Jahre bestand. Bis dahin konnte ein Ehemann seiner Frau die Berufstätigkeit verbieten. Frauen als billiges Arbeitskräftereservoir entstammten in der Regel einer verarmten unteren Mittelschicht oder dem Kleinbauerntum.

1888 erschien mit Kuno Frankensteins Schrift »Die Lage der Arbeiterinnen in den deutschen Großstädten« die erste Untersuchung, die sich mit den Lebensumständen der deutschen Arbeiterinnen beschäftigte. Für die Bekleidungsindustrie der 1880er Jahre ermittelte er einen Wochenverdienst von 10 bis 12 Mark; diese Industriesparte zahle damit »allem Anschein nach durchschnittlich höhere Löhne als andere Branchen«.[17] Die Wochenlöhne für Schürzennäherinnen betrugen dagegen nur 3–4 Mark.[18] Gearbeitet wurde sechs Tage die Woche. Ausgezahlt wurde ein Zeitlohn als Tage- oder Schichtlohn. Die Lohnzahlung erfolgte immer in bar, wochen-, 14-Tage- oder monatsweise. Auf dem Lohnzettel waren die erbrachten Leistungen addiert, abgezogen wurde die seit den 1880er Jahren abzuführende Krankenversicherung.

Bisher war der geschäftliche Aufschwung von Margarete Steiff durchaus überschaubar gewesen. In den zwölf Jahren nach ihrem Umzug sollten sich jedoch die Ereignisse überstürzen. In der Festschrift von 1930 steht zu lesen:

»In den folgenden Jahren wurde der Schnitt, die Stopfung, das Fahrgestell – kurz alle Teile – auf eine vollkommene Stufe gebracht, und über allem waltete der Geist von Margarete Steiff, die nicht müde wurde, den immer zahlreicher eingestellten Arbeiterinnen persönlich Unterweisung zu geben und das Werden ihrer Erzeugnisse zu überwachen. [...] Mit eisernem Willen, guter Beobachtungsgabe und Güte gegen ihre Mitarbeiter verfolgte Margarete Steiff ihr Werk, überzeugt von ihrer Arbeit.«[19]

Der illustrierte Katalog des Jahres 1892, der mit einem vierfarbigen Deckblatt versehen ist, zeigt stolz, wo sich Giengen an der Brenz befindet: der Ort, der in der Spielzeugbranche zunehmend an Bedeutung gewann. Und er zeigt zwei spielende Kinder mit dem Kamel in Händen, dem Markenzeichen, das die Produkte von Margarete Steiff in der Zukunft vor Nachahmung schützen sollte. Es finden sich auch die Bezeichnungen »Schutzmarke« und »mustergeschützt«. Über die genaue Verwendung dieser frühen Marke ist nach Aussage der Spielzeugexperten allerdings nichts bekannt. Der Erfolg von Margarete Steiff hatte sich herumgesprochen, und zahlreiche Mitanbieter wollten von ihrer Idee profitieren. Margarete Steiff bemühte sich vergeblich darum, dass ihrem »Verfahren zur Herstellung von Tier- und anderer als Spielzeug dienenden Figuren« das Deutsche Reichs-Patent erteilt wurde.[20]

Die nächsten Versuche, ihr Produkt zu schützen, erfolgten durch den Einsatz von Papiermarken mit Elefanten und dem stilisierten »S« von Steiff. Im Katalog von 1902/03 wird Margarete Steiff den Anspruch auf Markenschutz ausdrücklich untermauern: »[Ich bitte] meine Fabrikmarke ›M.St.Elefant‹

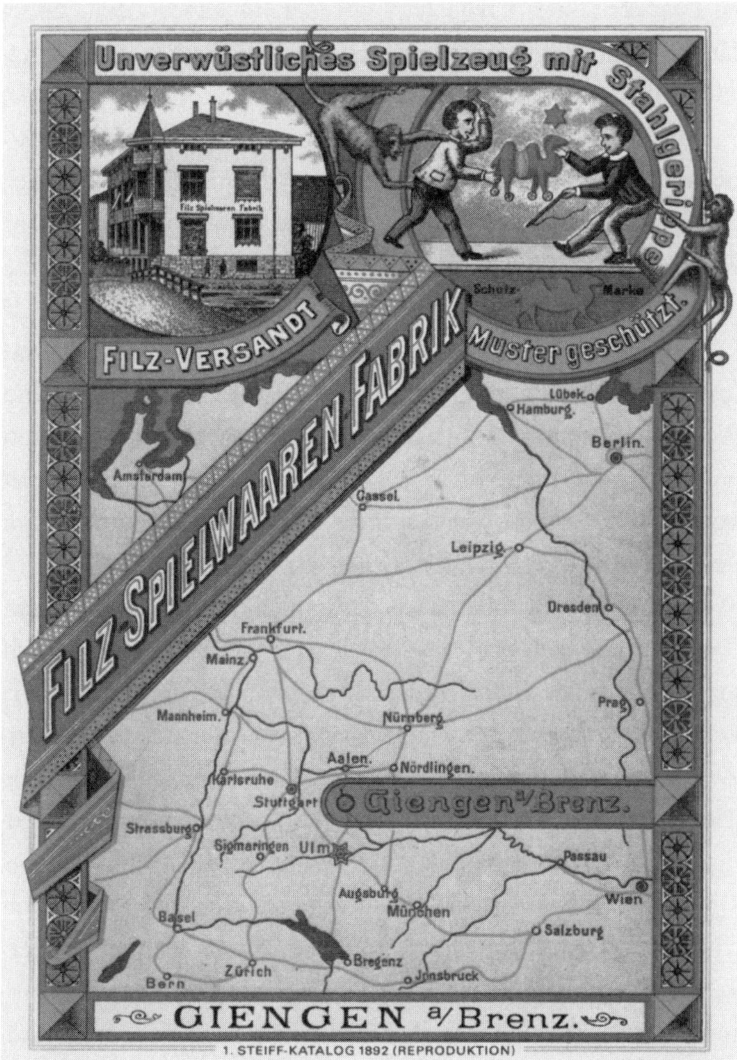

Stolz zeigt der Spielzeugkatalog von 1892, wo in Deutschland diese kleine Stadt Giengen liegt, in der die Spieltiere hergestellt werden. Vor Nachahmung geschützt wurden sie durch das Kamel.

zu beachten und warne […] vor den in letzter Zeit aufgetauchten, höchst minderwertigen Nachahmungen. Erste Filzspielwaren-Fabrik Deutschlands.«[21]

Der Steiff-Katalog von 1892 zeigt auf 32 Seiten mit 256 bestellbaren Tieren in Zeichnungen die ganze Vielfalt des Sortiments. Erstmals sind auch Bären im Programm. Der Katalogteil, der sich dem »Filzversandt« widmet, umfasst dagegen nur zehn Seiten. Die Gewichtung ist klar.

Margarete Steiff hatte enorm in Projektentwicklung und in die Präsentation investiert. Neue Materialien wie Samt und Wolle wurden aufgenommen. Außerdem gibt sie sich nun ein ehrgeiziges Firmenmotto: »Für Kinder ist nur das Beste gut genug.« Damit weist sie den Steiff-Produkten zugleich genau den hier formulierten Spitzenplatz zu. Sie schreibt:

»Von diesem Grundsatze ausgehend, bemühten wir uns, ein Spielzeug herzustellen, das sowohl in Dauerhaftigkeit als auch in der Form allen gerechten Anforderungen entspricht. Wir verwenden zu unseren Spieltieren besten, extra zu diesem Zweck angefertigten Filzstoff (wo es die Naturähnlichkeit der Tiere erfordert auch Plüsch und Felle), feines weiches Stopfmaterial und zur Sicherung der Form federnde Metallgerippe. Die Räder und sonstigen Ausstattungsstücke sind meist nach eigener Construktion gearbeitet und auf möglichste Unverwüstlichkeit ausgerichtet. Aus ganz kleinen Anfängen ist unsere Leistungsfähigkeit auf wöchentlich 1000 und mehr Stücke gehoben, so dass jeder Auftrag prompt ausgeführt werden kann. Durch Mitwirkung künstlerischer und technischer Kräfte und unterstützt durch die uns zu Gebot stehenden brillanten Produkte der hiesigen bedeutenden Filzfabriken sind wir im Stande, unsere Spielsachen einer fortwährenden Vervollkommnung und Vermehrung zu unterziehen.«[22]

Im selben Jahr 1892 trat ihre verwitwete Schwester Pauline Röck in die Firma ein.[23] Sie fertigte die ersten Steiff-Puppen mit einem Körper aus Filz, mit Kleidung aus Filz und einem Kopf aus einer widerstandsfähigen Masse.[24]

Am 3. März 1893[25] folgte der Eintrag der Firma ins Handelsregister: »Margarete Steiff, Filzspielwarenfabrik Giengen/Brenz«. Über zehn Jahre hatte Margarete auf diesen Erfolg hingearbeitet.

Ein Porträt aus dieser Zeit zeigt eine reife Frau voller Energie und Freundlichkeit. Wieder hat sie schwarze Kleidung mit dezenter Brosche gewählt. Man sieht ihr ihre Erfolge und ihre Leistungsfähigkeit an. Sie wirkt vital und zufrieden, vielleicht sogar ein wenig glücklich. Sicherlich hat sie den Neubau selbst als zweiten wichtigen Einschnitt in ihrem Erwachsenenleben verstanden. Margarete hat die Chance ergriffen, die der Vater ihr vor Jahren geboten hatte, und sich, nun für alle sichtbar, weit darüber hinaus entwickelt.

Sie führte ein Leben, das eine große Spannbreite in sich barg: von der Einfühlung in die kindliche Psyche bis hin zum innovativen Unternehmertum. Sie war 46 Jahre alt, vier Mitarbeiterinnen und zehn Heimarbeiterinnen waren für sie tätig.

Ein erster angestellter Handelsvertreter besuchte die Geschäfte in Deutschland, die auch Spielwaren anboten, und akquirierte Neukunden.[26] Margarete Steiff hat ein eigenes Musterlager aufgebaut, das von den Einkäufern besucht werden konnte.[27] 1894 verkaufte ihre Firma während der Spielwarenmesse in Leipzig an einem Stand an der Nikolaikirche zum ersten Mal Spieltiere.[28] Im August desselben Jahres starb Margaretes Vater.

Die Freunde Adolf und Marie Glatz waren nach Stuttgart gezogen. Margarete führte einen regelmäßigen Briefwechsel

Margarete Steiff leitet nun eine Fabrik. Sie etabliert sich durch die hervorragende Qualität ihrer Produkte und ihr breitgefächertes Sortiment auf dem Markt. Man sieht ihr die Leistungsfähigkeit und die Erfolge an.

mit ihnen und besuchte sie. 1897 waren zehn Arbeiterinnen und 30 Heimarbeiterinnen bei Steiff beschäftigt. Zahlreiche Tiere, Affen- und Clownspuppen sowie andere Neuschöpfungen erweiterten das Sortiment.[29] Der Jahresumsatz betrug 90000 Mark. Er hatte sich binnen fünf Jahren mehr als verdreifacht. Margarete präsentierte ihre Produkte auf einer Verkaufsausstellung in Berlin.[30] Zusätzlich wurden die Tiere zum ersten Mal auf der Leipziger Frühjahrsmesse gezeigt.

Margarete Steiff hatte den unverheirateten oder verwitweten Frauen ihrer Verwandtschaft Arbeitsplätze in ihrem Unternehmen gegeben, und sie sorgte seit Jahren dafür, dass alle Söhne ihres Bruders Friedrich Ausbildungen machten, die der Firma nützten: Sie wurden Konstrukteure, Kunstgewerbler, Maschineningenieure und Kaufleute. Später besetzte sie die Schlüsselpositionen in ihrem Unternehmen mit ihnen. Die Neffen waren bereits in der neuen Unternehmerwelt aufgewachsen und entsprechend selbstbewusst und unbefangen.

Richard Steiff (1877–1939) trat 1897 in die Firma ein. Nachdem er eine kaufmännische Ausbildung in den Vereinigten Filzfabriken in Giengen absolviert hatte, besuchte er die Kunstgewerbeschule in Stuttgart. Bereits im ersten Jahr seiner Beschäftigung vertrat er die Firma gemeinsam mit dem Reisevertreter für England auf der Leipziger Messe.[31] Er kehrte mit vollen Auftragsbüchern nach Giengen zurück.[32] In der Firma übernahm der junge Mann nun die Zuständigkeit für Entwurf und Herstellung. Seine Kreativität und sein Witz prägten viele Kreationen. Im selben Jahr 1897 umwarb Margarete in ihrem Katalog zum ersten Mal speziell den amerikanischen Markt: mit einer Puppe auf einem Pferd auf Rädern, die George Washington nachempfunden ist.[33] Einmal mehr erteilte sie dem alten Motto »Bleibe im Lande und nähre dich redlich« eine deutliche Absage.

Mehr und mehr entwickeln sich London und New York zu den Säulen von Margarete Steiffs internationalem Geschäft. Nach London pflegt sie seit 1895 enge Kontakte. Einkäufer kommen direkt nach Giengen oder kaufen auf der Leipziger Messe. 1899 schließt Margarete einen Vertrag mit Herbert E. Hughes, seit 1890 Repräsentant renommierter internationaler Spielzeugunternehmen. Für die deutschen Hersteller hat er die Alleinvertretung. Er fährt häufig nach Giengen, um mit Margarete persönlich über Konditionen, Lieferzeiten etc. zu sprechen.[34] In einer oben bereits zitierten Tagebuchstelle spielt sie en passant auf ebendiese internationalen Geschäftskontakte an: »Schon in Ludwigsburg hatten mir die Fräulein englischen Unterricht gegeben und sind mir die Anfangsgründe noch im Gedächtnis, aber zu Hause konnte ich es nicht fortsetzen und dachte auch kein Mensch, dass die Gret das Englische einmal nötig brauchen könnte.« »Die Gret« konnte sich auch mit Hilfe ihrer rudimentären Englischkenntnisse bestens behaupten. Gelassen, selbstbewusst und natürlich stellt man sie sich im Umgang mit den Einkäufern vor, die sie in ihrem Kontor hinter dem Schreibtisch sitzend empfängt, das aufgeschlagene Auftragsbuch vor sich. Nun konnte sie ihre Gabe, Menschen für sich zu gewinnen, in ganz neuen Dimensionen ausleben.

1898 trat Paul Steiff (1876–1954) in die Firma ein. Er hatte eine Lehre bei einem Bildschnitzer und Zeichner in Giengen gemacht und danach mehrere Jahre in der Orgelfabrik Link gearbeitet. Danach besuchte er fünf Semester lang die Kunstgewerbeschule in Stuttgart. Außerdem wurde er von seinem Vater immer wieder als Hilfe im Baugeschäft herangezogen.[35]

Paul überwachte die Qualität der Schnittmuster, hielt sich zwei Jahre in Amerika auf und war später auch für das Design zuständig.[36] Er besaß das erste Auto in Giengen und verwandelte Steifftiere in Kühlerfiguren. Auch Automobillampenhüllen wurden mit Tier- oder Puppenkopf gefertigt.[37]

Im gleichen Jahr kam sein jüngerer Bruder Franz Steiff (1878–1908) in die Firma der Tante. Franz hatte die Webschule in Heidenheim besucht und in der Weberei seines Onkels Adolf Boeckh in Aalen gelernt. In der Firma beschäftigte er sich mit der inneren Organisation und war für den Einkauf der Stoffe zuständig. Später übernahm er den Aufbau von Musterlagern im Ausland.[38] Auch die älteste Tochter von Fritz Steiff, Lina, war in diesem Jahr in die Firma ihrer Tante eingetreten. Bis zu ihrer Eheschließung arbeitete sie dort mit großer Verantwortung als Leiterin der Nähabteilung.[39]

Die Neffen brachten einen weiteren Schub an Innovation, Offenheit, Selbstbewusstsein und Kreativität. Sie besaßen die Sprachkenntnisse, um sich im Ausland souverän zu bewegen, konnten auf Englisch und Französisch mühelos Geschäftsverhandlungen führen und bauten in den nächsten Jahren systematisch Auslandskontakte auf – nach Florenz, Amsterdam, Lissabon und Wien. Die Welt war kleiner und die Gesellschaft mobiler geworden, nicht nur in räumlicher, sondern auch in beruflicher und sozialer Hinsicht. Entfernungen spielten dank der Eisenbahn keine so große Rolle mehr.

Aus der Zeit um das Jahresende 1898 hat sich eine von Margaretes Hand stammende Liste von Weihnachtsgeschenken erhalten. Sie verschenkte sehr persönliche Dinge. Offensichtlich wusste sie genau, was jede ihrer Arbeiterinnen und Angestellten benötigte: ein Paar Bettvorleger, Kragen, Filz für Unterrock, Arbeitsbeutel, ein Kleid; sie beschenkte 22 Personen. All das wurde von ihr auf der betrieblichen Weihnachtsfeier verteilt.

Steiff produzierte mittlerweile Puppen, die komplett aus textilem Material hergestellt waren, und 1899 belebte Margarete mit der Puppe des berühmten Polarforschers Fridtjof Nansen das Puppengeschäft. Nansen und der Eisbär waren quasi die Gegenstücke zum Bärenführer mit Bär.[40] Am 3. Juni 1899 ließ sie beim Amtsgericht Heidenheim zum ersten Mal eine Reihe von Tieren schützen.[41]

Richard Steiff widmete sich nun vor allem dem Ausbau der Produktpalette. Auf Grundlage der Aufzeichnungen seines Bruders Paul entwickelte er von 1897 bis 1899 zahlreiche Schnittmuster.

Die bestehenden Räume der Firma Steiff waren bereits wieder zu klein. Man benötigte dringend eine Packerei. Ein Mittelteil, der nun die beiden von Friedrich Steiff errichteten Häuser miteinander verband, wurde im Herbst 1899 gebaut.

Nachdem zehn Jahre zuvor Margaretes Bauantrag für eine Rampe abgelehnt worden war, versuchte sie es nun noch einmal: Sie wollte eine Zufahrt für sich im Südhof bauen, »auf die ich größten Wert legen muss. Diese dient nämlich zum Transport meiner fußlahmen Person und ermöglicht mir die Übersicht über mein Geschäft per Rollstuhl.«[42] Jetzt durfte die Rampe errichtet werden, und nach Beendigung der Bauarbeiten im Jahr 1900 hatte Margarete Steiff Näh- und Arbeitsräume, einen Eckladen zum Verkauf, Räume für den Filzversand und eine Packerei. Diverse Quittungen und Abrechnungen belegen, dass Margarete sich für den Umbau kleinere Geldbeträge von ihren Verwandten geliehen hatte. 1900 lieh ihr Adolf Glatz darüber hinaus 10000 Mark; 1900, 1901 und 1902 zahlte sie daraus die Zinsen.[43]

Der Jahrhundertwende hatten die Menschen mit großen Erwartungen und freudiger Euphorie entgegengesehen. Die seit 1871 andauernde europaweite Friedensphase hatte einen enormen Wirtschaftsaufschwung ermöglicht, der sich jedoch mit dem Ausbruch des Burenkriegs 1899 abzuschwächen begann. Das Verkehrswesen hatte eine internationale Infrastruktur geschaffen. Das Bürgertum war die bestimmende gesellschaftliche Schicht geworden. Arbeiter- und Frauenbewegung hatten ihre Forderungen formuliert. Das Bürgerliche Gesetzbuch (BGB) trat in Kraft und mit ihm das neue Familienrecht. Der Ehemann hatte jedoch nach wie vor in allen Fragen des Ehe- und Familienlebens das alleinige Entscheidungsrecht.

Auf der Weltausstellung in Paris werden die Errungenschaften der Zeit auf wirtschaftlichem, technischem und militärischem Gebiet präsentiert. Der Imperialismus prägt Politik und Wirtschaft. Das Deutsche Reich, Großbritannien, Frankreich, Italien, Russland, Japan und die USA schlagen gemeinsam den Boxeraufstand in China nieder. Die Bildungsdiskussion wird zwischen den Anhängern der traditionell-humanistischen und denen der modern-technischen Richtung geführt.

Die Jugend hat sich zu einer eigenen Bewegung erklärt. Sie geht in die Opposition. Der Jugendstil verlangt Frische und Authentizität sowie eine Hochschätzung des Handwerks und kritisiert den als muffig und pathetisch empfundenen Stil der Eltern und der Gründerzeit. Die Reformbewegung verlangt nach einem gesunden Leben in freier Natur, nach einer Rückbesinnung auf die eigentlichen Werte des Menschseins.

Im Gegensatz zu Käthe Kruse, die in den Jahren vor dem ersten geschäftlichen Erfolg mit ihrer Puppenidee in der Aussteigerkolonie auf dem Monte Verità im Tessin lebt und sich damit genau im Zentrum dieser geistigen Reformwelt bewegt, kultiviert die Firma Steiff keinen weltanschaulichen Anspruch. Man setzt auf Spaß und Vergnügen und geht betont unbeschwert auch mit tagespolitischen Themen um, wenn zum Beispiel Puppen als Buren und Engländer produziert werden.

In Württemberg waren seit Jahrhunderten Textilien in Heimarbeit hergestellt worden. Die Realteilung und der stetige Bevölkerungszuwachs hatten viele Familien auf dem Lande gezwungen, ihren »Hausfleiß« auszuweiten. Die Modernisierung des Gewerbes verlangte kaufmännische Fähigkeiten, die die wenigsten Handwerker und Hausgewerbetreibenden besaßen, und rief die »Verleger« auf den Plan, die ihnen vorschrieben, welche Waren sie zu produzieren hatten, und deren Verkauf auf dem freien Markt übernahmen. Abhängige Heimarbeiter waren entstanden.

Obwohl nationalökonomische Lehrbücher die Heimarbeit noch in den 1870er Jahren als Vater-Mutter-Kind-Idylle beschrieben, lebten Menschen, die allein auf Heimarbeit als Erwerbsquelle angewiesen waren, meist in großer Not. 1896 traten 20000 Beschäftigte der Berliner Konfektionsindustrie in den Streik. Daraufhin begann sich die Öffentlichkeit erstmals für die Situation der Heimarbeiter zu interessieren.

Das 20. Jahrhundert sollte das Jahrhundert des Kindes werden. Ein Verbot der Kinderarbeit für unter Neunjährige war 1839 in Preußen und 1840 in Bayern durchgesetzt worden. Auf der Grundlage einer Enquete von 1875 wurde 1878 der Kinderschutz durch obligatorische Fabrikinspektionen verbessert. Eine weitere Novelle der Gewerbeordnung verbot 1891 die Beschäftigung von Kindern unter 13 Jahren und von noch Schulpflichtigen in den Fabriken. Ausnahmen wurden

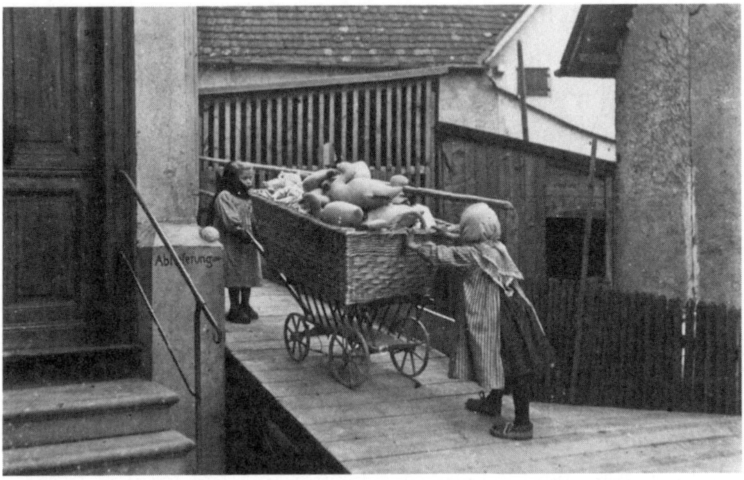

Kinder von Heimarbeiterinnen schieben Leiterwagen und Korb mit Halbfertigware die Rampe am Haus von Margarete Steiff empor.

nicht zugelassen. Erst 1903 wurde die geltende Rechtslage auch auf Handwerksbetriebe, das Handels- und Verkehrsgewerbe und die Gastronomie ausgeweitet.[44]

Die Mithilfe von Kindern in der Landwirtschaft und im Handwerk war immer noch eine Selbstverständlichkeit – diesbezüglich hatte sich seit Margarete Steiffs Kindheit nichts verändert. Auch die Kinder von Margarete Steiffs Heimarbeiterinnen halfen ihren Müttern. Die Tatsache, dass einer ihrer Neffen diese Kinder bei der Ablieferung der Halbfertigware fotografierte, zeigt, dass deren Mithilfe als etwas völlig Normales angesehen wurde. Es war in der kalten Jahreszeit, als dieses Foto entstand. Vermutlich gehört es zu der Serie, die Margarete Steiff am 27. Oktober 1902 anfertigen ließ, um der Stadtverwaltung die Notwendigkeit einer Rampe an ihrem ersten Glasneubau plausibel zu machen. Die Mädchen haben warme Kopftücher angelegt, sie tragen Schürzen über ihren

Kleidern. Jacken oder Mäntel besitzen sie nicht. Aus schwarzer Wolle gestrickte Strümpfe und aus Stroh geflochtene Schuhe sollen Füße und Beine wärmen. Die Kleinere von beiden steht etwas verloren oben auf der Rampe und hält die Deichsel des hölzernen Leiterwagens, während die große Schwester von unten zu schieben versucht.

Die Kinder der Steiff-Kunden spielten mit den Tieren, die Kinder der Steiff-Arbeiter packten mit an – so war die Welt eingeteilt. Letztere konnten nur hoffen, dass ihre Mütter ihnen aus den Abfällen etwas »zauberten«, mit dem sie sich dann in ihrer knappen Freizeit selbst vergnügen konnten. An Weihnachten gab es dann ein »Tierle« von der Chefin. Häufig wurde aus der Mithilfe als Kind später der eigene Berufsweg.

Der erhaltene Brief einer ausgewanderten Freundin führt noch einmal in die Jugendtage von Margarete Steiff zurück. Er spiegelt eine unbeschwerte Stimmung. Doch zunächst beginnt er mit mitfühlenden Zeilen des Beileids:

> Montag den 20. Januar 1900
> Liebes Gretle und Pauline!
> Endlich will ich Euch auch mal einige Zeilen schreiben. Erstens thut Es mir sehr leid, daß auch Ihr Euren lieben Vater verloren habt, das ist ein schwerer Verlust, da kann einen nichts trösten, wie die Hoffnung auf ein Wiedersehen, Du liebe Pauline hast auch Deinen Mann verloren, den Du so sehr liebtest, und Dir so hart erkämpft hast.

Margarete Steiffs ältere Schwester war bei der Geburt ihres dritten Kindes gestorben, ihre jüngere Schwester Pauline seit acht Jahren Witwe – sie war sicherlich mit ihrem Leben als alleinstehende Frau ausgesöhnt. Besonders herzlich erkundigt sich die Schreiberin nach dem Befinden von Margarete. Wichtig ist ihr die Frage, wer sie denn versorgt. Bruder Fritz bedenkt sie eher mit einer Portion gutmütigen Spotts. Der Kontakt scheint in den letzten zehn Jahren sehr spärlich gewesen zu sein, denn die Auswanderin weiß nicht, dass Margarete ein neues Haus bezogen hat.

> Ich denke oft an Dich und Euch alle. Und Du liebes Gretle was machst Du? Wie oft erzähle ich Mann und Kindern von Euch. Ihr seid Ihnen so gut bekannt und doch so fremd, wie sehr freuten sie sich Alle als wir dachten Fritze besuche uns, und anstatt diesem schrieb er einen Brief mit wirrem Geschwätz drin und ich war so begierig von seiner Frau und Kindern und Euch Allen zu hören. Ich weiß, er nimmts nicht übel, denn eben an seinem Geschwätz sehe ich, daß er noch der Alte ist, und ich auch. Ich sage noch immer Alles wie ich's denke. Saget Ihm viele Grüße von mir und wenn er nach Amerika kommt, soll Ers anders machen. Liebe Freundin, dass Es Euch gut geht höre ich und freue mich sehr darüber. Seid Ihr noch immer im Stüble? Und wer sorgt für Dich liebes Gretle? Schreibet mir auch einmal, denn es interessiert mich Alles was von Euch kommt. Wohnt Fritze und Anna bei Euch, was macht die Anna? Wahrscheinlich ist Sie so beschäftigt wie ich mit meinem Haufen Kinder, doch habe ich auch schon Hülfe. […] Die schönen alten Zeiten sind dahin und wir sind auch alt geworden, bleibet gesund, schreibet bald viel und seid herzlich gegrüßt von Eurer Euch liebenden Freundin Margareta Bertsch.[45]

Im März 1900 starb Friedrich Steiff im Alter von 52 Jahren. Er war bereits längere Zeit krank gewesen. In einem Kondolenzschreiben vom 17. des Monats an das »sehr geehrte Fräulein« finden sich die Zeilen: »Der selige Herr Steiff war mir ein besonders sympathischer Mann. Er war einer der wenigen, die tief durchdachte Ideale begreifen und sich dafür begeistern konnten. Es muss der bedauernswerten Witwe ein Trost sein, dass sie lauter gut geratene hoffnungsvolle Kinder hat.« Dieser Söhne und Töchter wird sich Margarete nun mit einem noch größeren Verantwortungsgefühl annehmen.

Im selben Jahr stellte sie mit Leonhard Meck einen Verkaufsleiter ein, der sieben Jahre später Prokura erhält. Der Betrieb hatte 30 fest angestellte Arbeiterinnen und 54 Heimarbeiterinnen. Der Jahresumsatz betrug 188000 Mark. 1901 erschien der letzte Katalog für das Filzversandgeschäft.[46] Es war endgültig zur Nebensache geworden.

8. Kapitel
Nichten und Neffen

Wir haben Margarete Steiff als eine Frau kennengelernt, die in ihrem Tagebuch betont, ein überaus furchtloses Kind gewesen zu sein und sich die Sympathien Dritter gerade durch ihr Anderssein erworben zu haben. Mit Händen und Füßen hatte sie sich gegen eine Vereinnahmung als brave und gehorsame Tochter gewehrt. Als junge Frau hatte sie lange in abhängiger Position durchhalten müssen, bevor sie mit der Unterstützung ihres Vaters einen beruflich eigenständigen Lebensweg gehen konnte. Sobald sie diesen angetreten hatte, war es ihr erklärtes Ziel gewesen, sich Lebensumstände zu schaffen, die mit ihrer Behinderung in Einklang zu bringen waren. Das bedeutete in erster Linie, dass sie nicht mehr von morgens bis abends mit ihrer teilweise gelähmten rechten Hand diffizile Näharbeiten verrichten musste.

Nachdem sie es geschafft hatte, sich aus der eintönigen Handarbeit zu befreien, betrat sie mit einer eigenen Kollektion aus Filz unternehmerisches Neuland und konnte jetzt selbst Näherinnen anstellen. Nun entwickelte sie aus dem Schnitt der *Modenwelt* ein auch die Unternehmer in ihrer Umgebung überzeugendes Kinderspielzeug: den ersten Filzelefanten.

Mit dieser Idee ging sie unbeirrt auf Expansionskurs, nutzte die wirtschaftlichen Chancen der Gründerzeit. Wenn sie planen und nachdenken musste, nahm sie sich mit ihren Besuchen bei Adolf und Marie Glatz eine Auszeit. Da war sie völlig unkonventionell und stieß manche vor den Kopf. Sie hatte schließlich ihr »Geschäft« einfach alleingelassen – und hieß das nicht immer auch vernachlässigt?

Aber die Firma entwickelt sich bestens, und mit großem unternehmerischem Mut positioniert sie Steiff auf dem internationalen Markt. Ihre Neffen hat sie systematisch auf eine Mitarbeit in der Firma hin ausbilden lassen. Sie lässt ihnen Freiräume, folgt den Anregungen, die die Fantasie der jungen Männer an sie heranträgt: Die Tiere werden mit der Zeit größer und die Puppen komisch werden.

Sie selbst hatte als Frau von 50 Jahren ein absolutes Ausnahmeleben hinter sich. Sie hatte keine der gesellschaftlichen Anforderungen der Zeit an ihr Geschlecht erfüllt, sie war weder Ehefrau noch Mutter geworden, noch hatte sie als lediges Fräulein mit einem ärmlichen Dasein vorliebgenommen. Stattdessen befand sie sich auf einem Höhepunkt ihres beruflichen Erfolges. Margarete Steiff hatte damit den entsprechenden Platz auf dem »Stufenalter des Mannes« erreicht – dem Pendant zu dem »Stufenalter der Frau«, jenem kolorierten Bilderbogen aus der Zeit der Jahrhundertwende, der zu Beginn dieses Buches thematisiert wurde. Zusammen stellen beide Bilderbögen die idealtypische Rollenverteilung von Mann und Frau aus der damaligen Sicht dar. Doch die Giengener Unternehmerin entzog sich allen derartigen Kategorisierungsversuchen.

Hier soll nun Margarete Steiffs Beziehung zu den Frauen der Familie interessieren. Dass die Tochter ihrer verstorbenen Schwester Marie bei ihr arbeitete, wurde bereits erwähnt. Ebenso die Tatsache, dass Margarete die Schwägerin der anderen Schwester zu ihrer Betreuerin gemacht hatte. Ihre Nichte Lina (1879–1954), die älteste Tochter ihres Bruders Fritz, leitete seit Jahren die Näherei, arbeitete also an entscheidender Stelle am Erfolg der Spieltiere mit. Margarete sorgte für die Frauen im familiären Umfeld und sie vertraute ihnen.

Die in Umschrift im Firmenarchiv erhaltenen zahlreichen Briefe, die sie an ihre Nichte Eva schrieb, zeigen eine Margarete Steiff, die entgegen ihren persönlichen Lebenserfahrungen und -entscheidungen das zeitgenössische Frauenbild vertritt. Die Geschlechterrollen hatten sich in der zweiten Hälfte des 19. Jahrhunderts noch weiter auseinanderentwickelt. Es gab eine festgeschriebene Rollenverteilung: Der Mann kämpfte in der wilden Welt, und die Frau hielt sein Haus und seine Kinder in Ordnung. Je stärker die Frauenbewegung eine gesellschaftlich-politische Teilhabe der Geschlechtsgenossinnen verlangte, umso euphorischer und pathetischer wurde der eigentliche »Beruf« der Frau bejubelt. Gemeint war natürlich ihre über alle Kritik erhabene eigentliche Berufung, nämlich die der Hausfrau und Mutter.

Margarete Steiff hatte sich zu einer Stellung emporgearbeitet, die für eine Frau in der damaligen Zeit überhaupt nicht vorgesehen war. Als Fabrikantin gehörte sie dem Großbürgertum an, war sie eine der ersten Persönlichkeiten Giengens. Das hieß auch, die Regeln dieser neuen Gesellschaftsschicht zu akzeptieren und sich entsprechend zu verhalten.

Sie selbst gab sich in ihrem Auftreten schlicht und bescheiden. Nichts wies zum Beispiel in ihrer Kleidung auf ihren sozialen Status hin. In ihren mit einfachen Bordüren verzierten dunklen Kleidern hätte sie eine Frau aus dem Kleinbürgertum, ja sogar aus der Arbeiterschaft sein können. Auch das streng gescheitelte Haar signalisierte eher fromme Demut als

Selbstbewusstsein und Stolz. Die erfolgreiche Unternehmerin existierte in zwei Welten, sie agierte auf dem Weltmarkt und lebte mit ihrer Familie in Giengen.

Margarete Steiff arbeitete stetig an der Expansion ihrer Firma und interessierte sich für jede Kleinigkeit im Haushalt. Sie verhandelte mit den Einkäufern aus den USA und wusste, wenn in der Familie einer Arbeiterin jemand krank war. Eine große Portion Mütterlichkeit und Bodenständigkeit begleitete ihren weltweiten unternehmerischen Aufstieg. Sie tat alles, um nicht aus ihrer sozialen Verankerung herauszufallen. Sie hatte sich in ihrer Heimatstadt einen Namen gemacht, ihre Freundschaften gepflegt und war den frommen Kreisen eines Dr. Werner gewogen geblieben.

Die Unternehmerin sollte trotz ihres beruflichen Erfolges und ihrer kreativen Ideen ein Leben lang auf ihre große Familie bezogen bleiben. Sie versuchte die kleinen Eifersüchteleien ihrer Schwägerin Anna zu kompensieren, wenn diese wieder einmal glaubte, bei den eigenen Kindern hinter der beliebten Tante zurückzustehen. Sie sorgte sich um ihre kranke Schwester, vermittelte Dienstpersonal an ihre Nichte Lina, die mit ihrem Mann ins »vornehme« München ziehen sollte. Sie ließ Eva Unterwäsche nähen, zu deren Größe und Schnitt sie ihre Nichte bis ins Detail ausforschte, und diskutierte in beinahe jedem Brief mit ihr, wie sie sich kleiden sollte.

All das zeigt zum einen, dass Margarete Steiff sich durch ihren Erfolg nicht hat verbiegen lassen. Sie ist dem kleinen aufgeweckten Mädchen, das in seinem Leiterwagen auf der Ledergasse sitzt, treu geblieben, interessiert sich ganz ausgeprägt für die Menschen um sich herum, nimmt Anteil – der berühmte schwäbische »Wunderfitz«.

Andererseits verdeutlicht diese Familienbezogenheit auch, in welches gesellschaftliche Vakuum die Unternehmerin vorgestoßen war. Es gab keine Bühne für ein öffentliches Auftreten einer so erfolgreichen und so selbstständigen Frau wie sie. Als Mann wäre sie zum Kommerzienrat ernannt worden. Eine »Frau Kommerzienrat« war die Ehefrau des in dieser Weise hochdekorierten Unternehmers, aber nicht selbst Unternehmerin. Eine politische Karriere, wie sie ihr Vetter, der Filzfabrikant Hans Hähnle, machte, war für sie ausgeschlossen.

Frauen konnten zu ihren Lebzeiten weder wählen noch ein politisches Amt ausüben. Die von Louise Otto-Peters 1844 veröffentlichte Forderung »Die Teilnahme der Frauen an den Interessen des Staates ist Pflicht« war immer noch Zukunftsmusik. Es gab für sie keine etablierten Netzwerke, in die sie sich hätte einfügen können. Margarete Steiff musste sich ihre Verbindungen stets selbst schaffen, und sie hat sie sich, nicht zuletzt wegen ihrer Einschränkung durch die körperliche Behinderung, immer in ihrer nächsten Umgebung gesucht.

Den Regeln ihres neuen sozialen Status folgend, zog Margarete Steiff für ihre Nichten in keiner Weise eine langfristige Berufsausübung in Betracht. Der neue »Beruf« der Frau hatte zunächst ihre Jungfräulichkeit, später ihre Mütterlichkeit zu sein. Eine Flut an Ratgeberliteratur war in den 20 Jahren zuvor erschienen. Traktate, Anstandsbücher und Lebenshilfen boten ausführliche, christlich orientierte Ratschläge an. Als Ledige waren die Jugendlichen nicht nur der Kindheit, sondern ein Stück weit auch der elterlichen und kirchlichen Kontrolle entwachsen, ohne bereits vollwertige Mitglieder der Gesellschaft zu sein. Da war guter Rat vonnöten!

»Jugend« als eigenständige Lebensphase war noch nicht allgemein akzeptiert, daher versuchten die Ratgeber, den

»Eintritt ins Leben« mit simplen Rezepten zu entproblematisieren. 1890 schrieb der Stuttgarter Prälat Gottlieb Weitbrecht auf 460 Seiten sein »Buch für Jungfrauen« *Maria und Martha*, nachdem er zwei Jahre zuvor ein ebenso umfangreiches Werk für Jünglinge verfasst hatte. Jungfrau und Jüngling werden dabei als zwei absolut verschiedene Wesen behandelt. Für beide gelten eigene, geschlechtsspezifische Regeln.

Zunächst wird eine Unterschiedlichkeit der Naturanlagen behauptet, die Unterschiede von Körper, Seele, Geist und Herz werden betont und die »Bestimmung des Knaben fürs derbe öffentliche Leben« und die des Mädchens »fürs Haus und häusliche Verrichtungen« hervorgehoben. Sauber und reinlich, pünktlich und ordentlich zu sein – das sei der »Beruf der Jungfrau«.

Unter genau diesem Titel hatte bereits Henriette Davidis, Pfarrerstochter und durch ihr Kochbuch noch heute bekannte Autorin, einen Bestseller der Ratgeberliteratur geschrieben. *Der Beruf der Jungfrau* erschien zwischen 1856 und 1917 in 17 Auflagen. Die Entwicklung der hier angepriesenen Fähigkeiten eines Mädchens sollte die Ehechancen steigern. Die Idealisierung des »Berufes Frau« machte aus dem Dilemma fehlender Möglichkeiten in der Ausbildung und auf dem Arbeitsmarkt für Frauen eine Tugend. Die Frauen waren damit verlässlich außen vor.[1]

Ein Dilemma, das die bereits zitierte Frauenrechtlerin Louise Dittmar in ihrem Buch *Das Wesen der Ehe* unter der Überschrift »Wider das verkochte und verbügelte Leben der Frauen« 1849 klar umreißt:

»Die Hausfrau ist in den meisten Fällen nichts als eine vornehme Magd, und der Mann das Lasttier, das mit der Ehe einen Berg von Sorgen auf sich lädt. [...] Betrachten wir doch diese gepriesene Häuslichkeit etwas näher. Das verkochte und verbügelte Leben der Frauen ließe, wie Jean Paul sagt, daran zweifeln, ob die Frauen eine Seele hätten, wenn sie nicht liebten. Aber hat denn diese Liebe nicht auch eine verkochte, verwaschene und verbügelte Seele oder schlimmer noch eine roman- und teeverwässerte? Sollte man an die Gedanken und Erfindungen des 19. Jahrhunderts glauben beim Anblick aller der häuslichen Plackereien, dieses spindelhaften Umdrehens um sich selbst, gebannt in den engsten Kreis. Und wie heute, so morgen. Kann bei diesem zeittötenden Einerlei ein erhebender Gedanke die Seele durchdringen; bleibt für das Interesse der Gesamtheit, für die Erreichung höherer Zwecke, für die Kultur des Herzens, für die Entwicklung der Seelenkräfte noch Zeit, Neigung und Gelegenheit; erschöpfen sich nicht die Kräfte in der Befriedigung der steten Anforderungen und Bedürfnisse des Augenblicks? Die Frau müsste ein Genie sein, um halbwegs den Anforderungen zu entsprechen, die ihre seltsame Stellung an sie macht. […] kurz sie muß das Ideal einer Gattin, Mutter, Hausfrau und Gesellschafterin sein, alles können und nichts wollen, alles leisten und nichts brauchen; tugendhaft, liebenswürdig, gebildet, bescheiden, einfach usw. sein, ein Genie in Leistungen und ein Automat im Willen. […] Die Beschränkung der weiblichen Tätigkeit auf den Haushalt hemmt die Entwicklung des Lebens im höchsten Grade. Welche Kenntnisse würden sich die Frauen in allen Fächern aneignen können, wenn sie statt am eignen Herd, wie heute, so morgen, zu sieden und zu braten, an großen gemeinschaftlichen Anstalten sich beteiligten […].«

Einige kleine Schreiben, die Margaretes Auftreten in der Geschäftswelt spiegeln, haben sich erhalten: Am 28. November 1900 wandte sie sich an den Weißgerber Wilhelm Fleck in Ulm: »Senden Sie mir gefälligst sofort 2 Dutzend Felle naturfarbenes Schafleder, d.h. Fell wie schon oft gehabt, nur auserlesene reine Ware. Achtungsvoll Margarete Steiff«. Die erfahrene Geschäftsfrau hat überhaupt keine Probleme damit, sich Respekt zu verschaffen.

Margarete Steiff war eine Autorität in der Stadt geworden, und Menschen wandten sich in Bedrängnis direkt an sie. Ein Giengener Handwerker richtete sich mit der folgenden Bitte an die Unternehmerin: »Sehr geehrtes Fräulein Steiff! Würde mir erlauben, mich heute mit einer großen Bitte an Ihnen zu wenden. Indem einige meiner größten Kunden momentan nicht zahlungsfähig sind [...]. Würden Sie Sehr geehrtes Fräulein nicht so freundlich sein und mir aus meiner großen Verlegenheit aushelfen. Indem ich heute mehrere große Zahlungen unbedingt zu leisten habe. Auf die kurze Dauer von 8 bis 14 Tagen längstens« erbittet er einen Kredit.

Am 1. Dezember 1900 schreibt Margarete einen Scheck über 800 Mark an den finanziell Bedrängten aus, »aushilfsweise auf 8–14 Tage«. Zuvor hatte ein Johann Läpple dem Gipser bestätigt, dass er ihm für Arbeiten an seinem Neubau noch 400 Mark schulde. »Die Summe kann noch nicht fällig gestellt werden, da die Arbeit erst den 3. Dez. von dem Bauführer resondiert wird.« Margarete Steiff wurde in Giengen um Hilfe gebeten und sie half.

Sie war sich darüber im Klaren, dass sie ihre Familie in eine völlig neue gesellschaftliche Dimension katapultiert hatte. Nach dem Empfinden der Zeit war Margarete Steiff eine Aufsteigerin, sie gehörte zu den neuen Unternehmern. Da musste man von vornherein den Vorurteilen allen Wind aus den Segeln nehmen. Und sie stellte Spielzeug her – eine Beschäfti-

Im Kreis ihrer großen Familie hat Margarete Steiff sich ein Leben lang bewegt. Die meisten Familienmitglieder waren in der Firma der Tante beschäftigt. Links von Margarete Steiff: Ernst, der jüngste Sohn von Fritz, schräg rechts hinter ihm sein ältester Bruder Paul. Vor Paul Johanna Röck (mit der Hand vor dem Mund), rechts neben ihr Hugo Steiff, dann Anna, Richard und Else (in einer hellen Bluse).

gung, die so manche als unsolide betrachteten. Da half nur ein besonders diszipliniertes und strenges Auftreten. Konventionen hatte Margarete Steiff in ihrem Leben oft genug verletzt. Allerdings nicht um zu provozieren, sondern nur dann, wenn sie keine andere Möglichkeit sah, ihre Ziele zu verfolgen.

Keines der Mädchen in der nächsten Generation Steiff war körperlich behindert. Daher will die Tante ihre Nichten in der klassischen Frauenrolle sehen, mit Mann und Kindern. Sie sollten ehrbar sein und sich entsprechend verheiraten können. Auch wenn die Tante Zirkustiere herstellte, waren ihre Nichten keine Zirkusprinzessinnen.

Der erste erhaltene Brief an die Nichte Eva Steiff, vom 7. Oktober 1899, beginnt mit einer Lektion gegen die Eitelkeit, die ach so verdächtige »Hoffart«: »Liebe Eva! Spitzen habe ich nicht für die Träger der Schürzen, kannst Du etwas häkeln oder kaufst etwas einfaches, am Ende geht es auch ohne Spitzen.«[2] Über ihre Schwester Lina erfährt die Internatsschülerin, dass sie diese Woche »fest im Geschäft« sei. Ihre kleine Schwester Maria »treibt die Enten ins Wasser, sonst tut sie nicht viel«. Streng fordert die Tante Eva dazu auf, ihre »Vakanz«, die schulfreie Zeit, »gut anzuwenden«, da sie viel nachzuholen und zu lernen habe. Sie ermahnt die Nichte, ihre Kleider und Wäsche auszubessern, und wünscht, die Lehrerin möge »recht streng« mit ihr sein und keine Nachlässigkeit durchgehen lassen. »Sei nur nicht faul, stets wahrheitsliebend und folgsam.«

Eva war zu der Zeit Schülerin in Wilhelmsdorf, einem 1824 als pietistische Siedlung planmäßig gegründeten Ort im heutigen Landkreis Ravensburg. Als nach einer Liturgieänderung in der württembergischen Landeskirche unter den schwäbischen Pietisten eine Auswanderungsbewegung eingesetzt hatte, war es gelungen, vom König die Genehmigung zur Gründung einer religiösen Siedlung auf dem Rittergut Korntal in der Nähe von Stuttgart zu erlangen, die sich ihre Verfassung selbst gab. Als ein Unterstützer Korntals anbot, das Lengenweiler Moosried bei Pfrungen trockenzulegen, gestattete König Wilhelm die Errichtung einer Tochterkolonie und schenkte das benötigte Land. Zudem förderte er den Aufbau der neuen Siedlung, die nach ihm benannt wurde. Dank Unterstützung durch die pietistischen Kreise Württembergs überstand Wilhelmsdorf diverse wirtschaftliche Krisen und führte mitten im katholischen Oberschwaben ein eigenständiges Geistesleben. Neben der Landwirtschaft widmete man sich gemeinnützigen Aufgaben, es wurden zahlreiche soziale Einrichtungen und Schulen gegründet.[3] Zu den Schülerinnen und Schülern gehörten die Nichten und Neffen von Margarete Steiff.

In der bürgerlichen Gesellschaft, in die sie alle hineinwachsen sollten, hatte sich das Ideal der Frau im Haus durchgesetzt. Sie war der familiäre Ruhepol und das Statussymbol des Mannes, des alleinigen Ernährers der Familie. Als Gattin oder höhere Tochter, die musizierte, handarbeitete und korrespondierte, konnte sie allenfalls karitativ tätig sein. Da die Frauenarbeit in diesen Kreisen nicht lebensnotwendig war, konnte sie sich zu einer Frage des gesellschaftlichen Prestiges oder gar der Moral entwickeln.

Das Problem an dieser Konstellation war allerdings, dass dadurch die Frauen in der sich dramatisch verändernden Gesellschaft der Gründerzeit zur Passivität verurteilt waren – einer Zeit, in der ein kometenhafter Aufstieg ebenso möglich war wie die Vernichtung alter Familienvermögen. Bei beidem mussten die Frauen tatenlos zusehen. Das haben sie nicht gerne getan, und dieser Unmut hat das Phänomen der ersten Frauenbewegung hervorgerufen. Besonders bürgerliche Frauen begehrten auf und versuchten, sich über die ihnen auferlegten Zwänge hinwegzusetzen.

Auch die Gründerinnen des Schwäbischen Frauenvereins von 1873 verstanden sich als Schulgründerinnen, Herausgeberinnen und Stellenvermittlerinnen. Sie riefen ein Lehrerinnenseminar und eine Töchterhandelsschule, eine Frauenarbeitsschule, einen fröbelschen »Musterkindergarten«, eine Frauenfachschule, eine soziale Frauenschule und eine eigene Vereinszeitung ins Leben.[4]

»Ein gemeinsames Interesse hatte diese [Gründer]persönlichkeiten zusammengeführt. Es war die Frauenfrage, und es galt die Schritte zu überlegen, die gemacht werden sollten, um dem weiblichen Geschlecht zu einem würdigeren Dasein zu verhelfen und der allerorts herrschenden Not [gegenzu]steuern.« Darüber war man sich einig: »Nur durch Erziehung für die Arbeit, durch allseitige Bildung könne die Frau zur Selbständigkeit gelangen und durch diese würde sie erst die ebenbürtige Gefährtin des Mannes sein.«[5]

Die Vereinszeitschrift *Frauenberuf* war auch das Blatt der 1890 gegründeten Vereinigung württembergischer Lehrerinnen. Es gelang ihnen, die Verbeamtung für Lehrerinnen durchzusetzen, und 1929 erreichten sie die Streichung einer Zölibatsklausel, die bestimmte, dass nur ledige Frauen im Lehrerberuf tätig sein konnten. Verheiratete bürgerliche Frauen, die sich nicht mit Kindern, Küche und Kirche zufriedengeben wollten, schlossen sich häufig in weiteren Bildungs- und Frauenvereinen zusammen. Einige kämpften für das Frauenwahlrecht oder gegen den Krieg, wie zum Beispiel die Schriftstellerin und Friedensnobelpreisträgerin Bertha von Suttner.

Bertha von Suttner (1843–1914) war auch eine Unterstützerin des Bundes für Vogelschutz, dem am 29. März 1901 auch Margarete Steiff beitrat. Dieser Naturschutzverein war 1899 in Stuttgart von ihrer Schwägerin Lina Hähnle gegründet worden, die auch dessen Vorsitzende war. Die Gattin des erfolgreichen Filzfabrikanten hatte mit diesem ehrenamtlichen Engagement eine Betätigung und Rolle außerhalb der Familie gefunden, die mit der politischen und wirtschaftlichen Stellung ihres Mannes zu vereinbaren war. Frau Kommerzienrat führte das Leben des liberalen Großbürgertums. Sie bewohnte ein großes Anwesen in Stuttgart mit Garten und einem Weinberg hinter dem Haus. Man hatte selbstverständlich Personal, doch persönliche Bescheidenheit, Disziplin und Fleiß waren die höchsten Tugenden. Untätigkeit war unmöglich. »Reden kann ich nicht, aber arbeiten will ich alles was kommt«, soll Lina Hähnle bei der Übernahme ihres Amtes gesagt haben. Gründen konnte Lina Hähnle den Verein nur, weil in Württemberg das Vereinsverbot bereits 1865 aufgehoben worden war.

Ihr Verein machte sich den Schutz der Vögel und die Erhaltung der Natur mit ihren freilebenden Geschöpfen zur Aufgabe. Vogelfreistätten und Banngebiete am Federsee bei Biberach, auf Hiddensee und auf der Hamburger Hallig entstanden. Lina Hähnle engagierte sich mit großem persönlichen Einsatz.[6] Es ist überliefert, dass Hans Hähnle seiner Frau das Engagement »erlaubte«: »Du kannst es tun und ich will es unterstützen, aber mache unserem Namen keine Unehre.«[7]

Zudem half er dem Verein durch seine politischen Verbindungen. Beide Wohnsitze der Familie, in Giengen und in Stuttgart, dienten als Geschäftsstellen. 38 Jahre lang sollte Lina Hähnle dem Vogelschutzbund – dem heutigen Naturschutzbund Deutschland (NABU) – vorstehen.[8] Westlich von Giengen entstand auf ihre Initiative hin das älteste Vogelschutzgebiet Deutschlands, die sogenannte Vogelinsel. Sie wurde Ehrenbürgerin von Giengen und von Bad Buchau am Federsee.

Die Hähnles lebten in einem Klima, das technische Neuerungen mit Begeisterung aufnahm. Die Filzfabrik war das erste württembergische Unternehmen mit elektrischer Beleuchtung gewesen. Wasserturbinen erzeugten eigenen Strom.[9] Lina setzte bei ihrer Arbeit Fotografie und Film ein. Der liberale Geist der Familie zeigte sich in einer freiwillig eingeführten Arbeiterkrankenversicherung, in einer von Lina Hähnle eingerichteten Kinderkrippe im ehemaligen hähnleschen Wohnhaus und in der Stiftung einer Arbeitersiedlung in Giengen.

Weihnachten 1901 schenkte Margarete Steiff ihren Arbeiterinnen Geldbeträge. Ihre Neffen bedachte sie mit Kleidung und Zigarren. Die von Januar bis Dezember geführte Lohnliste weist für Herrn Meck, den Verkaufsleiter, den höchsten Betrag aus: bis Juni 120 Mark, danach 140 Mark. Bei den Angestellten konnten die Löhne von Monat zu Monat schwanken, wie das Beispiel von Mini (Wilhelmine) Schneider zeigt: Sie verdiente im Januar 20 Mark, in Februar, März und April 36 Mark, im Mai 25,50 Mark, im Juni 37,50 Mark, im Juli 40,50 Mark, im August 38,40 Mark, im September 30,40 Mark, im Oktober 41,60 Mark, im November 45,10 Mark und im Dezember 32 Mark.

Margarete Steiffs Nichten Lina Steiff und Emilie Häussler erhielten das ganze Jahr über 60 Mark pro Monat, Johanna Röck, die die Unternehmerin in ihrem Alltag umsorgte, 40 Mark pro Monat. 1902 trat Otto Steiff ins Unternehmen ein, nachdem er die Handelshochschule in Köln besucht hatte und mehrfach für die Firma in England gewesen war. Margaretes Neffe übernahm die kaufmännische Leitung und den Warenvertrieb.[10]

Die *Illustrirte Zeitung* schreibt ganz im Zeitgeist des Jugendstils rückblickend: »Zu Gretl Steiff, die in liebevoller Schlichtheit das Stoffspielzeug erfand, trat Richard Steiff, der Neffe, der mit feinem Blick und künstlerischer Schulung in Tantchens Amateurhandwerk eingriff und mit jugendlichem

Eifer neue Ziele suchte.«[11] 1911 betont dieselbe Zeitschrift schon anerkennender: »Der Humor, der bei den vierfüßigen Werken zum Ausdruck kommt, war der Schrittmacher des Erfolges. Und so ward die Spielwaren-Industrie mit einem Mal aus dem langweiligen Gleichklang ihres Puppenstubenzaubers in die heitere Welt Steiff'scher Typen geführt; diese Puppen, deren Unverwüstlichkeit und Drollerie jedes Kinderherz jauchzen machte, zogen in allen möglichen Kleidern einher.« Sie »brachten Humor in die Phantasiewelt der Kleinen, den wichtigsten Lebensfaktor in einer Zeit, die man das ›Jahrhundert des Kindes‹ nennt«.[12]

Der Katalog des Jahres 1902/03 gleicht einem Zoo. Alle Tiere können mit und ohne Räder bestellt werden: Hunde, Elefanten, Giraffen, Esel, Kamele, Katzen, Hasen, Pferde, Schafe, Löwen, Kühe, Schweine, Störche, Ziegen, Zebras und Bären. Letztere werden in den Größen 12 und 20 cm angeboten, »weichgestopft für kleine Kinder«.[13] Da sind sie wieder, die Passagiere der Arche Noah, die Margarete bereits als Kind auf den biblischen Lehrtafeln bestaunt hat.

Richard begann, neben den Puppen auch Tiere mit aufrechtem Gang zu entwickeln. Ganz unzweifelhaft brachte er neue Ideen ins Programm. Aber was entscheidend war: Es gefiel der Tante. Margarete Steiff hatte ihr Unternehmen fest im Griff. Sie war bei der Entwicklung neuer Tiere maßgeblich beteiligt, sie überwachte die Buchhaltung, den Verkauf, die Werbung. Sie erledigte die Korrespondenz mit den Lieferanten. Fast jedes Jahr erschien ein neuer illustrierter Katalog, auf Deutsch, Englisch und Französisch, mit einem Angebot von bis zu 500 Tieren.

Frau Steiff begann in diesen Jahren die Patriarchin zu verkörpern, also die omnipotente und omnipräsente Unternehmerin: Sie hatte bereits ein stattliches Alter erreicht, war durch ihren untadeligen Lebenswandel eine Respektsperson geworden, verstand es, Disziplin durch Strenge aufrechtzuerhalten, und pflegte einen familiären Umgang mit ihrer Belegschaft, zu der sie den persönlichen Kontakt suchte und an deren Leben sie Anteil nahm. Sie unterschied sich in ihrer Arbeitsintensität und Lebenshaltung kaum von ihren Arbeiterinnen. Ihre Bodenhaftung war unübersehbar. Sie ließ sich auch keine der zeitüblichen Fabrikantenvillen bauen, sondern wohnte zeitlebens in dem von Fritz gebauten Haus in einer Etagenwohnung.

Richard Steiff war seit Jahren mit dem Design der Spieltiere beschäftigt. Während seines Studiums hatte er sich oft im Nill'schen Tiergarten aufgehalten. Nachdem der Zimmermeister Johannes Nill bereits seit 1862 auf seinem Betriebsgelände am Herdweg in Stuttgart einheimische Tiere in selbstgezimmerten Käfigen ausgestellt hatte, eröffnete er 1871 unter Beteiligung des Zoologen Gustav Jäger seinen eigenen Tiergarten. Er umfasste zunächst einen Bärengraben, einen Affenkäfig, einen Hirschpark und mehrere Teiche. Hauptattraktion war ein ausgestopftes Mammut. 1873 übernahm Nill zusätzlich exotische Tiere aus der Konkursmasse des Tiergartens von Gustav Friedrich Werner, des »Affenwerners«: Elefanten, Zebras, Löwen, Schlangen und Vögel. Als Johannes Nill 1894 starb, übernahm sein Sohn, der Tierarzt Dr. Adolf Nill, die Leitung des bis 1906 geöffneten Tiergartens.[14]

Mehrere von Richard Steiffs kleinformatigen Skizzenbüchern haben sich im Firmenarchiv erhalten. Auf einem der Umschläge hat sein Bruder Paul vermerkt, Richard habe bereits 1893 mit systematischen Bärenstudien begonnen. Bären waren als Braun- und Eisbären im Programm, auf allen vieren gehend und auf den Hinterfüßen stehend, als Tanzbären mit Nasenring und Maulkorb, als Bären auf Rädern, auf einer sich drehenden Scheibe, als Stehaufbären auf einer Halbkugel. Das erste Tierskizzenbuch für die Firma Margarete Steiff stammt aus dem Jahr 1894. Auch hierin finden sich Bärenstudien.

1902 entwickelte Richard Steiff für die nächste Leipziger Messe eine Filzpuppe mit beweglich am Körper befestigten Armen und Beinen.[15] Der Geselle mit zotteligem Mohairfell hieß »Bär 55 PB« (55 cm groß, P = Plüsch, B = beweglich). Der Bär, eigentlich ein gefährliches Raubtier von ungeheurer Kraft, war im Begriff, zum niedlichen Spieltier, zum kindlichen Liebesobjekt zu werden. Vom pädagogischen Impuls her stellte der wie eine Puppe bewegliche Bär eine konsequente Weiterentwicklung von Margaretes Idee vom Tier als Helfer der Kinder dar. Er hatte nun Arme, die zupacken und halten, vielleicht auch liebhaben und trösten konnten. Trotzdem soll Margarete Steiff zunächst skeptisch gewesen sein. Der Bär erschien ihr für Kinderhände zu plump. Sie hatte ihn selbst gedreht und gewendet, und er war ihr zu schwer zum Halten gewesen, mit seiner Größe eigentlich auch zu sperrig. Wenn bereits ihr das aufgrund ihres teilgelähmten rechten Armes und der schwachen rechten Hand so deutlich auffiel, so musste dies ein Kind, das noch schwächer und ungeschickter war als sie, erst recht so empfinden.

Am »Sonntag, 29. 03. 02« jedoch treiben den Bärenerfinder ganz andere Gedanken um. Er schreibt jubelnd an seinen Bruder Paul:

In Richard Steiffs Skizzenbuch aus dem Jahr 1894 finden sich erste systematische Bärenstudien.

Lieber Paul!
Momentan bin ich der glücklichste Mensch der Welt. Seit 3 Tagen bin ich mit dem lieblichsten Mädchen Else Dehlinger verlobt. Du wirst sagen: hat der gegenwärtig so Langeweile oder was hat er sonst für einen Grund seine geliebte Freiheit an den Nagel zu hängen. Ich kann Dir nur antworten, dass es überhaupt keine Überlegung und keinen Grund mehr gibt, wenn es einem derartig geht. Ich hätte es nie und niemand[em] geglaubt, dass ich so vernarrt sein könnte. Else ging es ebenso. Wir sahen uns nur einige Male, weil sie in Stuttgart war; es ist deshalb für jedermann und besonders für uns selbst derartig überraschend gekommen, dass ich beinah krank wurde.

Den Ring haben wir seit gestern Abend.

Sie wird 10. 10. 03 21 Jahre. Sie singt und spricht ebenso schön als sie ist.

Alles andere später!

Hurrah! Rich!

Mittlerweile durften die Mitglieder der Familie Steiff ihren Gefühlen offensichtlich überschwänglichen Ausdruck verleihen. Zumindest Richard tat es. Er war ein stolzer und erfolgreicher Werbender und wollte sich seinen Triumph anmerken lassen. Welch einen Unterschied zur Nüchternheit der Versorgungsehen in den vorhergehenden Generationen stellt diese Begeisterung dar! Richard scheint bis über beide Ohren verliebt gewesen zu sein, und er machte daraus kein Geheimnis.

Die Tante hatte über das freudige Ereignis bereits zwei Tage zuvor an ihre Nichte Eva geschrieben: »Liebe Eva! Aber heute erratest du nicht, was ich dir für eine Botschaft melden kann. Richard hat sich verlobt.« Sie nennt die Braut, Tochter des Direktors der Filzfabrik, etwas »Liebes, Feines« und beschreibt den Antrag: »Es ist sehr schnell gegangen, gefallen hat sie ihm schon lang, dann hat er sie am Mittwoch auf der Straße gefragt, ob er zu ihren Eltern kommen dürfe, ging abends hin, da war aber Frau Dehlinger verreist, Donnerstag abends wurde dann vollends fest gemacht.«

Danach geht sie zu ihrem Lieblingsthema Mode über, empfiehlt Eva, sich eine Samtjacke, modern und bequem, machen zu lassen. Die »Flickerei«, also auszubessernde Wäsche, soll die Nichte weiterhin heimschicken. »Das kann ja nicht sein, dass Du noch nähst, wenn du so spät fertig wirst, du brauchst Schlaf.«

Die mit solchen Ratschlägen bedachte Eva befand sich zu der Zeit in Stellung bei einer Familie in Norddeutschland. Danach sollte sie nach dem Willen der Tante in ein Haus wechseln, in dem sie kochen lernen konnte: »Man hat ja jetzt eine noch größere Verwandtschaft, da kann es schon ein Plätzle für dich geben, wo du noch viel lernen kannst. Kochen musst du perfekt können, bevor du heimkommst.« Abschließend berichtet Margarete von zwei Hochzeiten in Giengen und dass sich Evas Bruder Franz einmal erholen müsse.

Dass alle Nichten von Margarete Steiff, ganz wie Margaretes Schwestern, einen Gesindedienst antreten mussten, obwohl das finanziell gesehen gar nicht mehr notwendig war, fällt auf. Kochen und Hauswirtschaftslehre hätten sie auch auf einer entsprechenden Schule lernen können. Doch sollte der »Dienst« darüber hinaus auch der Charakterprägung der Mädchen dienen. Er sollte sie nach dem Willen der Tante bescheiden und demütig, also »dankbar«, machen – wieder ein typisch schwäbisches Eigenschaftswort.

Das von Eva erträumte Reformkleid lehnt Margarete Steiff heftig ab. »Da passt dein Unterzeug nicht.« Die Nichte könne es mit einem »Hausfrack«, also einem Hauskleid, probieren, meint die der neuen Mode skeptisch Gegenüberstehende etwas verächtlich. Auch beherrsche die Näherin in Giengen die Reformschnitte noch nicht.

Um 1900 hatte sich in Deutschland eine Initiative zur Reform der Frauenkleidung gebildet, die vor allem das gesundheitsschädliche Korsett abgeschafft sehen wollte. Zahlreiche Künstler beteiligten sich daran und forderten den freien, nicht abgeschnürten Körper, von locker fallender Kleidung umspielt, als Schönheitsideal. Jahrzehntelang hatte die Mode die Frauen mehr oder weniger diskret als Geschlechtswesen präsentiert, war der effektvoll abgeschnürte oder ausgepolsterte Körper ein wichtiges Mittel im Kampf um einen Ehemann gewesen. Diese Mode entsprach nun auch in keiner Weise mehr der realen Lebenssituation vieler Frauen, die ihren Lebensunterhalt selbst verdienten und sich dabei nicht von diversen Modetorheiten einengen lassen wollten.

Trotz all ihrer kleinen Zurückweisungen meint Margarete zum Schluss des Briefes: »Wende dich nur getrost an mich mit allen deinen Anliegen. Ich besorgs stets gerne.« Während sie ihren Neffen eine jeweils für die Firma nützliche Ausbildung zukommen ließ und ihnen sofort wichtige Funktionen einräumte, bezieht sie die Mädchen nicht langfristig in die Firma ein. Die Unternehmerin kommt nicht im Entferntesten auf den Gedanken, dass eine von ihnen in ihre Fußstapfen treten wollen könnte. Lina, Eva und Maria sollten sich gut verheiraten, Kinder bekommen und ihren Haushalt versorgen. Da bleibt die innovative Unternehmerin den traditionellen Vorstellungen vollkommen verhaftet.

Am 1. August 1902 schreibt sie einem ihrer Schlossermeister ein Zeugnis: »Herr Adolf Köpf, Schlossermeister hier, fertigt seit 5 1/2 Jahren alle für meine Fabrikation nötigen Eisenkonstruktionen, er hat die ihm aufgetragenen Arbeiten sehr prompt und pünktlich ausgeführt und sich als geschickter und intelligenter Arbeiter bemüht. Achtungsvoll zeichnet Margarete Steiff Filzspielwaren-Fabrik Giengen an der Brenz.«

Ihr nächster Brief an Eva datiert vom 24. September 1902. Die Nichte ist nun in einem »guten Hause« in Stellung – eine Gelegenheit, sich in allen Zweigen der Haushaltsführung auszubilden, »sogar im Kochen darfst Du mithelfen«. Wieder dieses mehrdeutige schwäbische »dürfen«. Danach geht es im Brief um Kleider, die sie der Nichte schicken wird. Margarete ist besonders interessiert an dem geistigen Klima, das bei Evas Dienstherren herrscht. »Gibt es auch Musik im Haus. Gibt es gemeinschaftliche Andacht? Wenn nicht, vergiss das Beten für Dich allein nicht.« Die religiöse Ausrichtung ist der Tante wichtig, sie soll einen unbedingten Stellenwert im täglichen Leben haben. Nach diesen Fragen geht es dann im Brief übergangslos um einen Rock.

Richard Steiff hielt sich in Wien auf, und in Giengen gab mittlerweile das Weihnachtsgeschäft den Ton an: »Wir haben so unendlich viel zu tun, dass wir heuer wohl kaum fertig werden.« Margarete erwähnt den Besuch einer Verwandten mit zwei Freundinnen: »Sie wollte das Geschäft sehen« – der schwäbische »Wunderfitz«, wir sind ihm in Giengen schon öfter begegnet. Dann fordert Margarete Eva auf, den nächsten Brief an ihre Mutter zu schreiben. Es folgen die Gesundheitsbulletins der älteren Verwandten, und abschließend grüßt »Deine treue Tante M. Steiff. PS Ist wohl Deine Frau auch mit Dir zufrieden?«

Am 15. Oktober 1902 wird Eva ein hausgemachter Zwetschgenkuchen in Aussicht gestellt. Und wieder drehen sich die Gedanken der Tante um die Religion. »Auf deine Frage, ob Du protestantisch oder was bist, könntest Du die Antwort selbst finden, bei ein wenig Nachdenken. Du bist evangelisch lutherisch, weil ja, wie Du weißt, Luther die evangelische Lehre wieder hergestellt hat, das heißt man auch protestantisch, das ist gleichbedeutend, während reformiert eine andere, aber auch evangelische Gemeinschaft ist. Vergiss nicht hie und da Dein Gesangbuch zur Hand zu nehmen, und, wenn Du Erlaubnis bekommst, geh auch in die evangelische oder wenn sie es protestantische Kirche nennen. Dein Wilhelmsdorf solltest Du nicht ganz vergessen, dort hast Du viel Unterricht genossen in der Religion.« Der Pietismus eines Dr. Werner, der sich auch in der Wahl der Internatsschule für die Nichten und Neffen aussprach, er war in Margarete Steiff lebendig geblieben. Und wieder wird im Gewissen der Nichte geforscht: »Wenn nur Deine Frau auch mit Dir zufrieden ist.«

Obwohl Eva seit Jahren fernab von Giengen lebte, waren die Bande eng und wurden stets aufs Neue geknüpft: »Von Strümpfen ist nichts mehr da für Dich, alle Deine Leute wissen, dass Du bei Rösle 2 Paar gekauft und weitere sind nicht gemacht worden. Ich lass aber gleich stricken [...] musst eben auch alte anziehen, wenn sie nur nicht lumpig [zerlumpt] sind, dann brauchst Du Dich nicht zu schämen.« Über das Geschehen im Haus der Tante wird Eva im Detail informiert: »Mutter hat heute Wasch und kann nicht schreiben, Du glaubst gar nicht wie streng wir es alle haben. Es geht ärger zu als je.«

Margarete Steiff befand sich mit ihrer Produktion Mitte Oktober nach wie vor voll im Weihnachtsgeschäft. Die meisten Tiere wurden auf diesen Termin hin fabriziert und verkauft. Dennoch nahm sie Anteil an den Problemen der Haushaltsführung. Die große Wäsche war eine in gehobenen Haushalten zweimal im Jahr wiederkehrende Aktion, die einen beachtlichen Vorrat an Wäsche und Kleidung voraussetzte. Sie wurde dann durchgeführt, wenn sich Berge von Tisch- und Bettwäsche angesammelt hatten.

Meist kamen bereits am frühen Morgen einige Waschfrauen zur Unterstützung ins Haus. Sie blieben je nach Arbeitsaufwand mehrere Tage. Die Wäsche wurde in Waschkesseln aus Kupfer oder Messing gewaschen. Für das Einweichen wurden Holzbottiche verwendet. Zum Auswaschen der Wäsche wurde häufig das fließende Wasser eines Flusses genutzt. Danach wurde die Wäsche auf den Trockenplatz gefahren. Für die Bügelarbeiten erschienen mehrere Plätterinnen im Haus.

Margarete macht in ihrem Bericht an die Nichte keinen Unterschied zwischen der Hausarbeit und der Tätigkeit in der Fabrik. Alles war gleichermaßen wichtig, alles hielt einen auf Trab, alles bedeutete Arbeit. Arbeit. Arbeit. Arbeit. Das erinnert nun sehr stark an ihre Mutter. Die Margarete, die sich auch als junge Unternehmerin noch ohne Bedenken eine mehrmonatige Auszeit genommen hatte, gab es nicht mehr. Vielmehr hat man den Eindruck, dass es nur noch eine Margarete Steiff gab, die unter allen Umständen funktionierte und die dasselbe auch von ihrer gesamten Umgebung erwartete. Wobei sie je nach Person deutlich unterschiedliche Anforderungen stellte. Niemals erwähnt sie in den Briefen an die Nichte unternehmerische Entscheidungen.

Bereits einen Tag später ging der nächste Brief an Eva ab: »Ich bin nämlich am Hemden machen lassen.« Und sie verlangte genaue Angaben dazu. Eva sollte zumindest eine

Hemdhose als Muster schicken. »Brauchst Du noch weiße Beinkleider für den Sommer, offen oder geschlossen?« Die Tante will es genau wissen. Die Wäschestücke ließ sie in der Strafanstalt Gotteszell bei Schwäbisch Gmünd nähen. Diverse Rechnungen haben sich erhalten.

9. Kapitel
Im »Glashaus«

Aus Quellen vom Jahresende 1902 wird erstmals ersichtlich, welch ambitioniertes neues Projekt Margarete Steiff auf den Weg zu bringen begonnen hatte. Ein Neubau, großzügig, funktional und von unerhörter Modernität, sollte entstehen. Zu diesem Zeitpunkt arbeiteten 200 fest angestellte Näherinnen und Stopfer in der Fabrik. Das Unternehmen entwickelte sich zum Großbetrieb. Und dafür benötigte man weitere Produktionsräume.

Margarete am 8. Dezember 1902:

Herrn Commerzienrat Hähnle Hier
Bestens dankend für Ihr freundliches Entgegenkommen, ersuche ich Sie, mir den möglichst billigen Preis für die betreffende Wiese gefälligst anzugeben.
Hochachtungsvoll
MS

Richard Steiff entwarf nun ein ultramodernes Gebäude aus Glas und Stahl. 1897 war er zum ersten Mal in London gewesen und hatte dort den 1851 anlässlich der Weltausstellung errichteten »Crystal Palace« (Kristallpalast) besichtigt. Auch München, wo 1854 ein »Glaspalast« gebaut worden war, hat Richard Steiff mehrfach besucht.[1] Die Stahl-Glas-Architektur hatte den Vorteil einer kurzen Bauzeit; außerdem sorgte sie für sehr helle Räume, die für die Herstellung der Spieltiere ideal waren. Und sie bot variable Nutzungsmöglichkeiten im Innern. Die vergleichsweise niedrigen Kosten waren ebenfalls ein wesentlicher Faktor. Alles war perfekt durchdacht. Margarete Steiff zeigte ein weiteres Mal, wie beweglich ihr Geist war, wie fortschrittlich sie dachte – und handelte.

Das Bauen hatte Tradition in der Familie Steiff. Bereits im 18. Jahrhundert hatten die Vorfahren von Margarete Steiff in Geislingen Berufe im Bauwesen ergriffen. Ihr Vater war ebenso Baumeister gewesen wie ihr verstorbener Bruder Fritz. Margarete selbst hatte als Kind großes Interesse an dem gehabt, was der Bruder da lernen »durfte«. Fritz hatte ihr erstes Geschäftshaus errichtet – nach ihren Bedürfnissen und Vorstellungen.

Nun hatte man ein Bauvorhaben konzipiert, das ausschließlich an den Bedürfnissen der eigenen Produktion orientiert war. Angebote für die Erstellung des Fabrikbaus holte das Unternehmen Steiff bei Firmen in München und Charlottenburg ein.[2]

Die Firmenchronik Steiff aus dem Jahr 2005 belegt mit zwei Quellen Richard Steiffs planerische Urheberschaft. Zunächst ist da ein Brief Margaretes vom 14. Dezember 1902 an ihren Neffen Paul, der sich zu diesem Zeitpunkt in Amerika aufhält.

»Das Bauen wird jetzt ernst, Öttingers Garten ist gekauft zu 3200, anders gaben ihn die alten Frauen nicht ab. Richard projektiert ein Eisen- u[nd] Glashaus, quer vorn über die 2 Gärten, 30/12 Meter alles ein Raum, niederer Souterrain, Parterre u[nd] 1. Stock mit Oberlicht, ob mans dann aufkriegt, lehrt die Zeit. Wird wohl 40 Mill kosten, aber es lässt sich nicht umgehen u[nd] ist dann etwas rechtes, auch scheints, dass mans machen kann. Dampf- oder Warmwasserheizung muss auch hinein. In diesem Bau wird dann gearbeitet [...]. Richard schreibt schon an alle möglichen Lieferanten, hat schon ein billiges Angebot [für] Linoleum. Richard sagte schon, Franz müsste dann die Bauleitung übernehmen, damit Rich[ard] fest zum Mustermachen u[nd] Katalog kommt.«[3] Zusätzlich waren Vorarbeiten für 25 Telefonstationen in Gang.

Was die Steiffs im heimischen Giengen errichteten, war eine absolute Novität auf dem Gebiet der Architektur. Der Brief Margarete Steiffs zeigt in seinem lapidaren Tonfall, wie selbstverständlich das für sie in dieser Zeit höchster Kreativität und unternehmerischer Aktivität war. Das Schreiben ist ein meisterhaftes Beispiel für das so oft beschworene »schwäbische Understatement«. Tiefer stapeln, als sie hier tut, geht nicht.

»Das Bauen wird jetzt ernst« signalisiert, dass alle Entscheidungen und Vorbereitungen getroffen sind. Schade nur, dass man das Grundstück nicht hat billiger kaufen können. Danach folgt eine kurze, in ihrer Nüchternheit nicht zu überbietende Beschreibung von Richards genialer Planung: Ein Eisen- und Glashaus, alles ein Raum, ob man die Fenster öffnen kann, muss sich zeigen. Wieder ist der Preis mit 40000 Mark leider etwas hoch, aber es »ist dann etwas rechtes«, also Langlebiges, Qualitätvolles, Praktisches. Diese Aussage ist sicherlich das größtmögliche Lob aus dem Mund einer Margarete Steiff, die an die Produkte ihrer Arbeit von jeher ebenjene Anforderungen gestellt hat.

In Giengen ist man schon wieder zur Tagesordnung übergegangen, Richard sucht möglichst billige Lieferanten, um sich dann so schnell als möglich neuen Tierentwürfen und der Kataloggestaltung zuwenden zu können. Es stockt einem schon etwas der Atem bei dieser enormen Geschwindigkeit und Effizienz. Die Steiffs haben in dieser Zeit auf Hochtouren gearbeitet, alles, was sie anpackten, schien zu gelingen. Die Kurve des Erfolges ging immer steiler nach oben. Man fühlt deutlich den Zeitgeist, den Optimismus des eben erst begonnenen Jahrhunderts und die ungebremste Technikbegeisterung.

In einem zweiten, von Richard Steiff am 6. Januar 1931 geschriebenen Brief heißt es: »Ich selber habe immer etwa so gefühlt: ›Wir‹ haben diese Wiese gekauft; [...] dann ›wurde‹ jene Neuerung erfunden etc. Aber heute bin ich dem Schicksal dankbar, dass ich nicht nur die grundlegenden Entscheidungen allein ausdenken und machen durfte, sondern, dass es mich ›zufällig?‹ den einzigen richtigen Weg finden ließ.«[4] Es hat offensichtlich lange Jahre gedauert, bis er sich seiner eigenen Leistungen bewusst wurde. Vorher war alles auch seinem Empfinden nach gemeinsam mit der Tante geschehen, wurde gemeinsam erdacht, gemeinsam umgesetzt.

Am 27. Oktober 1902 hatte Margarete mehrere Fotos der Rampe an ihrem Wohn- und Geschäftshaus anfertigen lassen, um damit zu beweisen, wie nötig eine solche auch an dem geplanten Neubau war. Die Rampe war Teil der das ganze Gebäude tragenden Eisenkonstruktion.[5] Am 28. Dezember schreibt Margarete ihrer Nichte Eva summarisch: »Aufs Frühjahr wird gebaut in Nadlers Garten, ein langes Arbeits- und Lagerhaus aus Eisen mit Glasdach.«

Das ist noch wesentlich knapper gehalten als die Mitteilung an Paul und gibt auch die Konstruktionsweise falsch wieder. Egal, der Brief ging ja schließlich an Eva, an ein Mädchen. Allerdings war er von einer Margarete Steiff geschrieben, die in ihrer Kindheit begeisterten Anteil an dem genommen hatte, was ihr Bruder Fritz auf der Bauhandwerkschule lernte.

Einen Tag später verkaufte ihr Hans Hähnle ein Grundstück:

> 29. Dezember 1902
> Fräulein Margarete Steiff. Hier [...] Die ganze Wiese Parz. No. 1340 verkaufe ich Ihnen den qumtr. zu M 1 zahlbar nach erfolgtem Eintrag im Grundbuch, oder wenn der Kaufschilling nur teilweise bezahlt werden wollte mit 4% jährlich zu verzinsen. Ich gewähre damit Ihnen denselben Preis, welchen mir mein Bruder Markus Hähnle seinerzeit dafür berechnete.
> Hochachtungsvoll Hans Haehnle

Am 24. Januar 1903 ergänzte Margarete mit Bleistift auf dem Schreiben: »Angefragt, ob bei Bedarfsfall in einigen Jahren noch qm 1 Mark zu haben wäre, da es mir gegenwärtig nicht möglich, soviel auszugeben.« Ganz ohne Zweifel sah sie in näherer Zukunft eine weitere Expansion auf sich zukommen. Dafür wollte sie gerüstet sein und möglichst jetzt schon einen günstigen Kaufpreis für weitere Grundstücke festmachen. Sie war wirklich eine durch und durch gute Geschäftsfrau.

Und sie war eine gute Arbeitgeberin, die sich nicht damit schwertat, ihren Mitarbeitern Anerkennung zu zollen:

24. Dez. 1902
Liebe Lena!
Nun sind es zehn Jahre, dass Du für mich arbeitest, ich danke Dir für Deine Treue und sende Dir hier 25 Mark. Ich hoffe, dass wir noch länger zusammen arbeiten dürfen und grüße Dich und Deine Eltern herzlich
Deine
Margarete Steiff

Im Januar 1903 verließ eine Mustersendung mit Neuheiten Giengen in Richtung Musterlager New York. Paul Steiff versuchte seit einem Jahr, den nordamerikanischen Markt für die Steifftiere zu gewinnen. Mit dabei in der Sendung war auch PB 55 zum Stückpreis von 4 Mark. Doch niemand interessierte sich für den Bären und die anderen Tiere. Sie waren den Amerikanern schlicht zu teuer. Paul bemerkt in seinen Aufzeichnungen, dass der »Plüsch-Bär« als zu groß, zu schwer und zu hart betrachtet und »deshalb getadelt und nicht gekauft wurde«.[6]

Am 28. Januar reichte Margarete Steiff bei der Stadt Giengen das Baugesuch für den Glasbau I ein.[7] Es gab Schwierigkeiten mit der Baugenehmigung. Existierten doch keine Richtlinien, die Bedingungen für eine Entscheidung pro oder contra formulierten. Außerdem befürchtete die Behörde, das durch die Glasfassade einfallende Licht könne den Augen der Arbeiterinnen und Arbeiter schaden. Man tat sich schwer mit so viel Modernität und Innovation.[8]

Margarete Steiffs Neubauten stellten einen weiteren Balanceakt dar, diesmal was ihre Akzeptanz in Giengen betraf. Außerdem konnte niemand wissen, ob sie wirklich halten, sich als stabil und dauerhaft erweisen würden. Doch das tun sie bis heute. Margarete betritt hier gemeinsam mit Richard genauso Neuland, wie sie das zuvor mit den Spieltieren getan hatte. Das Leben als Hochseilakt. Mit ihrer charakteristischen »Unverfrorenheit« – wie sie sie sich im Tagebuch, freilich in anderem Kontext, selbst zuschreibt – realisiert sie das Vorhaben.

Ein Baugutachten aus dem Jahr 1998 staunt über die »technische Pionierleistung«. Es wird betont, dass es sich bei dem Glasbau der Firma Steiff um die »erste bekannte Arbeitsstätte mit ausschließlich zweischaliger Glashaut im Außenbereich« handele.[9] Vermutlich hat Richard Steiff auch die technische Umsetzung übernommen. Alle Berechnungen, wie zum Beispiel die Windlastberechnung, stimmten, alle Gefahren wurden vermieden.

In Europa baute Walter Gropius nach diesem Prinzip 1911 die Fabrik der Fagus-Werke in Ahlfeld (Leine). Sie gilt als frühestes Beispiel des »Neuen Bauens« in Deutschland. Gropius' Versuch, reine Kunst und Konstruktion zu verbinden, wird heute noch als bahnbrechende Architektenleistung gewürdigt. Richard Steiff hat nach diesem Prinzip bereits acht Jahre früher bauen lassen. Allerdings ohne Anspruch auf eine übergeordnete Bedeutung, das Augenmerk nur auf die Anforderungen der Produktion gerichtet.

Für die Erwärmung des Gebäudes sorgte im Winter eine Dampfheizung, deren Rohre einzeln geregelt werden konnten. In den Sommermonaten wurde die Glasfassade mit Kalkfarbe gestrichen, um die direkte Sonneneinstrahlung und damit eine zu starke Aufheizung zu vermeiden. Seit 1980 stehen die Glasbauten als Vorreiter einer »anonymen Avantgarde« unter Denkmalschutz. Vorher hatten sie keine Resonanz in Fachkreisen gefunden.[10]

Glasbau I: eine von Richard Steiff entwickelte Eisen- und Glaskonstruktion, die heute als architektonische Pioniertat angesehen wird.

Des ungeachtet muss die Wirkung des Glasbaus auf die Zeitgenossen eine phänomenale gewesen sein. Das Gebäude widersprach allen etablierten Sehgewohnheiten. Es stand leicht und luftig da, kontrastierte mit seinen riesigen Glasflächen und seiner filigranen Struktur aufs Heftigste mit den Gebäuden Giengens. Es wirkte, als sei es gerade vom Himmel gefallen.

Nach einer Bauzeit von knapp sechs Monaten war der Ostbau mit einer Fläche von 1080 m² fertiggestellt. Lange bevor die Theorien des Bauhauses, eines Mies van der Rohe oder eines Walter Gropius, Gestalt annahmen, hatte Richard Steiff seinen reinen Zweckbau geplant und, um hier doch noch ein Architektenzitat zu verwenden, das von Louis Henri Sullivan und Frank Lloyd Wright postulierte »Form follows function« perfekt umgesetzt. Margarete Steiff konnte das Produktionsgebäude bequem mit dem Rollstuhl befahren. Eine Rampe gewährte ihr den Zugang zum Obergeschoss. Die Hallen waren großzügig und weiträumig, und die Arbeitstische standen so weit voneinander entfernt, dass sie überall hinfahren konnte.

Die Firmenfestschrift aus dem Jahr 1930 schreibt stolz: »In seinem Kopf entstand der Plan der eigenartigen Fabrikbauten, die eine Dichtung aus Glas und Stahl sind. Die langen, flachen, zwei- bis dreistöckigen Gebäude besitzen doppelte Wände aus Glas und lassen eine Überfülle von Licht an die Arbeitsplätze fluten. Licht und Luft fördert die Hygiene, die für diese Art von Spielzeug besonders wichtig ist. Hier wurde also schon vor 30 Jahren eine Bauweise entwickelt, die heute als modernste und zweckmäßigste angesehen wird. Die Gebäude wurden in eigener Regie und in kürzester Zeit gebaut und waren billig im Verhältnis zum umbauten Raum.«[11]

Kaum waren die ersten Arbeitskräfte in die lichtdurchfluteten Gebäude eingezogen, sprach der Volksmund, wie bereits erwähnt, mit Blick auf die Glashaut der Gebäude vom »Jungfrauenaquarium«.

In ihrem damals aktuellen Katalog schreibt die Unternehmerin: »Der sehr bedeutende Aufschwung, welchen mein Geschäft stetig, und hauptsächlich wieder im letzten Jahr genommen hat, ferner der wachsende Exportumsatz und die allgemeine Frage nach weiteren Nummern jeder Tiergattung veranlassen mich, den Betrieb stetig zu vergrößern und meine Stofftiere einer fortwährenden Vermehrung und Verbesserung an Hand künstlerisch und technisch geschulter Kräfte zu unterziehen.«

Trotz all dieser Aktivitäten nahm Margarete Steiff in ihren Briefen nach wie vor regen Anteil am Leben ihrer Nichte Eva. Am 24. Februar 1903 gratuliert sie ihr zum 20. Geburtstag und wünscht ihr vor allem viel Geduld, »was man im Leben immer brauchen kann«. Ein Besuch der Brüder steht an, aber – um zum Eigentlichen zu kommen – warum hat die »Frau Doktor« Eva gekündigt?

»Hast Du was gebosget [angestellt] oder etwas nicht besorgt oder recht gemault? Ich denke, Du schreibst mirs noch ganz aufrichtig, vorerst behalte ich es ganz für mich, wenn Du weiter bleibst, brauchts niemand zu wissen, dass es etwas gegeben hat, wenn du nicht bleiben kannst oder willst, dann muss man um eine andere Stelle sehen, heim willst Du doch noch nicht? Da würde man Dich auslachen und Du hättest noch nichts gelernt, ins Geschäft könnte ich dich gut brauchen, aber das darf jetzt noch nicht sein, du musst vorher selbständig kochen können und einen Haushalt führen.«

Eva ist in der Phase der Ehevorbereitung, da kennt die Tante kein Pardon. Kochen muss gelernt werden. Das ist noch wichtiger als die Mitarbeit in der Firma, Kochen ist die Zukunft. »Wider das verkochte und verbügelte Leben der Frauen«, hatte sich Louise Dittmar 1849 zu wehren versucht, auf Eva kam ebendieses Leben unaufhaltsam zu.

Margarete Steiff schreibt weiter: »Dass es Dir bei dem Maskenball nicht gut gefallen hat, kann ich begreifen, du bist eben fremd, zu Hause kennt dich jedermann, da hast du nach deiner Facon lustig sein können, das geht dort nicht, schadet auch nicht, du bist noch jung und kannst schon noch Vergnügen haben.«

Apropos Vergnügen – die Tante berichtet, dass Evas Schwester Lina Fahrrad fährt. Sie hat sich mitsamt ihrem Fortbewegungsmittel auch vor dem Neubau fotografieren lassen. Margarete erzählt weiter, dass Lina sich deshalb auf den Sommer freue. Das Fahrradfahren von Frauen war in dieser Zeit heftiger Kritik ausgesetzt und Auslöser moralisch aufgeheizter Diskussionen. Seine Feinde prangerten es als unsittlich an. Hier setzte sich Margarete in ihrer immer noch wachen Begeisterung für jede Form von Fahrzeugen über die Vorurteile der Zeit souverän hinweg.

Dem Geburtstagskind Eva schickte sie Schürzen als Geschenk. Die leidige Hemdhose wird immer noch eingefordert. Und die moralischen Appelle werden deutlicher. »Man hört wirklich [augenblicklich] so viel Unschönes von jungen Mädchen, gelt, du bleibst doch brav und machst uns keinen Kummer. Es ist recht nötig, dass man auf der Hut ist, ein junges Mädchen kann sich gar nicht genug in Acht nehmen.« Dem Zeitgeist entsprechend, galt der »Beruf« Jungfrau, wie bereits erwähnt, als Eintrittskarte für eine gute Ehe. Auch den Bericht über die Schwierigkeiten an ihrer Arbeitsstelle fordert Margarete immer noch ein. »Denke nur immer, dass du große Fehler hast, dann kann man andern leichter verzeihen. Besser Unrecht leiden als Unrecht tun.« Und wieder grüßt die »treue Tante«.

Im März 1903 wurde PB 55 auch auf der Leipziger Messe vorgestellt – ohne nennenswerte Reaktion der Einkäufer. Die Geschichte, dass, als fast alle Kisten bereits wieder zugenagelt sind, sich der Chefeinkäufer eines großen Einkaufshauses in New York für den Kauf von 3000 Bären entscheidet, ist schon häufig berichtet worden.[12] Diese Kollektion, es waren die einzigen hergestellten Exemplare des PB 55, gilt heute als verschollen.

Als sich die ersten Bären in Leipzig verkauften, grassierte in den USA bereits seit einigen Monaten das Bärenfieber. Ausgelöst worden war es weniger durch Bären von Steiff als durch einen tagesgeschichtlichen Vorfall: Theodore »Teddy« Roosevelt, der 26. Präsident der Vereinigten Staaten, ein begeisterter Jäger, hatte es abgelehnt, einen jungen Bären zu schießen. Eine diese Episode thematisierende Karikatur erschien in der *Washington Post*, und in Amerika wurden erste »teddy bears« hergestellt.[13] Am 13. Juli 1903 wurde beim Amtsgericht Giengen der bewegliche Bär als Geschmacksmuster eingetragen und damit geschützt. Erste Exemplare gingen an das Musterlager in Berlin.[14] Richard bemühte sich um eine Weiterentwicklung seiner Schöpfung. Er modellierte den Bären schlanker, kleiner, feingliedriger und überzog ihn mit hellem Mohairplüsch. Am 5. März 1904 wird das neue Modell PB 35 als Geschmacksmuster eingetragen.[15]

Margarete Steiff erregte mit ihren Motorradtouren, die sie mit Otto und Paul unternahm, in Giengen Aufsehen. Ihre Lust an der schnellen Bewegung, die sie als Jugendliche abenteuerliche Fahrten mit dem Rollstuhl unternehmen ließ, hatte sich auch in späteren Jahren nicht gelegt. Am 11. Juni 1903 berichtet sie Eva von einer Fahrt nach Herbrechtingen:

»Denk nur, jetzt hat man einen leichten, eleganten Anhängerwagen ans Motorrad, wer nicht allzu schwer ist, darf sich dreinsetzen, das geht fein, mit dem Motor natürlich furchtbar schnell, da wird man bei dem Staub ganz überzogen. Otto hat mich vorgestern nach Herbrechtingen zu Frau Zimmerle gefahren, und Paul hat mich abgeholt.«[16] Die Steiffs besaßen mit Pauls Wagen nicht nur das erste Auto in Giengen, die Spielwarenfabrik hatte auch den ersten Lastwagen der Stadt. Er wurde gern zu privaten Ausfahrten genutzt.

An ihrem 56. Geburtstag am 24. Juli 1903 bedankte sich Margarete bei Eva für Fotografien der Nichte. »Herzlichen Dank für dein liebes wohlgelungenes Bild. [...] Die Aufnahme, wo du mit der linken Hand das Kleid hältst ist sicher die beste [...]. So schön wirst du im Leben nimmer fotografiert. Auch das Reformkleid steht dir gut. Jetzt bin ich ganz ausgesöhnt mit dieser Tracht.«

Außerdem erfährt Eva, dass die Angestellte Mini Schneider nicht mehr Rad fahren dürfe, auch sei Lina krank und bleich. »Bild vom Glashaus kommt noch. Soll ich dir noch kleine Ausschusstiere schicken, dass du Andenken austeilen kannst?« Eva wird eine neue Stelle antreten.

Dass die Steifftiere auch in die Hände von Kindern gelangten, deren Eltern nicht die finanziellen Möglichkeiten hatten, sie zu bezahlen, belegt eine Postkarte vom 12. Juni 1903, mit der die Kinderpflege Stuttgart das »Liebe Fräulein Steiff« fragt, ob sie nicht ein paar »Ausschußthierchen« erübrigen könne. Sicher konnte sie das.

Wie bereits am Jahresanfang notiert, kauft Margarete Steiff nun das nächste Grundstück von Hans Hähnle. Er teilt ihr mit:

> Giengen, den 17. November 1903
> Fräulein Margarete Steiff hier
> Auf Ihre neuerliche Anfrage vom 14. des Monats wegen Ankauf der einen Burgwiese teile ich Ihnen mit, dass ich dieselbe zum Preis von 1 Mark den qumtr an Sie zu verkaufen bereit bin.
> Hochachtungsvoll
> Hans Hähnle

Zum Jahresende bekam Maria, die jüngste Tochter von Fritz Steiff, im Töchter-Pensionat in Wilhelmsdorf ihr Zeugnis. Ihr Betragen wurde als »gut bis recht gut« bewertet; »Ordnungsliebe: ziemlich gut«. Weitere Fächer waren in der frommen, dem Pietismus verpflichteten Schule an erster Stelle Bibelkunde und Memorieren. Da hatte sich im Vergleich zu Margaretes Schulzeit nichts verändert. Dazu kamen Deutsch mit Aufsatz, Rechtschreiben, Grammatik, Schönlesen, Deklamieren und Literatur sowie Rechnen, Schönschreiben und Musik. Die berühmt-berüchtigten »weiblichen Handarbeiten« wurden in den Fächern Weißnähen, Musterschnitt für Weißzeug und Flicken unterrichtet.

Margarete Steiff führte wie jedes Jahr genau darüber Buch, wer zu Weihnachten was von ihr geschenkt bekam. Sie bedachte ihre Angestellten und erfreute ihre Betreuerin Johanna Röck mit einer Tasche und 200 Mark in bar. Ihre Schwägerin Anna Steiff erhielt ein Paar Glacéhandschuhe, Paul eine Lebensversicherung, Richard eine Lebensversicherung und einen Anzug, Franz einen Anzug und Bargeld, ihre Nichte Lina Stoff für eine Bettjacke, Tischwäsche und eine Gutschrift über 200 Mark, Eva einen Rock, eine Bluse und »Leinwand«. Der Neffe Hugo musste sich mit einem Anzug und zwei Kragen begnügen, Otto erhielt eine Gutschrift über 100 Mark. Die Jüngste, Marie, bekam ein schwarzes Kleid – die Rechnung von Maria Edelmann über einen Betrag von 15 Mark 80 Pfennig, ausgestellt am 28. Dezember 1903, hat sich erhalten. Ihrer Schwester Pauline Röck schenkte Margarete 300 Mark, die Tochter ihrer verstorbenen Schwester Marie, Emilie Wolf, geborene Häussler, bedachte sie mit 150 Mark.

Spielen war zum Thema der Pädagogik geworden. 1904 erscheint in Berlin Paul Hildebrandts Buch *Das Spielzeug im Leben des Kindes*. Über dessen Zielsetzung schreibt der Autor in der Einleitung: »Für Eltern und Erzieher ein Haus- und Familienbuch zu schaffen, aus welchem sie sich über eines der wichtigsten Mittel zum Erfreuen und Erziehen der Kinder, nämlich über das Spielzeug eingehend unterrichten können, ist der Hauptzweck der vorliegenden Arbeit.« Das Spiel auf der Gasse, das in Margarete Steiffs Jugend noch so eine wichtige Rolle innegehabt hatte, wird in diesem Werk gar nicht erwähnt; so etwas taten bürgerliche Kinder nicht.

Zahlreiche Fotos aus der Produktion, entstanden in den Jahren 1903 und 1904, zeigen die unendliche Fülle der hergestellten Tiere: auf den Packtischen, in den Regalen, in riesigen Holzkisten, bereit zum Versand. Immer wieder ließen sich die Mitglieder der Familie Steiff bei der Arbeit fotografieren. Otto steht vor einem der riesigen Regale auf einer Leiter, bereit, die Elefanten auf Rollen an Ernst weiterzureichen, Richard erteilt Anweisungen. Die jungen Frauen stehen mit Lieferzetteln daneben und Johanna Röck packt die Tiere sorgfältig in Kartons.

Die Firma musste erneut vergrößert werden. Margarete Steiff ist nach wie vor der Mittelpunkt der Familie und der Firma. Sie feiert mit ihren Angestellten, Arbeiterinnen und Arbeitern, und sie lädt die Verwandten zu einer geselligen abendlichen Runde an den Tisch. Auf einem Foto sitzt sie fröhlich in der Mitte, die Stimmgabel in der Hand, bereit, das gemeinsame Singen anzuführen. Eine Rechnung für das Schreiben von Noten in Höhe von 3,50 Mark hat ihr am 20. Februar 1904 »Herr Essig, Lehrer« ausgestellt.

Die jüngste Nichte Marie möchte länger in Wilhelmsdorf bleiben, »um sich noch mehr der Haushaltung widmen zu können«. Der Hausvater fährt in seinem Brief fort: »Natürlich würden wir kein Pensionsgeld beanspruchen, da mir Marie in mancher Beziehung eine Hilfe sein könnte. Wollen Sie nun einmal gütigst diesen Plan überlegen? Natürlich würde ich es auch recht gut verstehen, wenn Sie anderweitig über die liebe

Marie verfügen wollten, andererseits würde ich mich freuen, wenn Marie bleiben dürfte. Sie soll in diesem Fall dann auch noch Gelegenheit zum Nähen finden. Über den Besuch der lieben Eva im Herbst freuen wir uns recht. Sie ist eine recht tüchtige, verständige Tochter geworden, die wir wieder recht lieb gewonnen haben.«[17]

Ebenso wie einst der kleinen Margarete Steiff gefiel es auch Marie gut »in der Fremde«, wie man im Schwäbischen sagt. Der Hausvater des frommen Mädchenpensionats beruhigt Margarete Steiff darüber, dass Marie währenddessen auch etwas »Richtiges« lernte: Haushaltung und Nähen nämlich.

Von der zweiten Bärenvariante (PB 35) verkaufen sich im Frühjahr 1904 12000 Stück.[18] Aus diesem Jahr stammt auch das älteste erhaltene Exemplar eines Steiff-Bären, das sich im Besitz der Firma befindet.[19]

Am 25. Mai heiratet Richard Steiff Else Dehlinger.[20] Am 30. Dezember 1904 gibt Theodor Dehlinger seiner Tochter 30000 Mark Mitgift in die Ehe mit Richard. Margarete Steiff schreibt ein Testament. Sie schickt es zur Einsicht und Verwahrung an ihren alten Vertrauten Adolf Glatz nach Stuttgart. Er antwortet ihr darauf im August 1904 und rät ihr zur Gründung einer Gesellschaft mit beschränkter Haftung.[21]

Ihre Schwester Pauline Röck hält sich seit dem Sommer in der Heil- und Pflegeanstalt Schussenried auf. Ein Schreiben vom 9. August 1904 enthält die Mitteilung, dass sich das Befinden der Patientin nicht verändert habe. »Sie fügt sich ohne zu reden den ärztlichen Anordnungen, isst von selbst, hat noch dieselben Wahnvorstellungen wie anfangs und meint, sie sei in Giengen.«

Einen Monat später, am 6. September, war ihr Zustand gleich geblieben. »Sie ist meist still und ängstlich.« Am

30. September hat sich eine leichte Besserung eingestellt. Am 6. Oktober heißt es jedoch, eine Entlassung wäre noch verfrüht und eine Unterbringung außerhalb der Anstalt nur mit einer Pflegerin möglich.

Nachdem das Kamel jahrelang als Schutzmarke fungiert hatte, erinnerte sich Margarete an ihre Anfänge und damit an den Elefanten als Firmenzeichen. Die Nachahmungen verschwanden dennoch nicht vom Markt, was zahlreiche Rechtsstreitigkeiten nach sich zog. Am 1. November 1904 erfindet Franz Steiff den »Knopf im Ohr«. Er ermöglichte endlich eine dauerhafte Kennzeichnung der Tiere und bot damit Schutz vor Nachahmung. Das trotzig-sperrige Accessoire konnte gesetzlich als Marke geschützt werden. Der Knopf wird gleichsam zum Gütesiegel für wertvolles Spielzeug. Margarete Steiff ging mit dieser Neuerung sofort an die Öffentlichkeit und brachte ein Informationsblatt heraus, auf dem unter Punkt 19 steht: »Schutzmarke; (Elefant mit S-förmigem Rüssel) befestige ich ab Nov. 1904 nunmehr ausnahmslos an jedes Stück und zwar im linken Ohr auf einem kleinen Nickelknöpfchen. Auf diese Art der Anbringung ist gesetzlicher Schutz angemeldet.«[22]

Bei Steiff nähte man seit über zwei Jahrzehnten mit psychologischem Feingefühl Plüschtiere und -puppen, die nicht nur das Kinderherz erfreuten, sondern auch ungeschickten und wilden Kinderumarmungen standhalten konnten, bis diese sich im Idealfall in Zärtlichkeit verwandelt hatten. Das war nun in seiner Einzigartigkeit ein für alle Mal festgeschrieben, beziehungsweise angeheftet. Der Knopf brachte die gewünschte Markenbindung. Aber er wurde von zahlreichen Mitanbietern nachgeahmt. Konkurrenten versuchten zudem, letztlich vergeblich, ihrerseits den Werbeslogan »Knopf im

Ohr« in Abwandlungen beim Reichspatentamt schützen zu lassen.[23]

Im November 1904 nahm Steiff an der Weltausstellung in St. Louis teil. Franz kehrt mit vollen Auftragsbüchern zurück. Die Firma Steiff erhält den Grand Prix für den Bären: je eine goldene Medaille für Margarete und Richard.[24] Die erfolgreiche Unternehmerin treibt jedoch die Sorge um ihre kranke Schwester um. Am 3. November 1904 schreibt sie an Eva, dass sich Tante Pauline einen Leistenbruch zugezogen hatte und operiert werden musste. Johanna sei bereits zu ihr gefahren.

»Tante ist natürlich sehr schwach, aber geistig viel besser als im September. Tante hat grenzenloses Heimweh und bat Johanna natürlich jetzt doch dazubleiben, bis sie mit heim dürfe. Johanna bleibt noch, und sobald ich darf, gehe ich nach Schussenried und nehme Lotte mit, die Haushaltung schließt man einfach zu.«

Trotz aller Erfolge und der totalen Auslastung in der Firma sind die Menschen, die ihr nahestehen, nach wie vor das Wichtigste für Margarete Steiff. Entschlossen kündigt sie an, ihr Haus in Giengen so bald als möglich einfach abzuschließen und gemeinsam mit der Haushälterin zu Pauline nach Schussenried zu reisen. Da ist es wieder, das typisch steiffsche »sobald ich darf«, wir kennen es von den Auszeiten, die sie sich früher mit ihren Reisen genommen hat. Hier heißt »sobald ich darf«: sobald es irgend möglich ist.

Am 10. November 1904 wird die Fabrikantin Mitglied im Evangelischen Arbeiterverein Giengen an der Brenz. Ein interessanter Schritt, zeigt sie doch damit, wie sehr sie sich mit ihrer Belegschaft identifiziert.

Einen Monat später, am 6. Dezember 1904, lässt sich Margarete Steiff »Spielzeug mit beweglichen Gliedern, deren Be-

1904 war ein äußerst erfolgreiches Jahr gewesen.
Eine zufriedene Margarete Steiff feierte gern mit ihrer Belegschaft.

festigungsdrähte paarweise im Innern des Körpers der Figur miteinander verbunden sind« schützen.[25] Zum PB 35 ist noch eine kleinere Bärenversion, PB 28, hinzugekommen. Margarete und die Neffen sind jedoch immer noch nicht restlos überzeugt. Die Bären sollen kindgerechter werden.

Der neue Bär wird in den USA zu einem Verkaufserfolg. Margarete zahlt an ihre Arbeiterinnen und Arbeiter sowie an die Angestellten Weihnachtsgeld aus. Über 300 Personen bekommen ein Steifftier als Geschenk. Am 26. Dezember schreibt sie an Eva: »Trotz der Menge Leute hat der Raum im oberen Glassaal I doch ausgereicht, es waren 142 Angestellte, Arbeiter und Arbeiterinnen, auch die Bauleute und dann noch die Familie, somit wenigstens 160 Personen. Maier backte eine Menge Stollen und Schnitzbrot und Lammwirt lieferte das nötige Bier. […] Es verlief alles zur allseitigen Zufriedenheit. Man konnte heuer alle Aufträge besorgen, [wir] hatten aber streng zu schaffen [arbeiten] bis auf den letzten Tag, und jetzt sind schon wieder Bestellungen da.«[26]

Neue Bestellungen waren bereits während der letzten Tage des alten Jahres eingegangen, die Bezahlung der ausgelieferten Waren ließ allerdings auf sich warten. Margarete Steiff musste stets mit ihrer Produktion in Vorleistung gehen. Daher lieh sie sich Ende des Jahres Geld. Am 28. Dezember 1904 überwiesen die Papierfabriken Julius Glatz in Neidenfels »Fräulein Margarete Steiff im Auftrag und auf Rechnung von Herrn Kommerzienrat Adolf Glatz 45000 Mark«. Bereits am 23. September 1904 war ihr von gleicher Stelle ein Kredit in Höhe von 10000 Mark eingeräumt worden, am 7. und 8. Oktober 1904 folgten jeweils 15000 Mark. 1885 hatten Adolf Glatz, sein Neffe Franz Julius Glatz und Hans Hähnle in Neidenfels im Pfälzerwald die Papierfabrik Glatz gegründet.[27]

In einem Brief vom 26. Dezember 1904 an Reinhard Schulte in Duisburg beschwert sich Margarete Steiff über die Qualität des für die Bären gelieferten Plüsches. »Zweck dieses [Schreibens] ist, Sie zu veranlassen, so schnell als möglich weiteren Stoff zu liefern, da große Bestellungen vorliegen und ich keinen Vorrat habe. Die ›blonde‹ Farbe ist die wichtige, ich hoffe, dass Sie mir stets dieselbe liefern können. Nun wollen Sie große Qualität fertig stellen zu dem Stoff blond a 6 Mark und auch in dem dicken Pelz blond zu 7 Mark 50 Pf.«

Sie ist verärgert über die Qualitätsmängel des Materials und lässt sich das auch deutlich anmerken. »Sie haben vor einiger Zeit geschrieben, dass Sie zur Besichtigung hierher kommen wollen, das ist durchaus nicht nötig […]. Hochachtungsvoll zeichnet Margarete Steiff.« Mitunter konnte Margarete Steiff Geschäftspartnern gegenüber auch sehr unverblümt und direkt reagieren.

In diesem Jahr war in Giengen der Westbau mit einer Arbeitsfläche von 6840 m^2 entstanden. Für die tragenden Teile wurde Holz verwendet. Das Prinzip der gläsernen Fassade war beibehalten worden.[28] Margaretes Neffe Hugo soll die Bauaufsicht gehabt und den Neubau mit ein paar »Taglöhnern« und nur wenigen Zimmerleuten hochgezogen haben.[29]

Durch die beiden Glasneubauten wird der Erfolg der Firma nun deutlich sichtbar demonstriert. Fotos belegen, wie praktisch die Gebäude waren. Das Pferdefuhrwerk, das die Waren zur Bahn bringen sollte, konnte von einer Rampe aus direkt beladen werden. Im Inneren arbeiten die Stopferinnen an riesigen Arbeitstischen, jede hat einen Berg von Holzwolle neben sich. Die Sonne scheint durch die Glasscheiben; sollte sie das einmal zu stark tun, können weiße Vorhänge vorgezogen werden.

Die beiden Neubauten mussten selbst die amerikanischen Kunden in Erstaunen versetzen. Man war ultramodern bei Steiff. Keine Spur von »good old Europe«. Die Spielzeugfirma marschierte an der Spitze des Fortschritts. Im Jahrhundert des Kindes hatte man mit dem kindgerechten Spielzeug im übertragenen Sinne einen neuen Raum erschlossen, und in völlig neuen Räumen wurde dieses Spielzeug nun hergestellt.

Ein glücklich spielendes Kind auf einer Anzeige der Firma Steiff aus dem Jahr 1902.

10. Kapitel
Bärenboom

Zu Beginn des Jahres 1905 entwickelt Richard ein völlig neues Teddymodell: Eine Bärenpuppe mit beweglichen Gliedern, einem runden Gesicht, stumpfer Schnauze und gestickter Nase. Es ist jener Teddy, der auf der ganzen Welt einen beispiellosen Erfolg haben wird. Margarete Steiff ist begeistert. Am 12. Februar 1905 lässt sie »Bär 35 PAB« als Geschmacksmuster eintragen. Er wird in der Preisliste vom 15. August desselben Jahres zum ersten Mal als »Bärle« in verschiedenen Größen erwähnt. Das mit Holzwolle oder Kapok weich gestopfte Spieltier wird den Spielzeugmarkt revolutionieren. Es ist wesentlich leichter als seine Vorgänger. Arme und Beine sind »angescheibt«, also durch Scheibengelenke am Körper befestigt. Es hat ein Fell aus hochwertigem Glanzplüsch in den Farben Dunkelbraun, Hellbraun oder Weiß. Im Ohr trägt es den Elefantenknopf. Einige Typen verfügen bereits über eine Druckstimme.[1] Der Siegeszug des Teddybären ist nicht mehr aufzuhalten. Er ist der Spielgefährte, der imstande ist, sich jeder Kinderfantasie anzupassen, in jede Rolle zu schlüpfen, der, robust und komisch zugleich, Tröster, Freund und sogar philosophische und moralische Instanz sein kann.

Im England der 1920er Jahre konnte ein höchst eigenwilliger Plüschbär bereits Protagonist eines weltberühmten Kinderbuches werden: *Winnie-the-Pooh* (deutsch: *Pu der Bär*) von

Richard Steiff und sein Geschöpf, das »Bärle«
(PAB 35. P = Plüsch, A = angescheibt, B = beweglich).

Alan Alexander Milne. Der Autor rankt komische und tiefgründige Geschichten um den Bären und seine Freunde. Edward Bear, wie die titelgebende Hauptfigur mit »bürgerlichem« Namen heißt, ist manchmal ein wenig verwirrt und geistesabwesend, meist aber gutmütig und ein verlässlicher Freund. Er schreibt Gedichte und isst für sein Leben gern Honig.

Da sind dann noch das ängstliche Ferkel, der depressive Esel, die besorgte Kängurumutter mit ihrem temperamentvollen Jungen und viele mehr. In den folgenden Jahrzehnten entstand eine Fülle von Weiterverarbeitungen des Stoffes: von Verfilmungen über Hörbücher bis hin zu skurrilen Lebensratgebern mit Titeln wie *Das Buch vom Tao und von Puh dem Bären*, *Pu der Bär oder wie man das Leben meistert*, *Fit mit Pu: Des starken Bären natürlicher Weg zu Schönheit und Kraft*, *Bei Pu auf der Couch: Bärenschlaue Psychologie* – bis heute hat der Stoff nichts an Attraktivität eingebüßt.[2]

Am Ende des erstmals 1926 erschienenen Kinderbuches verschränkt der Autor einmal mehr Realität und Fiktion, Kinderleben und Tiergeschichte. Der kleine Plüschbärenbesitzer Christopher Robin stapft, nachdem er noch den tiefen Wunsch seines Spielzeug-Spielkameraden nach einer Fortsetzung der Geschichte artikuliert hat, die Treppe empor. »Er seufzte ganz tief, hob seinen Bären am Bein auf und ging zur Tür, wobei er Winnie-den-Pu hinter sich her zog. Bei der Tür drehte er sich um und sagte: ›Kommst du mit und siehst dir an, wie ich bade?‹ ›Vielleicht‹, sagte ich. ›War Pus Buntstiftkasten besser als meiner?‹ ›Er war genau wie deiner‹, sagte ich. Er nickte und ging hinaus [...] und einen Augenblick später hörte ich Winnie-den Pu – *rumpeldipumpel* –, wie er hinter ihm die Treppe hinaufging.«[3] Ein Teddy hält das spielend aus.

Die USA hatten sich für die Firma Steiff seit Jahren zu einem wachsenden Absatzmarkt entwickelt. Auf den dortigen Messen wurden wichtige Geschäftsabschlüsse getätigt, und die amerikanischen Einkäufer kamen auch direkt nach Giengen. Wie bereits geschildert, hatten die Amerikaner schon 1903 auf der Leipziger Messe Bären gekauft. Doch erst der kleine Bär (PB 28) war zum Verkaufserfolg geworden.

Margarete Steiff war für eine weitere Expansion bestens gerüstet. Die Räume ihrer neuen Fabrikbauten in Giengen eigneten sich ideal für die Produktion und Lagerung der Spieltiere; sie konnten dank ihrer offenen Struktur variabel genutzt werden.

Die Arbeiterinnen und Arbeiter bei Margarete Steiff lebten nicht schlechter als die kleinen Handwerker. Zudem hatten sie garantierte Löhne, und ihre Arbeit war mit einer enormen Wertschöpfung verbunden: nicht nur vom Wollfaden zum Wollgewebe, sondern vom Plüschstoff zum Teddybären und zu anderem wertvollem Spielzeug. Margarete Steiff hatte in einer wirtschaftlich benachteiligten Region eine Industrie aufgebaut und ihre Firma auf dem Weltmarkt positioniert. Sie hatte jedoch auch Neuerungen eingeführt, die vielen etablierten Giengenern nicht gefallen konnten.

Das Thema der umstrittenen Frauenarbeitsplätze und die vielfach kritisierten Veränderungen im Familienleben aufgrund der weiblichen Berufstätigkeit wurden bereits angesprochen. Die wortlose Unterordnung der Frauen hatte nun vermutlich auch in der kleinen Stadt am Rande der Ostalb ein Ende. Sie konnten durchaus Selbstwertgefühl und Selbstbewusstsein daraus ziehen, dass sie »in der Margarete« an einem sauberen, hellen und modernen Arbeitsplatz ihr eigenes Geld verdienten.

In den Jahren von 1903 bis 1905 hatte sich Richard damit beschäftigt, seine Bärenpuppe zu optimieren. In den USA hatte sich der »Teddy« mit dem Namen des Präsidenten zum Kultobjekt entwickelt. 1908 sah die Firma Steiff sich veranlasst, Klarheit zu schaffen: »›Die Glieder-Bären‹, die unter dem Namen ›Teddy-Bären‹ weltberühmt wurden, sind unsere alleinige Erfindung. Das Modell stammt also nicht aus Amerika, auch nicht die Idee.«[4] Margarete wehrte sich gegen Kopien. »Wer meine Ware kennt, wird sie unmöglich mit minderwertiger Ware verwechseln. Sollten oben empfohlene Bären Nachahmung gefunden haben, so bitte ich meine verehrlichen Kunden um Beweismaterial, wie schon oft erhalten.

Nur die Marke Knopf im Ohr ist wirklich ein dauerhaftes und künstlerisch schönes Spielzeug.«

Anfang des Jahres 1905 listet die Unternehmerin ihre Kreditverbindlichkeiten auf: Sie hat außer den Adolf Glatz geschuldeten Summen, zu denen am 7. Januar weitere 25000 Mark hinzugekommen sind, einen Betrag von 61735,15 Mark bei Theodor Dehlinger offen.

Sorgen macht sich Margarete in dieser Zeit vor allem um ihren Neffen Franz. Er leidet zunehmend unter psychischen Problemen und beginnt, sich von der Familie abzusondern. Am 7. Januar 1905 schreibt die Tante an Eva in London: »Habe soeben von Franz einen Brief bekommen. Er ist in Hamburg, das war das Ziel seiner Reise. Es gefällt ihm gut, er hat sich in einem Privathaus eingemietet und benützt ein Bad oder sonstige Heilanstalt, lebt ganz nach Vorschrift und hofft, dass es ihm bald wieder gut gehe. Er will eine Zeit lang von Giengen wegbleiben, etwa in Hamburg eine Stelle annehmen, dann hoffen wir, dass er sich wieder zurecht findet, er ist eben sehr nervös und da ist es meist besser, wenn man den Platz wechselt. [...] Wir wollen nicht aufhören für ihn zu beten.«

Am 29. des Monats weiß Margarete über eine neue Ortsveränderung von Evas Bruder zu berichten: »Franz ist jetzt in Berlin in Stellung, scheints in seinem Handwerk, Weberei oder Spinnerei, das schreibt er noch nicht genau, es kann ja sein, wenn er geschmeckt hat, wie es anderswo ist, dann ist er gerne wieder daheim.«

Sie kann sich nicht vorstellen, dass sich die Probleme ihres Neffen nicht durch einen Wechsel der Arbeitsstelle oder eben die Einsicht, dass es zu Hause doch am besten ist, lösen ließen. Da steht ihr ihre ausgeprägte Leistungsorientiertheit im

Wege. Man muss seine Arbeit gerne und voller Eifer tun, da »liegt der Segen drauf«. Nach der protestantischen Arbeitsethik, wie sie von Max Weber (1864–1920) beschrieben wurde, lebte mittlerweile auch die Unternehmerin.

Weber versuchte in seiner erstmals 1904/05 veröffentlichten berühmten Studie »Die protestantische Ethik und der Geist des Kapitalismus« einen inneren, das heißt »sinnhaften« Zusammenhang oder eine »Wahlverwandtschaft« zwischen dem kapitalistischen »Geist« und den religiösen Wurzeln der modernen Berufsethik herauszuarbeiten. In den diversen Strömungen des asketischen Protestantismus, so seine These, habe sich zunächst in Westeuropa und später in Nordamerika im Zuge der Industrialisierung eine Ethik ausgeprägt, die unter anderem durch eine rationale Methodik der Lebensführung und Lebensreglementierung gekennzeichnet sei.

Bereits vor Weber hatten verschiedene Autoren auf eine historische Auffälligkeit hingewiesen: Gerade in den Gebieten der »calvinistischen Diaspora« hatte sich die Industrialisierung meist besonders früh durchsetzen können. Weber selbst nennt unter anderen Werner Sombart als für ihn wichtigen Autor.

Max Webers Arbeit wurde und wird von Historikern und Soziologen kontrovers diskutiert. Selbstverständlich ist sein Aufsatz nicht als kanonischer Text zu lesen, sondern muss im historischen und persönlichen Kontext des Autors verstanden werden. Zahlreiche Bezüge zu Webers eigener Familiengeschichte sind ebenso bekannt wie die Tatsache, dass er mit seiner Untersuchung nicht zuletzt dem seit Gründung der Nationalliberalen Partei gespaltenen deutschen Bürgertum ein konkretes Orientierungsangebot vorlegen wollte. Webers Anglophilie und seine Bewunderung des angelsächsischen

Kapitalismus sowie der parlamentarischen Demokratien stehen außer Frage.

Seine Rekonstruktion der asketischen Grundlagen des modernen kapitalistischen »Geistes« und des bürgerlichen »Ethos« der Lebensführung enthält einige psychologische Grundannahmen, die ihn mit zwei weiteren Theoretikern seiner Zeit verbinden: mit Friedrich Nietzsche (1844–1900) und Sigmund Freud. Das gilt insbesondere für seine Theorie der »Triebverdrängung« beziehungsweise der Affektkontrolle und kulturellen Sublimierung. Und nicht zuletzt befinden wir uns mitten im – antikatholischen – Kulturkampf.[5] Hier soll Max Weber vor allem aber auch als ein Zeitgenosse Margarete Steiffs zu Wort kommen, der sich in der Theorie mit genau den Problemen auseinandersetzte, die sie Tag für Tag in der Praxis zu lösen unternahm.

Unter »I. Das Problem« macht Weber »den ganz überwiegend *protestantischen* Charakter des Kapitalbesitzes und Unternehmertums sowohl, wie der oberen gelernten Schichten der Arbeiterschaft, und namentlich des höheren technisch oder kaufmännisch vorgebildeten Personals der modernen Unternehmungen« als ein Faktum aus. Solche Berufsbiografien setzten den »Besitz ererbten Reichtums« voraus. Wirtschaftlich prosperierende Gebiete und »die Mehrzahl der reichen *Städte* hatten sich aber im 16. Jahrhundert dem Protestantismus zugewendet und die Nachwirkungen davon kommen den Protestanten *noch heute* im ökonomischen Kampf ums Dasein zugute«. In der Reformation sieht Weber auch »die Ersetzung einer höchst bequemen, praktisch damals wenig fühlbaren, vielfach fast nur noch formalen Herrschaft durch eine im denkbar weitgehendsten Maße in alle Sphären des häuslichen und öffentlichen Lebens eindringende, unendlich lästige und ernstgemeinte Reglementierung der ganzen Lebensführung.«[6]

Vor dem Hintergrund, dass Margarete Steiff in ihrem Unternehmen überwiegend junge Frauen beschäftigte, interessiert uns hier natürlich, was Max Weber zu den arbeitenden Frauen zu sagen hat.

»Ein Bild rückständiger und traditionalistischer Form der Arbeit bieten heute besonders oft die Arbeiter*innen*, besonders die unverheirateten. Insbesondere ihr absoluter Mangel an Fähigkeit und Willigkeit, überkommene und einmal erlernte Arten des Arbeitens zugunsten anderer, praktischerer, aufzugeben, sich neuen Arbeitsformen anzupassen, zu lernen und den Verstand zu konzentrieren oder überhaupt zu brauchen, ist eine fast allgemeine Klage von Arbeitgebern, die Mädchen, zumal *deutsche* Mädchen beschäftigen. [...]

Anders, und das ist ein für unsere Betrachtung nicht ganz unwichtiger Punkt – pflegt es regelmäßig nur mit spezifisch religiös erzogenen, namentlich mit Mädchen *pietistischer* Provenienz zu stehen. [...] Die Fähigkeit der Konzentration der Gedanken sowohl als die absolut zentrale Fähigkeit, sich *der Arbeit gegenüber verpflichtet zu fühlen*, finden sich hier besonders oft vereint mit strenger Wirtschaftlichkeit, die mit dem Verdienst und seiner Höhe überhaupt *rechnet* und mit einer nüchternen Selbstbeherrschung und Mäßigkeit, welche die Leistungsfähigkeit ungemein steigert. Der Boden für jene Auffassung der Arbeit als Selbstzweck, als *Beruf*, wie sie der Kapitalismus fordert, ist hier am günstigsten, die Chance, den traditionalistischen Schlendrian zu überwinden, *infolge* der religiösen Erziehung am größten.«[7]

Die religiöse Erziehung, die in eine untadelige Arbeitsmoral mündete – diese Gedankenkette war im protestantischen

Württemberg nichts Neues. Auch die Hochschätzung des Pietismus als Vorbereitung auf den Arbeitsmarkt gehört in den Kontext der »Heiligung« des Alltäglichen. Alles, was eine fromme Pietistin tat, hatte einen höheren Sinn, einen Bezug zu Gott. In Margarete Steiffs moralischen Ermahnungen ihrer Nichte Eva findet sich vieles, was an Webers Analyse der protestantischen Arbeitsethik denken lässt. Im Brief vom 7. Januar 1905 lesen wir die Aufforderung, sich den Bedingungen der fremden Umgebung zu fügen: »Ich bin froh für dich, dass das Frühjahr kommt, dann kann man mehr ins Freie und die Zeit geht schneller vorüber. Ich hoffe, dass du nicht bockig bist gegenüber Mrs. M[oir,] du bist es Dehlingers schuldig, dich gut zu verhalten.« Währenddessen stehen in Giengen die Zeichen wieder einmal ausschließlich auf Arbeit, Arbeit, Arbeit. »Heuer haben wir's ruhiger an Fastnacht. Die Messe fällt gerade darein, da haben sich die Brüder ganz und gar abgemeldet, weder im Museum noch im Gesangverein wird etwas übernommen.«

Die Arbeitseffizienz in der Fabrik wird allein durch technische Störungen gebremst. »Jetzt ist endlich eine gute Heizung im Glashaus II, wir haben bis vorigen Montag nicht mit vollem Dampf arbeiten können. Es mussten viele Leute daheim bleiben.« Abschließend informiert die Tante ihre Nichte noch darüber, dass in Giengen das »Verlobungsfieber« grassiert.

Mit dem nächsten, am 26. Februar 1905 geschriebenen Brief erhält Eva Geburtstagsglückwünsche. »Da ich Dir heute nichts senden kann, so darfst Du dir extra 1 Pfund = 20 Mark mehr abheben bei Hughes und dir etwas dafür anschaffen, Bedürfnisse wirst du schon haben.« Auch Evas Schwestern Lina und Marie hatten Geburtstag. »Da hat man 2 Mücken auf einen Schlag gefangen. Marie bekam Linas Uhr und Lina eine schöne neue. Die älter[e] wurde neu hergerichtet und ist noch ganz gut, Marie wird unbändige Freude haben.«

Margarete Steiff ist wahrlich sparsam geblieben. Die ältere Nichte bekommt eine neue Uhr, die jüngere die von der Schwester abgelegte. Und daran wird sie, da ist sich die Tante sicher, »unbändige Freude« haben. Dass die Steiff-Mädchen bescheiden bleiben, ist ihr ein großes Anliegen.

Dennoch ist es den Nichten und Neffen erlaubt und möglich, ein geselliges Leben zu führen. »Heute ist wieder alles in Heidenheim. Der Sängerclub führt die Oper ›Der Waffenschmied‹ auf. Am Mittwoch hat das Museum eine Tiroler Bauernhochzeit in der Turnhalle, wo Paul und Otto mitmachen. Am Freitag reist dann *Alles* nach Leipzig zur Messe. Paul, Richard, Otto, Else und Lina, die freuen sich sehr, können möglicherweise recht getäuscht sein.« Diese letzte Bemerkung bezieht sich auf die beiden jungen Frauen, die enttäuscht sein könnten, weil auf der Messe so viel Arbeit und so wenig Vergnügen auf sie wartete.

Dann widmet sich Margarete wieder einmal der Mode und dem Reformkleid, das sich Eva so sehr wünscht und das ihr die Tante immer auszureden versucht hat. Vergeblich. »Nun hast du deinen Frack [abwertend für Kleid] scheints doch selbst gemacht, ist er fertig und richtig?« Es folgt eine der seltenen Stellungnahmen Margarete Steiffs zu Ereignissen des öffentlichen Lebens: »Am 9. Mai ist in Württemberg Schillerfeier, da wird hier die Glocke aufgeführt und großer Radau gemacht. Gestern war Königs Geburtstag, da gibt es für Beamte viele Auszeichnungen und Orden, dabei dürfen unsere Vettern nicht fehlen. I. Albert Steiff Regierungsrat in Ludwigsburg einen Orden und II. Secretair Hugo Steiff eine Auszeichnung oder ein Verdienstkreuz, ich weiß es nimmer genau.«

In dieser Äußerung schimmert noch der Stolz der alten Reichsstadt durch, deren Bewohner die Annexion durch Württemberg nie hatten verwinden können. Mit dem Königreich und seinen Auszeichnungen, die selbstverständlich nur an Männer verliehen wurden, kann Margarete nicht viel anfangen. Auch wenn es Mitglieder der eigenen Familie sind, die in deren Genuss kommen.

Sofort aber sind ihre Gedanken wieder beim »Geschäft«. »Mit unseren Neuheiten sind wir noch nicht fertig, es sind lauter schwierige Sachen, wir wollen sehen, was heuer die Messe bringt.« Am 23. März 1905 stellt sie Eva eine neue Karikaturpuppe vor: »Wir haben einen sehr drolligen neuen Artikel, eine dicke Frau ›Miss Katzenjammer‹, das ist ein origineller Teewärmer. [...] Solch eine Madam musst Du auch noch bekommen. Auf der Messe waren die Leute ganz närrisch damit gewesen. Unsere Leute haben gute Geschäfte gemacht und konnte man Else und Lina gut gebrauchen. Sie hatten selten ein richtiges Mittagessen vor lauter Kundenbesuche.«

Inzwischen hat sich der Gesundheitszustand von Franz Steiff weiter verschlechtert: »Er ist ein sehr kranker Mensch [...]. Endlich kam von ihm Nachricht aus der Schweiz, dort ging er selbst in eine Heilanstalt, jetzt muss er aber dort bleiben, denn sonst hat man Todesangst wo er herumirrt. [...] Das ist eine sehr schwere traurige Sache, lieber eine körperliche Krankheit, das ist leichter zu tragen, als so was. Aber wir Menschen können eben gar nichts machen als beten, dass es Gott zum Bessern wenden möge.« Wenn sie hier davon spricht, dass eine körperliche Krankheit leichter zu ertragen sei als eine psychische, denkt sie an sich und ihre trotz Behinderung erkämpften Erfolge. Der Rest ist Beten. Das hatte auch ein Dr. Werner getan, wenn er nicht mehr weiterwusste.

Am 24. April berichtet die Tante der Nichte vom Fertigen der Aussteuer für Paul: Mini, seine Verlobte, und Marie, seine jüngste Schwester, »nähen fest drauf los [...]. Marie kann ja kaum eine Nadel halten.« Ab dem 1. Mai muss die jüngste Tochter von Friedrich Steiff, die sich beim Nähen noch so ungeschickt anstellt, in die Arbeitsschule. Sie verspricht, »recht folgsam zu sein, ich hoffe, dass es geht«. Marie kann gut kochen und »somit kann sie der Mutter auch helfen«.

An ihre jüngste Nichte trägt Margarete Steiff genau die Erwartungen heran, mit denen sie selbst als junges Mädchen konfrontiert gewesen ist. Marie hatte keine Behinderung, sie musste funktionieren. Franz, dem gerade dieses Funktionieren nicht gelingen will, kehrt nach Giengen zurück, um im Haus der Tante zu wohnen. Für seinen Empfang werden Zimmer umgeräumt und gewechselt. Margarete berichtet davon, dass auch ihr Neffe Paul und Mini Schneider bei ihr im Haus leben. Sie werden heiraten – »kennengelernt haben sich die beiden schon«, lautet ihr vielsagender Kommentar.

Die Nichten und Neffen scharten sich auch an den Feiertagen gerne um ihre Tante. »Ich und alle waren über Ostern recht froh, besonders, dass Franz da ist und sich wieder recht an die Familie anschließt. Auch ging er aus freien Stücken zum heiligen Abendmahl. [...] Gebe Gott, dass er die Kraft behält, seine unglücklichen Ideen zu bekämpfen. Sein letzter freiwillig gewählter Kuraufenthalt in der Schweiz hat ihm klar gemacht, dass man bei den Eigenen doch am meisten Liebe findet. Auch Tante Pauline ging nach langer Zeit wieder zur Kirche und zu Gottes Tisch. Sie ist sehr ruhig und lieb, aber das Heimweh nach Paula [ihrer verstorbenen Tochter] ist immer dasselbe. Doch wenn sie es jetzt mehr aus Gottes Hand annimmt, dann, dann lässt sich das schwerste Leid leichter tragen. Vergiss doch das Beten nicht und lese in deinem Neuen Testament. Das kann dir als Übung gute Dienste leisten.«

Die Familie soll den Steiff-Kindern das Wichtigste sein. Bei der Tante finden sie »doch am meisten Liebe«. Margarete ist dann beruhigt, wenn alle in die Kirche gehen, am Abendmahl teilnehmen und ihren Kummer als von Gott gewollt annehmen. In diesem »Annehmen« übt man sich am besten, wenn man betet und in der Bibel liest.

Eine stetig steigende Nachfrage nach Plüschbären erforderte immer mehr Arbeitskräfte, die in Giengen nicht mehr zu finden waren. Die ganze nähere Umgebung fertigte in diesen Jahren Teddys: von Burgau in Bayern und Dillingen im Donautal über Neresheim auf dem Härtsfeld bis hinüber nach Schwäbisch Gmünd im Remstal.[8] Nie zuvor hatte ein Spielzeug einen solchen Boom ausgelöst.

Die erfolgreiche Unternehmerin fährt dementsprechend in ihrem Brief vom 24. April 1905 an Eva fort: »Das Geschäft geht großartig, besonders kann man gar nicht genug Bärlein machen, trotzdem ich immer Leute einlerne. Nun habe ich Sofie Eckert im Geschäft, das ist mir eine große Stütze, weil sie alles so gut und noch besser kann als ich, dann darf ich doch im Frühjahr und Sommer hie und da an die Luft, was ich mir fest vorgenommen habe.« Die Phasen der Erholung waren im Leben von Margarete Steiff angesichts der wirtschaftlichen Expansion ihrer Firma kürzer und seltener geworden. Das Verlangen nach Bewegung und frischer Luft, das sie bereits als kleines Kind deutlich artikuliert hatte – wir erinnern uns an ihr unmissverständliches »Tragt mich auf die Gasse!« –, war geblieben, und sie versuchte, sich diesen Wunsch wann immer möglich zu erfüllen.

Margarete Steiff war seit langem der Mittelpunkt der Familie. Es ist wie bei den Spielen ihrer Kindheit: Alle sind auf sie bezogen. Inzwischen sind alle auch wirtschaftlich von ihr abhängig. Nun hat sie sich tatsächlich ein eigenes Reich geschaffen, in dem sie regiert. Zahlreiche Fotos von Familienzusammenkünften an einem großen Tisch haben sich erhalten. Stets richtet sich die Aufmerksamkeit aller auf die Tante, ob sie nun still dasitzt oder mit Hilfe einer Stimmgabel den gemeinsamen Gesang dirigiert.

Die abwesende Tochter von Anna Steiff schrieb in der Regel der Tante und nicht der Mutter. Das erzeugte offensichtliche Missstimmungen, die Margarete herunterzuspielen sucht: »Wenn Du wieder schreibst, so lege an deine Mutter einige Zeilen bei, sie ist oft sehr betrübt, wenn sie von ihren Kindern vernachlässigt wird und auch mit Recht, was hat man einer Mutter alles zu verdanken, wie viel Liebe, Sorge und Mühe braucht es, bis die Kinder erwachsen sind, und dann wird man zurückgesetzt, das tut weh.« Vielleicht hat sich ihre Schwägerin auch zurückgesetzt gefühlt, als Margarete für ihre älteste Tochter Lina am 9. Mai 1905 bei Fritz Hodum, Goldschmied in Giengen, den Ehering kaufte: »115 karat Ehering 33 Mark«.

Lina Steiff hatte sich mit Alexander Leo, einem Kaufmann aus München, verlobt. Die beiden hätten sich »ausgesprochen«, schreibt Margarete am 14. Mai 1905 an Eva. »Dann wurde er mir und Mutter vorgestellt. Er hat unser aller Herzen gewonnen.« Am nächsten Tag sehen sie sich gemeinsam in Stuttgart Möbel an und machen Besuche. »Lina wurde sehr gut aufgenommen in der Familie. Es sind lauter gediegene

Leute.« Hochzeit soll im September sein, ab morgen werde wieder genäht.

Erneut musste eine Aussteuer angefertigt werden – Margarete Steiff war in ihrem Element. Bereits am 16. Mai erhält sie die Karte einer Weberin, die anfragt, ob die bestellten Tafeltücher auch bestickt und gesäumt werden sollen. Für die Schillerfeier in Giengen stiftet sie Kostüme. »All das Zeug, das sich durch Maskerade und Weihnachtsfeier angehäuft hatte, habe ich zur Verfügung gestellt.«

Lina Hähnle schreibt ihr anlässlich der Verlobung ihrer Namensvetterin ein Karte: »Liebes Gretle! Schon wieder darf man Dir gratulieren zu einer Verlobung, das geht ja merkwürdig rasch nacheinander und ist jedenfalls auch für Dich eine große Freude und Beruhigung, Deine Nichte so glücklich und gut versorgt zu wissen. Im Geschäft wirst Du sie freilich vermissen, allein, da geht es eben wies der Brauch ist, dass das Glück der Jungen allem anderen vor geht! Es wäre mir leid, die 2 Bräutigamme nicht auch sehen zu können.«

Eva hatte in England ihre Stelle gewechselt, und nun fühlte sie sich im neuen Haushalt unwohl. Am 5. Juni kommentiert die Tante: »Du bist eben in der Fremde und musst dich in ganz Ungewohntes schicken. Wie man es auf den Herbst macht, warten wir noch ab. Ich könnte dich ja nötig brauchen, aber wenn es zu deinem Besten ist, so verzichte ich noch einige Zeit.« Die Nichte soll den ihr anvertrauten Zögling gut unterhalten. »Doch darfst du in erster Linie nicht verdrießlich sein, sonst geht's nicht.«

Hier spricht eine erfahrene »Kindsmagd«. Angesichts der Lebensumstände Evas ergreift die Tante das Fernweh. »Wenn ich nur an dem schönen Meeresstrand sein könnte, das muss doch herrlich sein, darfst du auch baden? Hast du einen Anzug dazu?« Die junge, abenteuerlustige Margarete, die vom Erntewagen in die Brenz stürzt, die im Schwarzwald in einen Tümpel fällt, mit dem Rollstuhl in Giengen den Hang hinabsaust, da ist sie für einen Augenblick wieder präsent.

Aber sogleich kehren ihre Gedanken zu der jungen Braut zurück. Die schickt sich an, bei ihrer zukünftigen Verwandtschaft in Stuttgart einen Besuch zu machen. »Da muss sie sich herrichten, denn Leo's haben viel vornehme Verwandte.« Der gesellschaftliche Druck, der auf der sozial weit aufgestiegenen Familie Steiff liegt, wird wieder einmal deutlich. »Jetzt braucht sie noch ein Staatskleid. [...] Die Schwiegermamma geht mit Lina bald nach München, eine Wohnung zu suchen und Möbel zu bestellen. Blätter wirst Du bald wieder erhalten worin Du die Stadtneuigkeiten erfährst.«

Der nächste Brief, vom 27. Juni, berichtet Eva von den vielen Besuchern, die sich zu Pfingsten eingefunden haben, von neuen Hochzeiten in Giengen und von einem guten Zeugnis Maries aus der Arbeitsschule. Dann geht es einmal mehr um Evas äußeres Erscheinungsbild. »Wenn du ein Kleid kaufst, dann nur kein Reform, dazu bist du zu dick. Rock und Bluse ist auch eher zu kaufen.« Nach dieser ungeschminkten Einschätzung wenden sich ihre Gedanken der Firma zu: »Bei dir muss es doch noch wärmer sein als bei uns. Das Glashaus hat man gegen die Sonne angekalkt und auf dem Dach gestrichen.«

Drei Tage später überweist Margarete Steiff »über 1 Check« 1575 Mark an Herrn Kommerzienrat Adolf Glatz, Stuttgart, »zum Abgleich Ihrer Zinsforderung, 4 1/2 % aus 70 Mill [70000 Mark] per 1. 7. 05«.

Am 28. Juli dankt Tante Margarete der »lieben Eva« für ihren Geburtstagsbrief. Um die Kleidung, die sie bei den bevorstehenden Hochzeiten ihrer Geschwister Paul und Lina tragen möchte, muss Eva sich selbst kümmern. »Wir können nicht auch noch für dich sorgen.« Aber eines ist völlig klar: »*nicht* Reform«! Eva hat sich entschlossen, noch länger in Stellung zu bleiben. Margarete fragt nach »Langenscheidts Notwörterbuch. Land und Leute in England Band III«. »Franz will dirs schicken. Es sind darin die Gebräuche und was im Leben vorkommt beschrieben und erklärt, das könnte dir sehr nützlich sein. So nötig als ich dich brauchen könnte, so ist es mir doch lieber, dass du noch länger bleibst, es ist für dein ganzes Leben gut. Hier habt ihr immer zu wenig Zwang und dadurch wird man nachlässig.«

Lina bekomme eine schöne Einrichtung mit in die Ehe, berichtet Margarete weiter. Und Eva dürfe nicht mehr über Mrs. Moir klagen, die mit Dehlingers verwandt ist – und daher auch mit den Steiffs, denn Else Dehlinger hat Richard Steiff geheiratet: »Auf der Welt muss man viel hinnehmen, was einem nicht passt.« Immerhin will sich die Tante darum kümmern, dass Evas Rad in Ordnung ist, wenn sie zurückkehrt.

Ein Zeugnis vom 29. Juli 1905 spiegelt, was Margarete Steiff von ihren Mitarbeiterinnen erwartete: »Fräulein Elise Sommer war vom 23. Januar bis heute in meinem Contor mit Registratur und Schreiberei beschäftigt und hat sich durch ihren Fleiß, Pünktlichkeit und Bescheidenheit meine volle Zufriedenheit erworben.«

An Lina Hähnle hat Margarete kleine Tierchen und Nadelkissen geschickt. Wir erinnern uns daran, dass eines der ersten »Elefäntle« in ihre Hände gelangt war. Am 17. August 1905 schreibt die Industriellengattin und Naturschützerin: »Liebes Gretle! Du hast mir mit den reizenden kleinen Tierchen und Nadelkissen große Freude gemacht und ich konnte so Vielen damit eine Aufmerksamkeit erweisen, weshalb mich Deine Spende doppelt erfreute. Für Deinen lieben Brief möchte ich Dir ebenso wie für die reizenden Sachen recht herzlich danken. Ich weiß es sehr zu schätzen, dass Du Vielbeschäftigte mir einen eigenhändigen Brief geschickt hast.«

Lina Hähnle, die Ehefrau des international erfolgreichen Hans Hähnle, spart nicht mit ihrer Anerkennung für Margarete. Sie kennt deren Situation aus der eigenen Erfahrung mit ihrem beruflich ähnlich stark beanspruchten Mann. Margaretes Gefühle angesichts der bevorstehenden Hochzeit kann sie gut nachvollziehen: »Recht sehr freut es mich für Dich, dass Du so befriedigt sein kannst, Du hast fast wie eine Mutter für sie gesorgt und es ist nicht mehr als billig, dass Du nun auch Teil hast an dem Sonnenschein, der durch die Jungen ins Haus fällt.«

Wieder spricht große Hochachtung aus Linas Worten. »Du hast wie eine Mutter für sie gesorgt« – das hat Margarete sicher froh und stolz gemacht. Auch am Schicksal von Pauline Röck nimmt die Freundin Anteil. »Ein großes Glück ists dass Deine gute Schwester sich so weit erholt hat u. diese große Sorge von Dir genommen ist. […] Sei herzlich gegrüßt von Deiner Lina.«

In der Zwischenzeit ist auch für Friedrich und Anna Steiffs jüngste Tochter die Zeit gekommen, ihre gewohnte familiäre Umgebung zu verlassen. In Margaretes Brief an Eva vom 19. August 1905 finden sich die Zeilen: »Jetzt sind die Würfel gefallen und Marie zur Köchin ernannt, deine Dame weiß doch, dass Mußi erst 18 1/2 Jahre alt ist? Sie muss alles lernen.« Nun müssen für Maria die Kleider gerichtet und ein Reisekorb angeschafft werden. »Marie freut sich unbändig.«

Ansonsten wird Margaretes Haushalt von den Vorbereitungen auf die Hochzeiten bestimmt. »Alex ist ganz fürchterlich verliebt. Lina bekommt so schöne Aussteuer wie Else, will sehen, ob es für dich auch einmal so schöne langt.«

Die Nachfrage nach den Teddybären stieg unterdessen weiter steil an. Margarete an Eva: »Wir haben unglaublichen Umtrieb im Geschäft, man will die kleinen Bären hundertdu[t]zendweise. Ich habe heuer bestimmt noch 100 Leute mehr als früher.« Noch heute kursieren in Giengen heitere Gerüchte über diesen unglaublichen Bärenboom. Nicht nur haben in jeder Familie Vater, Mutter und Kinder für Steiff gestopft, nein, auch der Pfarrer machte sich nützlich. Die Organisation der Arbeitsabläufe wird nun immer weiter perfektioniert: Material, Beschaffenheit und Größe des jeweiligen Tieres lassen sich an einer vierstelligen Zahlenkombination ablesen.[9] Am 21. September 1905 vermeldet der Direktor der Filzfabrik an »Fräulein Margarete Steiff Hier. Wie besprochen habe ich durch die Württ[embergische] Vereinsbank heute mittels Reichsbankgiro Conto an die Bayerische Filiale der Deutschen Bank in München [...] daselbst M 10000 anweisen lassen. [...] Hochachtungsvoll Theodor Dehlinger.«

Paul Steiff heiratete im Herbst die Mitarbeiterin Mini (Wilhelmine) Schneider. Rechnungen vom 20. und 21. September belegen, dass in der Brauerei *Lamm* und im Gasthof *Zum Rössle* mit zahlreichen Personen gefeiert wurde. Für die Belegschaft wurden »Kaffee, Würst, Brod und 110 Liter Bier« gereicht. Für Verwandte und Freunde gab es »Hefekranz, Kleinbackwaren, Kuchen und Gugelhupf, Forelle mit Kartoffelsalat, Schlachtbraten, Spätzle und Salat«. Bereits als Kind hatte Margarete gutes Essen besonders genossen. Nun feierte sie gern die Feste im Jahreslauf oder eben Familienfeste. Da gönnte sie sich sogar den Friseur: »Gustav Rödter Friseur & Putzgeschäft. Frl. Marg. Steiff. Für Frisieren 2 Mark.«

Im Spätherbst 1905 besucht Margarete die Familie Glatz in Stuttgart. Von dort schreibt sie am 1. November 1905 an Eva: »Es ist unglaublich, dass ich seit ich hier bin, noch nie ans Schreiben gekommen bin. Man mag halt lieber nichts tun, wenn man in der Vakanz ist. Mir geht es gut hier, bei der Frau Glatz bin ich sehr gut versorgt und mache von da aus meine Besuche.« Und wieder gibt es Ermahnungen, dieses Mal richten sie sich an Marie: »Ich weiß ja aus deinen Erzählungen, liebe Marie, dass du auch in Wilhelmsdorf die Gewohnheit hattest, einfach keine Antwort zu geben, wenn es dir nicht passte, das geht eben im Dienst nicht, da muss man stets höflich und freundlich sein.«

»Lehrjahre sind keine Herrenjahre« ist das Motto, das Margarete den Mädchen in verschiedenen Versionen zu vermitteln versucht. An Marie schreibt sie weiter: »In Wilhelmsdorf war man entschieden nicht streng genug. Das soll keine Strafpredigt sein. Ich meine es nur herzlich gut mit dir. Eva musste dieselbe Schule durchmachen, auch Lina war es in Mannheim nicht leicht. Ihr habt eben alle daheim zu viel Recht, da meint man, es müsste alles nach dem eignen Willen gehen und das ist nicht der Fall in der Fremde. Mein Aufenthalt wird bis 6. November gehen, da will ich heimgehen, weil es sehr viel Arbeit gibt.« Das Weihnachtsgeschäft ist dann allerdings so anstrengend, dass selbst sie keine Lust mehr auf eine Feier in der Firma verspürt. »Es sind viel zu viele fremde Leute dabei.«

11. Kapitel
Bilanz ziehen

Margarete Steiff war inzwischen 58 Jahre alt, und sie wollte ihre Nachfolge regeln. Aus einem Schreiben vom 23. Dezember 1905 geht hervor, dass ihr alter Freund Adolf Glatz für die im August 1904 von ihm vorgeschlagene Gründung einer GmbH unter Beratung von Anwälten einen Vertragsentwurf erstellt hatte.

> [Durchschlag, Brief von Margarete 07. 02. 06]
> Herrn Rechtsanwälte Payer und Müller, Stuttgart, Werastraße 2
> Mit diesem erlaube ich mir die Anfrage wie hoch sich die Kosten intern belaufen werden bei der Gründung einer Gesellschaft mit beschränkter Haftpflicht bei einem Kapital von 450 tausend Mark u[nd] 4 Gesellschaftern.
> Ferner ob ich Ende März dieses Jahres Herrn Rager in Stuttgart treffen kann, um obiges zu bezahlen und festmachen zu können.
> Ihrer gefälligen Antwort entgegensehend
> Achtungsvoll Margarete Steiff

Am 30. Mai 1906 wird die GmbH errichtet, Margarete und ihre Neffen Richard, Paul und Franz sind die Gesellschafter. Den größten Anteil des Geschäftsvermögens von 420000 Mark hält mit 270000 Mark die Unternehmerin selbst. Ihr wichtigster Teilhaber wird Richard, dessen Geschäftsanteil mit 88000 Mark wiederum größer ist als die Anteile von Paul und Franz zusammen, die mit je 32000 und 30000 Mark beteiligt sind. Hierin spiegelt sich der Beitrag Richards zum Firmenerfolg, den Margarete hoch zu schätzen weiß: Richard hatte den Teddy geschaffen!

Im Handelsregister beim Amtsgericht Heidenheim findet sich folgende Eintragung:

> Margarete Steiff GmbH
> Gegenstand des Unternehmens ist die Herstellung und der Vertrieb von Spielwaren u[nd] ähnlicher Waren, insbesondere der Fortbetrieb der seither in Giengen an der Brenz ansässigen Firma M[argarete] S[teiff]
> Das Stammkapital beträgt 420000 M[ar]k
> Geschäftsführer Margarete, Paul, Richard, Franz [Steiff]
> Zur Erklärung und Zeichnung für die Gesellschaft sind je zwei Geschäftsführer zusammen befugt
> Von Margarete Steiff sind eingelegt u[nd] von der Gesellschaft übernommen worden: die im Grundbuch der Stadtgemeinde Giengen, Heft 163, eingetragenen Grundstücke im Gesamtwert von 117751 M[ar]k u[nd] die in der Inventur vom 31. Dezember 1905 verzeichneten Gegenstände (Maschinen, Einrichtungen, Lagerwaren etc.) im Gesamtwert von 277691 M[ar]k.
> Den 6. Juli 1906 Landgerichtsrat Wiest

Von nun an können die drei Neffen als Gesellschafter und Geschäftsführer über die Firmenentscheidungen mitbestimmen. Eine Arbeitsordnung wird erlassen, die Übersicht über die täglichen Abläufe geben soll. Darin werden die Arbeiterinnen und Arbeiter verpflichtet, die »übertragenen Arbeiten mit Fleiß und Sorgfalt« auszuführen. Als Entlohnung gibt es einen Tages- oder Stundenlohn oder einen vereinbarten Akkordlohn.

»Als Arbeitstage gelten die Wochentage des Jahres. An Sonntagen und den gesetzlichen Festtagen ruht die Arbeit.« Auch die tägliche Arbeitszeit ist nun festgelegt: Sie beginnt morgens um 7 Uhr, Pause von 8.45 bis 9 Uhr, Mittagspause von 12 Uhr bis 1 Uhr, Pause von 3.15 bis 3.30 Uhr und Feierabend um 6 Uhr.[1] Es waren also neuneinhalb Stunden reine Arbeitszeit zu erbringen.

Spätestens mit der Filzkonfektion war Margarete »Kaufmann« im rechtlichen Sinn geworden. Als solcher musste sie nach Artikel 29 des Allgemeinen Deutschen Handelsgesetzbuches (ADHGB) regelmäßige Jahresbilanzen erstellen. Das ADHGB galt in den Ländern des Deutschen Bundes seit 1861 und war seit 1871 Reichsgesetz. Die Steiff-Bilanz vom 1. Januar bis 31. Dezember 1906, von der Unternehmerin selbst verfasst, ist uns erhalten und liefert außerordentlich interessante Aufschlüsse über die Geschäftslage. Bei einer Bilanz werden die Vermögenswerte (Aktiva), also Immobilien, Rechte und Forderungen, den Verpflichtungen und dem Stammkapital (Passiva) gegenübergestellt. »Bilanza« heißt übersetzt Waage; in der einen Waagschale liegen die Aktiva, in der anderen die Passiva. Die Waage muss sich im Gleichgewicht befinden.

Der primäre Zweck der im Handelsgesetzbuch gesammelten Vorschriften über Bilanz und Inventur lag in der Selbstinformation, also nicht im Kapitalerhalt oder dem Gläubigerschutz so wie heute. Mittels einer geordneten Buchführung und Bilanzierung sollte der Kaufmann sich selbst über den Verlauf seines Geschäfts Rechenschaft ablegen und dadurch befähigt werden, seine geschäftlichen Entscheidungen sinnvoll zu treffen.[2]

1. Januar 1906	
Aktiva	
Grundbesitz laut Grundbuch	
Doppelwohnhaus	M 9041,00
Mittelbau	M 6816,00
Halbes Wohnhaus	M 5387,00
Magazin, früher Siekler	M 1051,00
Magazin, früher Hörger	M 5130,00
Wohnhaus Weinbergstraße	M 4666,00
dreistockiges Glashaus	M 37908,00
zweistockiges Glashaus	M 46800,00
Bauplatz früher Bleiche H[ähnle]	M 952,00
Gebäudeeinrichtung Ausbau	M 7320,00
Geschäftseinrichtung	M 5247,00
Maschinen El[ektrische] Kraft, Licht, Telefon	M 13052,00
Werkstätteneinr[ichtung], Schlosser, Schreiner	M 1873,00
Rohmaterial	M 118189,00
Halbfertige Ware	M 64500,00
Lagerware	M 50343,00
Mehranschlag auf obige Werte zwecks Feststellung der Geschäftseinlage auf 420 Mill.	M 3400,00
Kassenbestand	M 5787,00
Bankguthaben	M 7980,00
Ausstände	
Versand en gros	M 186594,00

Versand en detail	M 1171,00
Leihkonto auf Nähmaschinenkonto	M 1597,00
Hipotheke Rehm, Altenberg	M 1058,00
	M 585862,00
Passiva	
Pfandschuld an Herrn A[dolf] Glatz	M 70000,00
Darlehen von Herrn Dehlinger	M 23316,00
Darlehen Häussler, Mich[ael]	M 1700,00
Darlehen Caspar Hähnle	M 8000,00
Darlehen Tante Jooss	M 1000,00
Darlehen Pauline Röck	M 5444,00
Darlehen Bruder Steiffs Erben	M 13000,00
Darlehen Eva Steiff	M 1300,00
Darlehen Otto Steiff	M 2844,00
Geschäftsschulden	
Unbezahlte Rechnungen siehe Inventar	M 39258,00
Geschäftseinlagen	
Margarete Steiff	M 270000,00
Paul Steiff	M 32000,00
Richard Steiff	M 88000,00
Franz Steiff	M 30000,00
	M 585862

Die Passiva bestehen aus drei großen Gruppen. Da sind zum einen die Geschäftseinlagen, also die Anteile der Gesellschafter am Kapital von 420000 Mark. Ferner gehören hierzu die von Margarete aufgenommenen Darlehen von zusammen 126604 Mark. Das sind 30,14 Prozent des Kapitals. Mit diesen Darlehen arbeitete sie vermutlich langfristig; sie waren wohl in den Betrieb des Unternehmens fest einkalkuliert. Auffällig ist hierbei, dass Margarete selbst kleine Beträge als Darlehen aufgenommen hat, zum Beispiel von »Tante Jooss« 1000 Mark und von Eva Steiff 1300 Mark. Alle Darlehen stammen von Privatleuten aus dem weiten Kreis ihrer Familie, nicht von Banken. Außerdem gehören zu den Passiva die unbezahlten Rechnungen. Am Stichtag 31. Dezember 1906 sind das 39258 Mark.

Die Aktiva lassen sich ebenfalls in Gruppen zusammenfassen. Da sind zunächst die Immobilien, sowohl ursprünglich private Häuser als auch Fabrikgebäude. Außerdem werden die Geschäftseinrichtung im weiteren Sinne sowie Rohmaterialien, Halbfertigware und Fertigware auf Lager gelistet. Weiter gehören zu den Aktiva die liquiden Mittel in Kasse und Bank sowie die Außenstände.

Bei den Immobilien fällt auf, dass Margarete Steiffs privater Hausbesitz in die GmbH eingebracht worden war. Im Falle eines Konkurses wäre auch er unter die Konkursmasse gefallen. Die Unternehmerin hätte ihr Zuhause verloren. Vermutlich musste sie zur Sicherung der Darlehen, die sie als Kaufmann aufgenommen hatte, so vorgehen. Der Ausdruck »Pfandschuld« legt nahe, dass das große Darlehen von Adolf Glatz immer schon vorrangig durch Hypotheken gesichert worden war.

Das »zweistockige Glashaus« steht mit 46800, das »dreistockige Glashaus« mit 37908 Mark in der Bilanz. Damals war der fiktive Veräußerungserlös unter der Bedingung einer Fortführung des Geschäfts in die Bilanz einzustellen. Die beiden Fabrikgebäude, in deren Bau Margarete Steiff den Geschäftsgewinn vieler Jahre investiert hatte, boten den Gläubigern allerdings nur eine geringe Sicherheit, da sie diesen Schätzpreis bei einem Verkauf in Wahrheit nicht einmal annäherungsweise hätten erreichen können. Niemand sonst vor Ort hätte für solche Produktionsgebäude eine Verwendung gehabt. Sie standen in Giengen und nicht in Berlin. Dort wären sie für andere Industrielle sofort weiterverwendbar gewesen, sei es für die Textilindustrie oder für die Zigarren- und Zigarettenherstellung.

Hier kam ein entscheidender Standortnachteil zum Tragen. Auch die Verwertung der Gebäudeeinrichtung, der Geschäftseinrichtung, der Werkstatt und der Maschinen hätte im Ernstfall nur mit hohen Abschlägen realisiert werden können. Die Sicherheit der Darlehen hing also am Funktionieren des Unternehmens, nicht an seiner Kapitalausstattung.

Margarete Steiff hatte keine Kapitalreserven, sie war auf die kontinuierlichen Erfolge des Unternehmens angewiesen. In diesem Zusammenhang nehmen die Leistungen und Verdienste der Unternehmer vom Schlage einer Margarete Steiff für die Industrialisierung der württembergischen Provinz eine höchst anschauliche Gestalt an.

Rohmaterialvorräte im Wert von 118000 Mark stapelten sich in den Lagern von Steiff. Auch hier hielt Margarete große Kapazitäten vor. Die Produktion musste je nach Bestellungseingang flexibel sein, denn die Materialanlieferung brauchte immer noch viel Zeit; es gab keine raschen Just-in-time-Lieferungen wie heute. Der Preis für die Lagerhaltung war, dass stets eine große Kapitalmenge in Rohmaterialien gebunden war. Zum Rohmaterial kamen die halbfertigen und die fertiggestellten Waren hinzu.

Halbfertige Waren im Wert von 64500 Mark lagen am 31. Dezember 1906 in den Regalen und auf den Tischen der Arbeiterinnen. Das sind 11,01 Prozent der Bilanzsumme. Fertiggestellte Waren, also Spieltiere und Puppen aller Art, befanden sich jetzt, nach Abschluss des Weihnachtsgeschäfts, noch im Wert von 50343 Mark auf Lager. Es war also nicht so viel verkauft worden, wie hergestellt worden war.

Gleichzeitig verweisen diese Zahlen darauf, dass Margarete für das Weihnachtsgeschäft große Kapazitäten vorhalten musste. Sie musste in ihrer Hauptgeschäftszeit selbst den Bestellungen der letzten Stunde noch gewachsen sein und liefern können. Ihr Geschäft war in sehr starkem Maße ein Stoßgeschäft: Weihnachten brachte den entscheidenden Umsatz.

Von den Aktiva waren die beiden Glashäuser mit zusammen 84708 Mark in die Bilanz eingestellt. Die bewegliche Einrichtung des Unternehmens war mit 27492 Mark, das Rohmaterial mit 118189 Mark und die Halbfertigware mit 64500 Mark bewertet worden; zusammen sind das 210181 Mark. Das entspricht der Hälfte des Gesellschaftsvermögens.

Diese Werte hätten im Notfall indes nur mit erheblichen Abschlägen realisiert werden können. Die Zahlen machen deutlich, wie finanziell gefährdet sowohl die Darlehensgeber als auch die Gesellschafter waren. Margarete hatte zu diesem Zeitpunkt 25 Jahre lang hart gearbeitet. Sie hatte sich einen eigenen neuen Markt geschaffen, der nun mit einer riesigen Nachfrage reagierte. Diese Nachfrage verlieh ihr jedoch keine Sicherheit. Im Gegenteil, sie erforderte immer neue Vorleistungen. Margarete Steiffs über Jahrzehnte hinweg bewiesener unternehmerischer Mut ist bewunderungswürdig.

Den größten Posten der Aktiva aber machten mit 186000 Mark die Außenstände im Großhandel aus. Das waren fertiggestellte, verkaufte und ausgelieferte Spieltiere und Puppen. Gemessen am Kapital der GmbH von 420000 Mark waren das 44,42 Prozent der Kapitalsumme und 31,85 Prozent der

Bilanzsumme. Ein enorm hoher Betrag, fast der halbe Unternehmenswert, musste für die Finanzierung des Großhandelsgeschäftes eingesetzt werden.

Die couragierte Unternehmerin war damit von den Zahlungsgewohnheiten und der Zahlungswilligkeit ihrer Großhändler – auch in den USA – abhängig. Die hohe Summe der Außenstände war gefahrenträchtig. Vermutlich konnte Margarete Steiff an die amerikanischen oder britischen Großhändler nur mit sehr langen Zahlungsfristen verkaufen. Das bedeutete, dass die für die USA bestimmten Spieltiere spätestens Ende November in den Versand gehen mussten. Per Eisenbahn wurden sie nach Hamburg gebracht, wo die Verschiffung erfolgte. Mit dem Dampfer ging es nach New York. Von dort versandten die amerikanischen Großhändler die Spieltiere in vielen Einzelsendungen über die ganzen Vereinigten Staaten bis nach Kalifornien. In den Spielzeugläden aller Bundesstaaten wurden sie im Weihnachtsgeschäft verkauft und bar bezahlt.

Dieses Geld floss dann über Zwischenstationen an die amerikanischen Großhändler, die ihrerseits erst Monate nach der Auslieferung in Giengen das Geld telegrafisch an Margarete Steiff überwiesen. Ähnlich wird es sich auch in Großbritannien und Frankreich verhalten haben; nur waren die Wege hier kürzer. Das gesamte ausländische Weihnachtsgeschäft wurde also von Margarete Steiff vorfinanziert. Vermutlich musste sie in den Verträgen mit den amerikanischen Großhändlern Zahlungsfristen von vier oder fünf Monaten akzeptieren. Diese Abhängigkeit von ihren Außenständen war umso dramatischer, als ihr eine sehr niedrige Liquidität gegenüberstand. Kassenbestand und Bankguthaben umfassten nur 5787 und 7980 Mark, insgesamt also 13767 Mark. Dieser geringe Liquiditätsbestand erscheint auch angesichts der unbezahlten Rechnungen in Höhe von 39000 Mark auf der Passivseite der Bilanz und der hohen Gesamtsumme an monatlich zu zahlendem Lohn bedenklich.

Geht man davon aus, dass Margarete Steiff ihre zirka 400 festen Mitarbeiter und 1800 Heimarbeiter durchschnittlich mit 30 Mark monatlich entlohnte, so ergibt sich eine Summe von 66000 Mark pro Monat. Lohnkosten erschienen damals wie heute nicht in der Bilanz, sondern in der Gewinn- und Verlustrechnung. Margarete Steiff war für die Auszahlung der Löhne auf den täglichen Geldeingang angewiesen. Theoretisch konnte sie einen Mitarbeiter zwar innerhalb von ein bis zwei Wochen entlassen, doch ließen ihre soziale Einbettung in Giengen und ihre persönliche Einstellung einen derart illoyalen Umgang mit ihren Arbeitern nicht zu.

Um diese fristgebundenen Zahlungen gewährleisten zu können, musste also unbedingt ein ungestörter Liquiditätszufluss sichergestellt werden. Hier lag ein enormer Druck auf Margarete und ihren Neffen, und sie waren von Monat zu Monat vor neue Herausforderungen gestellt, die sie meist mit Bravour zu meistern verstanden. Wir können ihren Fähigkeiten im unternehmerischen Management nur Bewunderung zollen.

In dieser dauerhaft angespannten Betriebssituation war Margarete angewiesen auf geringe Produktionskosten, insbesondere für die Einrichtung der Arbeitsplätze. Teilt man das Unternehmenskapital von 420000 Mark durch die geschätzte Summe von 400 festen Arbeitern, dann gelangt man zu einer Investitionssumme von 1050 Mark pro Arbeitsplatz. Neue feste Arbeitsplätze in den Glashäusern waren also sehr teuer; bei einem vermutlichen Jahreseinkommen einer Näherin von

Seit Jahren bewegte sich die Unternehmerin Margarete Steiff erfolgreich auf wirtschaftlichem Neuland. Das Rechnen war zu ihrem Tagesgeschäft geworden.

360 Mark war das der Lohn von drei Arbeitsjahren. Die Einrichtung des Arbeitsplatzes war das Teure, nicht so sehr die an diesem Arbeitsplatz erbrachte Lohnarbeit.

Bei der Einrichtung der Arbeitsplätze musste Margarete Steiff ebenfalls in Vorlage treten, bevor sie damit Gewinne erwirtschaften konnte. Deshalb war in den Jahren der enormen Nachfrage Heimarbeit dringend erforderlich. Aus dem Bilanzposten »Leihkonto auf Nähmaschinenkonto« wird ersichtlich, dass sich die Heimarbeiter bei Steiff ihre Nähmaschinen selbst finanzieren mussten. Ob sie das gesamte Material, wie Nähfaden und Nähnadeln, von der Firma Steiff beziehen mussten, wissen wir nicht.

Für die Produktion musste Margarete also mit erheblichen Summen in Vorlage treten. Der Druck, unter dem sie arbeitete, war riesig. 1895/96 hatte die Konjunktur wieder angezogen. Um genügend Kapazitäten vorhalten zu können, beginnt 1902 die Planung des ersten Glasbaus. Die Unternehmerin setzt voll auf Expansion. 1903 wird der erste Glasbau fertiggestellt, bereits 1904 folgt der zweite, flächenmäßig noch größere. Das Leben ein Hochseilakt! Nachdem auf der Ostalb jahrhundertelang die Armut geherrscht hatte, eröffneten Reichseinigung und Industrialisierung die Chance, endlich einmal auch dort Geld zu verdienen. Man wollte unbedingt an der guten Konjunktur partizipieren.

Bilanz ziehen konnte Margarete Steiff zu diesem Zeitpunkt auch in anderer Hinsicht: Sie lebte seit vielen Jahren in mehreren Welten gleichzeitig und hatte versucht, in jeder ihr Bestes zu geben. Sie war eine unangefochtene Größe in der Spielzeugbranche geworden. Die Unternehmerin hatte beispiellose Erfolge erzielt. Gutes Spielzeug war Spielzeug von Steiff. Damit hatte sie eine enorme Markenbindung erreichen können.

Wie lässt sich nun diese beeindruckende und faszinierende Frau charakterisieren, was sind die Facetten ihres Wesens, und wie gelang es ihr, die verschiedenen Anforderungen, mit denen sie lebte, miteinander zu verbinden? Margarete Steiff war Unternehmerin, Giengenerin und der gute Geist der Familie.

Da war zuallererst die moderne Unternehmerin, die kühn und erfolgreich einen Vorstoß auf den Weltmarkt unternommen hatte. Ihre Modernität fand architektonischen Ausdruck in den zwei Glashäusern. Margarete Steiff hatte Giengen stark verändert und darüber hinaus auch die Stellung der vielen Frauen in der Stadt und der Umgebung: Sie konnten nun unter geregelten Umständen selbst Geld verdienen. Als Folge davon musste sie auch den Neid derer ertragen, die ängstlicher und entscheidungsschwach waren. Ihr Kampfgeist und ihre Tapferkeit waren zu ihren Lebzeiten keine erwünschten weiblichen Eigenschaften, öffentliche Ehrungen und Auszeichnungen bis auf wenige Ausnahmen den Männern vorbehalten.

Unternehmer wie Margarete Steiff waren der Motor des wirtschaftlichen Aufschwungs im Kaiserreich. In den 1880er Jahren wurde wirtschaftliche Tüchtigkeit mit großem Wohlstand belohnt, und die Geschäftsleute begannen, eine gesellschaftliche Elite zu bilden. Es waren fast ausschließlich Männer. Vor 1914 gab es außer Margarete Steiff keine Frau im Vorstand einer großen Aktiengesellschaft oder als Chefin eines bedeutenden Privatbetriebes.[3] Einen Sonderfall bildet Bertha Krupp von Bohlen und Halbach (1886–1957), die nach dem Tod ihres Vaters 1902 alleinige Besitzerin des Metall- und Waffenkonzerns Krupp wurde.[4] Da sie noch minderjährig war, wurde die Konzernleitung zunächst treuhänderisch von ihrer Mutter Margarethe übernommen, bis Bertha 1906 eine vom Kaiser arrangierte Ehe einging.

Auf späten Fotos zeigt Margarete Steiff gleichsam Flagge in der Öffentlichkeit. Der große Hut, die Pelzstola, der Lederhandschuh an der gelähmten Hand – diese Margarete Steiff ist nach außen gepanzert, sie zeigt keine Schwäche, keine verletzliche Stelle. Sie wirkt eher einschüchternd, gar nicht mehr wie die Frau, die fröhliches Spielzeug herstellt. Der Kleidung kommt einzig die Rolle zu, ihren Stand in der Gesellschaft zu unterstreichen. Sie war im Sinne Fontanes »respektabel« geworden, ein weibliches Pendant zu den Industriepatriarchen in Gehrock und Vatermörder.

Die Patriarchin: Margarete Steiff beim alljährlichen Kinderfest in Giengen. Sie wirkt streng, fast unnahbar. Links von ihr die Nichte Marie Steiff, rechts Johanna Röck.

Doch die durchsetzungsfähige Unternehmerin war zugleich auch eine geborene Giengenerin. Viele Giengener Wertvorstellungen hat sie ihr Leben lang aufrechterhalten. Margarete Steiff hat nie die öffentliche Aufmerksamkeit gesucht. Sie warb nicht mit ihrer Person, und zu ihrem Spielzeug äußerte sie sich, wenn überhaupt, nur in ihren Katalogen. Sie war eine Ausnahmeerscheinung, und so hat sie sich auch verhalten. Niemals hörte man von ihr Klagen. Stattdessen bemühte sie sich um Bescheidenheit und Pragmatismus.

Dann gab es ihr Familienleben, das Leben als Tante. Sie hatte eine Lebensgrundlage für ihre gesamte Familie geschaffen, obwohl es anfangs so aussah, als könne sie nicht einmal für sich selbst sorgen. Ihre große Ersatzfamilie mit den zahlreichen Nichten und Neffen war zur »Erfolgsgeschichte Steiff«

»Delighted«, Gutman & Gutman, 1907. Margarete Steiff hatte das Bild in ihrem Privatkontor täglich um sich.

geworden. Alle scharten sich um sie. Alle bewunderten sie und hoben sie auf einen Sockel. »Fräulein Steiff« blieb sie ein Leben lang. Niemand kümmerte sich um ihre Bedürfnisse als Mensch, als Frau – das war so Tradition. Von ihr wurde Entsagung erwartet.

In der Welt der Politik lebte sie nicht. Als Frau hatte sie weder aktives noch passives Wahlrecht. Ihr Vetter und Vorbild aus der Jugend, Hans Hähnle, hatte von Anfang an auch eine politische Karriere angestrebt. Er war Mitglied der Handels- und Gewerbekammer Heidenheim, Beirat der Zentralstelle für Gewerbe und Handel, Beirat der Königlichen Verkehrsanstalten, von Februar 1895 bis November 1906 Abgeordneter für die linksliberale Deutsche Volkspartei in der Zweiten Kammer des württembergischen Landtags im Wahlkreis Heidenheim sowie von 1882 bis 1884, von 1890 bis 1893 und von 1895 bis 1903 Mitglied des Deutschen Reichstags für den Wahlkreis Württemberg 14 (Ulm, Heidenheim, Geislingen).[5]

Zu den Lieblingsbildern von Margarete Steiff gehörte in den letzten Jahren vor ihrem Tod ein gerahmter Druck, auf dem ein Mädchen mit einem Teddybären abgebildet ist. Er trägt den Titel »Delighted« – überglücklich. Paul Steiff notierte auf der Rückseite: »Dies Bild hat die Gründerin der Spielwarenfabrik, Frl. Margarete Steiff, von Paul Steiff gerahmt gewünscht und jahrelang in ihrem Privatkontor in Ehren gehalten als erste Teddybär-Fabrikantin, wo es auch von Teddybär-Großeinkäufern bewundert wurde.«[6]

Die »Teddybär-Fabrikantin«, wie der Neffe Paul sie auf der Rückseite des Bildes nennt, konnte sich nach den jahrelangen Kämpfen um eine marktbeherrschende Position unschwer mit dem kühnen kleinen Mädchen identifizieren, das unerschrocken seines Weges geht – das Gewehr geschultert, den (erlegten) Teddy zieht sie hinter sich her.

12. Kapitel
Abschied

Nach dem arbeitsintensiven Weihnachtsgeschäft 1905 erholte sich Margarete im Februar 1906 auf Schlittenfahrten in der Umgebung von Giengen. Am 18. Februar 1906 schreibt sie ihrer Nichte nach Portsmouth: »Liebe Eva! Wir haben wunderbares Winterwetter und auch schon recht fleißig benützt, ich hab mir 3 Mal den Garnsieder genommen. Einmal war ich mit Tante Dehlinger bis vor Brenz, ein Stück weg trafen wir unsere junge Gesellschaft mit Robert Steiff und seinem Freund auf einem großen Schlitten. Sie fuhren nach Brenz. [...] Am Montag wurde der große Schlitten besser gemacht und mit Filz behängt. Dann gings nach Heidenheim, vorn droben saß ein Clown. Frau Dehlinger und ich wurden von Franz kutschiert. [...] Am Dienstag fuhr ich mit Tante Jooß und Else nach Oggenhausen, die Wälder waren so wundervoll durch den Schnee. Es war ein prachtvoller Anblick.«

Damit Eva über die Neuigkeiten aus Giengen auf dem Laufenden war, schickte ihr die Tante seit Jahren regelmäßig die Zeitung. Margarete hatte sich nur eine kurze Erholungsphase gegönnt und war schon wieder ganz mit den Problemen des Arbeitsalltags beschäftigt. Da war etwa die Verwandte aus Geislingen, die nun zu ihren Eltern zurückkehrte: »[...] dann bin ich immer wieder allein zum Muster machen. Maria Ableiter tritt jetzt bei mir aus. Sie hat eine gute Stelle bei einer vornehmen Dame, das will sie nun vorziehen. Zum Glück ist Angelika wieder gekommen und kann ich die verwenden. Frl. Luise Spieß ist seit Oktober im Geschäft bei mir. Wir haben sehr viel zu tun, gestern kamen 130 Pakete, fast einen ganzen Brückenwagen voll. Der untere Raum vom großen Glashaus ist jetzt vollständig in Benutzung. Er ist geheizt und sind sehr viele Maschinen aufgestellt.«

Zum Abschluss gilt ihre Sorge wieder den fernen Mädchen. »Es ist mir nichts zu viel, wenn ihr mir recht werdet und brav seid. Vergesst das Beten nicht, es ist die Hauptsache.«

Sechs Tage später heißt es: »Meine gute dicke Ev! Meinen herzlichen Glückwunsch zu deinem Geburtstag, der liebe Gott erhalte dich gesund und munter. [...] Geschenk habe ich dir diesmal nicht. Rechnest Weihnachten dazu. Schreibe bald wieder, verwende nicht so viel Buchstaben auf Entschuldigung und berichte lieber, was um Dich her vorgeht.« Während Eva Steiff im Jahr 1906 in der Ferne Dienst tat, wurden an der Technischen Hochschule in Stuttgart die beiden ersten Frauen immatrikuliert.

Marie, Margaretes jüngste Nichte, tat sich in England schwer mit der Sprache. Auf ihre im Brief an die Tante formulierten Klagen erhielt sie im März die Antwort: »Wünsche dir liebe Marie viel Glück zur neuen Stelle, nimm dir vor, recht geduldig zu sein, deinen Posten ganz auszufüllen. [...] Wenn du jetzt Magdarbeit tust, dann bist du schon das Dienen gewöhnt, denkst eben ›Arbeit schändet nicht‹.«

Arbeiten und Dienen in der weltlichen wie in der religiösen Dimension – wir haben über die protestantische Arbeitsethik bereits ausführlich gesprochen. Die Mahnerin ist dann auch wieder schnell beim Tagesgeschäft und seinen Anforderungen: »Eva schreibt mir immer, dass du die Sprache besser lernst als sie, bei uns kann man Englisch brauchen, weil fast jede Woche ein Amerikaner kommt, da muss man die Herren unterhalten.«

1906 trat Hugo Steiff (1884–1954) in die Firma seiner Tante ein. Er hatte eine Lehre in einer landwirtschaftlichen Maschinenfabrik abgeschlossen, danach in der Maschinenfabrik seines Onkels Matthäus Steiff in Schorndorf gearbeitet und dabei fundierte Kenntnisse im Maschinenbau erworben. Anschließend hatte er für zwei Jahre die Ingenieurschule in Mannheim besucht. Seine Aufgaben lagen im technischen Bereich des Unternehmens. Er veranlasste den Einsatz neuer Maschinen.[1]

Der jüngste von Friedrich Steiffs Söhnen, Ernst, absolvierte nach dem Schulabschluss in Wilhelmsdorf eine Lehre als Mechaniker im Betrieb der Tante. Danach studiert er an der Fachhochschule in Schwenningen Feinmechanik.[2]

Am 2. Juni 1906 übersandte Margarete Steiff ihr Testament an die Rechtsanwälte Payer & Müller in Stuttgart, die sie auch schon hinsichtlich der GmbH-Gründung um Rat gefragt hatte. Sie war zu diesem Zeitpunkt 59 Jahre alt. Wie wir gesehen haben, hatte sie jedoch noch keineswegs vor, sich aus dem Geschäft zurückzuziehen.

Einen Tag später schreibt sie alarmiert an Eva: »Ich will gar nicht, dass jemand erfährt, dass Marie fortgelaufen ist, das wäre für Marie eine große Blamage, ein junges Mädchen darf nicht solche eigenmächtigen Sachen machen und in der Welt herumreisen ohne Begleitung, da kommt sie in Misskredit.«

Marie Steiff hatte also einen Ausbruch aus dem von der Tante für sie vorgeplanten Leben gewagt. Vielleicht hatte sie auch einfach nur Heimweh. Margarete Steiff zeigte keinerlei Verständnis oder Einfühlungsvermögen. Ob sie Maries Verhalten an ihre eigene Jugend erinnerte, darüber schweigt sie sich aus. In Giengen wird die Neuigkeit zunächst unter Verschluss gehalten. Marie bekommt also die Chance, sich eines Besseren zu besinnen. »Zum Glück hat die Karten niemand gesehen. Ich würde mich für Marie schämen, wenn es die andern erführen, ich sage auch Mutter nichts.«

Von der jüngsten Nichte fehlt jeder Nachweis, dass auch sie in der Firma der Tante mitgearbeitet haben könnte.[3] »Wenn Marie bei dir [Eva] ist, so sage ihr, dass es mir viel lieber wäre, wenn sie baldmöglichst heim käme, um das Geld, was ihr Aufenthalt dort kostet, könnte sie hier noch viel lernen. Ich hoffe, dass Marie nichts Ungeschicktes tut. Es ist bei ihr nur Unüberlegtheit und wie immer Eigensinn.« Dann werden die neuen Verlobungen angezeigt – die Verlobungen der braven Mädchen, die ihren Tanten keine Sorgen machen.

Zu Margaretes Geburtstag am 24. Juli hatte es einen Familienkaffee und die üblichen Geschenke gegeben, »worunter ein Eisschrank die Hauptrolle spielt«. Weiter berichtet die Tante an Eva: »Vorige Woche war Base Karoline Schleicher aus Geislingen hier, ich wollte eine Filiale dort gründen, aber sie hat es nicht begriffen, nun verlasse ich mich auf dich, dass du mir noch viele Leute im Nähen einlernst, es reicht eben immer noch nicht, man kann nur halb genug Ware machen«. Die Nachfrage nach Steifftieren war bereits Mitte des Jahres so groß, dass sie kaum befriedigt werden konnte. Langsam begann die Unternehmerin auf die Heimkehr ihrer Nichte zu warten.

Doch Eva möchte zunächst noch eine Reise machen. »Um Dir deinen Pariswunsch zu erfüllen, schreibe ich heute Johanna Hähnle nach Reims.« Die Tochter von Adolf und Marie Glatz war in Reims verheiratet, ihr Mann leitete die dortige Niederlassung der Spielwarenfabrik. Margarete gibt Eva genaue Anweisungen, wie sie sich auf der Reise verhalten soll. »Du bist schon so viel im Stand, dass du durchkommst, nur vorsichtig sein. Auch rate [ich] dir gut gekleidet zu kommen, besonders wegen Reims und Stuttgart.«

Erneut machte sich die Besorgnis breit, die Mädchen könnten sich nicht richtig benehmen. Margarete Steiff scheint einen enormen Anpassungsdruck gefühlt zu haben. Man musste vor den vornehmen angeheirateten Verwandten und den ebenfalls wirtschaftlich äußerst erfolgreichen Freunden bestehen können. Marie war mittlerweile im Haushalt von Mrs. Hughes tätig, der Ehefrau des britischen Generalvertreters von Steiff. Während sich Margaretes Nichten auf ihre »Bestimmung« als Ehefrauen vorbereiteten, wurde im Oktober 1906 im Cannstatter Kursaal feierlich die erste Württembergische Frauentagung der bürgerlichen Frauen abgehalten.[4]

Am 21. Dezember 1906 kaufte die Tante bei Fritz Hodum, dem Giengener Goldschmied, bei dem sie im Jahr zuvor auch den Ehering für Lina gekauft hatte, Weihnachtsgeschenke ein. »1 Ulmerschmuck Colier 55 Mark, 1 Brosche repariert 0,80 Mark, 2 silberne Esslöffel«. Am folgenden Tag erwarb »Wohlgeboren Fräulein Margarete Steiff« im »Spezialgeschäft für Damenkleiderstoffe Motzer, Krauss & Scheuerle, Stuttgart« Mousseline. Margarete begann, an ihr Alter zu denken und für den Fall ihrer Pflegebedürftigkeit vorzusorgen. In diesem Jahr bezahlte sie an den Bezirksverein für die Anstellung von Krankenpflegerinnen einen Jahresbeitrag von 3 Mark. Im Jahr 1906 wurden 385393 Bären verkauft.[5]

Im Jahr darauf zahlte Margarete Steiff beim »Evangelischen Bund zur Wahrung der deutsch-protestantischen Interessen« ihren Beitrag. Das Thema Kulturkampf ist bereits im Zusammenhang mit Max Weber angesprochen worden. Führende Vertreter des in zahlreiche Landeskirchen zersplitterten Protestantismus hatten anlässlich des Lutherjubiläums 1883 die Forderung nach Einrichtung eines Hilfevereins erhoben, der helfen sollte, übergeordnete Interessen zu vertreten. 1886/87 war die Gründung des »Evangelischen Bundes« erfolgt. Das Echo war äußerst stark. 1914 hatte der Verein, dem Margarete Steiff sieben Jahre zuvor beigetreten war, bereits mehr als eine halbe Million Mitglieder.[6]

1907 explodierte die Nachfrage nach Spielzeugbären auf dem Weltmarkt förmlich, so dass die Produktion auf eine knappe Million Teddys anstieg – rund 975000 Exemplare. Das Jahr sollte als das »Bärenjahr« in die Firmengeschichte eingehen.[7] Das zur Herstellung so vieler Bären erforderliche neue Personal zu finden und einzulernen war eine organisatorische Großleistung. Diese Aufgabe hatte im Wesentlichen Franz Steiff übernommen. In der Festschrift von 1930 ist zu lesen: »Herr Franz Steiff war auch der Organisator der in den Jahren 1906 bis 1908 notwendig gewordenen acht Fabrikations- und Anlieferungsfilialen für Heimarbeit in benachbarten Städten und Ortschaften, nachdem die Firma den Anforderungen nach Ware nicht mehr folgen konnte.«[8]

Der Großteil der Bärenproduktion war für den amerikanischen Markt bestimmt. Aber auch in Deutschland und ganz Europa hatte die Nachfrage stark zugenommen. Neben dem Teddybären war die Musterkollektion auf 1000 verschiedene Artikel angewachsen.[9] Steiff produzierte in fünf Filialen zirka 1700000 Spielzeugartikel.

Für die Unmengen der hergestellten Plüschtiere und Stoffpuppen mussten in der näheren Umgebung weitere Lagermöglichkeiten gefunden werden, und es war dafür zu sorgen,

Die Chefin bleibt immer ganz nah an ihrem Produkt. »Daheim ist mirs viel zu langweilig«, schreibt sie in einem Brief vom 1. April 1909 an Georg Köpff, den Mann ihrer Nichte Eva.

dass die Heimarbeiterinnen ihr Material auch in Empfang nehmen konnten. Margarete Steiff nutzte alle Kontakte. So ließ sie Eva auf ihrer Heimreise von England bei Verwandten in Aalen prüfen, ob es dort geeignete Lagermöglichkeiten und Arbeitskräfte gab.[10] Margarete verfolgte nach wie vor die Entwicklung jedes einzelnen Tieres und nähte die Musterexemplare selbst.

Nach ihrer Rückkehr nach Giengen übernahm Eva Steiff die Betreuung der Heimarbeiterinnen sowie die Leitung der Filialen in der näheren Umgebung. In einer solchen Filiale in Aalen lernte sie ihren späteren Mann Georg Köpff kennen, den Sohn eines Gastwirts aus Göppingen.[11]

Margarete Steiff hatte sich mit ihren Spieltieren auch in der Fachpresse höchstes Ansehen erworben. Der *Wegweiser für*

Spiel-, Galanterie- und Kurzwaren-Industrie bemerkt 1911: »Mit dieser Marke [Knopf im Ohr] wurde wohl noch kein Artikel gefunden, der je den geringsten Fehler gehabt hätte. Dies beweist deutlich, mit welchem Ernst die Inhaberin ihr Werk verrichtet in der großen Fabrik und wie man bemüht ist, die Fabrikate in der Gunst des Publikums zu befestigen.«[12]

Die Leipziger *Illustrirte Zeitung* äußerte sich im gleichen Tonfall zu dem enormen Kultfaktor des Teddybären: »Die Kinder der ganzen Vereinigten Staaten mußten den Plüsch-Bären in der Schatzkammer ihrer Kindheit haben, die Damen trugen ihn zärtlich auf dem Arm und die Herren stellten ihn in ihren Clubzimmern auf.« Der Bär war zum modischen Accessoire geworden, er begleitete seine Besitzerinnen und Besitzer im täglichen Leben und begann in die »passenden« Kleider zu schlüpfen. Sogar mit Juwelen wurde er behängt, wie die amerikanische Zeitschrift *Playthings* 1906 berichtet.[13]

Auch in Deutschland griff die Teddybegeisterung immer stärker um sich. Die Zeitschrift *Handarbeiten* weiß zu berichten: »In den Salons von Künstlern und Gelehrten kann man ihn auf dem Sofa oder neben dem Arbeitstisch sitzen sehen, Schauspieler und Schauspielerinnen können, ohne ihn in ihrer Nähe zu wissen, nicht auftreten. So hatte zum Beispiel einmal eine Opernsängerin ihren Teddybären vergessen, als sie abends zur Oper fuhr. Das Auto musste sofort zurückfahren, ihn zu holen. Der Beginn der Aufführung wurde verzögert, denn die Opernsängerin konnte erst auftreten, als ihr Teddybär da war.«[14]

Ein auf den 5. April 1907 datierter Brief von Alexander Leo, dem Ehemann von Lina Steiff, macht deutlich, dass die Steiffs zu dieser Zeit über eine Kapitalerhöhung nachdachten. Zu diesem Zweck hätten sie Anteile an Dritte verkaufen müssen. Der anstehende nächste Neubau schien diesen Schritt nötig zu machen. Doch Leo rät dringend davon ab. Er schlägt eine Hypothek bei einer Bank vor. Aus einem zweiten Brief, vom 11. Juni 1907, an die »Werthen Schwäger!« geht hervor, dass seine Vorschläge Tante und Neffen gekränkt hatten. Entgegen vorheriger Abrede wollten sie Alexander Leo nun auch nicht in der Firma beschäftigen. Die Leos wollten im Gegenzug nicht zu Evas Hochzeit kommen, die Tante war betrübt.

Wieder fand eine Doppelhochzeit statt: Franz Steiff heiratete Klara Steiff, geborene Steiff, aus Geislingen, die in den vorhergehenden Jahren mehrfach bei Margarete gearbeitet hatte, und Eva Steiff heiratete Georg Köpff.[15] 1908 bekam sie eine Tochter, die sie zu Ehren der Tante Margarete nannte. Franz Steiff verstarb im gleichen Jahr.

Während die steiffschen Mädchen eine nach der anderen in den Hafen der Ehe einliefen, ganz wie sich ihre Tante das wünschte, organisierte Clara Zetkin 1907 die erste Internationale Sozialistische Frauenkonferenz, die am 17. August in der Stuttgarter Liederhalle stattfand. Auch die frauenbewegten Württembergerinnen kämpften seit Jahren für das aktive und passive Wahlrecht.

In diesem Jahr entstand in Giengen eine zweite Generation von Spielpuppen: Jungen und Mädchen mit kindlichen Gesichtern, die 1908 als Geschmacksmuster registriert wurden[16] – richtige Spielpuppen.

Am 9. August 1907 wurde die Firma in »Spielwarenfabrik Margarete Steiff GmbH« umbenannt. Die Weichen waren auf Wachstum gestellt. Die Auftragsflut war kaum zu bewältigen, und der Teddyboom schien unaufhörlich anzuhalten. Liebevoll gestaltete Werbefotos aus den Jahren 1906 und 1907 zeigen einen hellen und einen dunklen Teddy in inniger Umarmung.

Doch im Lauf des Jahres 1907 stürzten die USA in eine Wirtschaftskrise. Eine Reihe von Großaufträgen an Steiff wurde storniert. Die Firma ihrerseits hatte das Produktionsmaterial in großen Mengen zu festen Lieferbedingungen bestellt. Das alles musste abgenommen und bezahlt werden. Doch mit welchem Geld? Ein Problem, das bereits unsere Analyse der Bilanz von 1906 deutlich gemacht hat.

Verstärkt wurde dieses Problem noch dadurch, dass nicht nur die Gelder aus dem Ausland fehlten, sondern die Firma auch durch die Vorproduktion in beträchtlichem Maß in Vorlage treten musste und erhebliche Risiken einging. Blieb der stete Geldfluss aus, geriet das Unternehmen schnell in Zahlungsschwierigkeiten. Die unbezahlten Plüschrechnungen der Firma Schulte in Duisburg belasteten die Firma auf Jahre hinaus und schlugen sich noch 1910 mit hohen Zinszahlungen in der Bilanz nieder.[17]

In dieser Situation erweisen sich die vielen Auslandskontakte und Werbeaktivitäten der Firma als nützlich. Die Auftragsverluste aus den USA können zwar nicht vollständig kompensiert werden, doch dank einer wachsenden Nachfrage in Deutschland und im übrigen Europa gelingt es, eine größere Krise abzuwenden.[18] Der britische Markt, der zweitgrößte nach den USA, wird mit aufwendigen Werbekampagnen überzogen. Gleichzeitig werden alle Anstrengungen unternommen, um bestehende Spielzeugmodelle zu verbessern und die Entwicklung neuer Produkte voranzutreiben. Die Tiere nehmen teils sogar Lebensgröße an.[19]

Ende 1907 fassen die Steiffs den nächsten Fabrikneubau ins Auge. Ein Schreiben an das Stadtschultheißenamt Giengen vom 20. November lässt die Angelegenheit äußerst dringlich erscheinen. Man weist auf große Auftragsvolumen im nächsten Frühjahr und auf Rückstände in der Auslieferung hin. Ohne das neue Gebäude werde eine Verzögerung eintreten, die »infolge der Art unserer Hausindustrie« im ganzen nächsten Jahr nicht mehr ausgeglichen werden könne. »Dadurch können Tausende von Löhnen nicht ausbezahlt werden.«[20] Auf dieses drängende Problem wurde in Kapitel 11 bereits im Zusammenhang mit der Bilanz hingewiesen.

Aus einem Brief vom 19. Februar 1908 geht hervor, dass Eva in diesem Jahr die Geburtstage der Brüder vergessen hat. »Es ist eigentlich bei einer so großen Familie gar nimmer möglich, nachzukommen, und das einfachste, man steckts ganz auf«, schreibt Margarete leicht pikiert. In Giengen werden gerade Faschingskostüme genäht. »Hugo und Otto laufen alle Tag in die Proben.«

Die Auftragslage ist entgegen den Erwartungen weiterhin rückläufig, und die Steiffs versuchen mit Hilfe von Kurzarbeit, die Produktion der gesunkenen Nachfrage anzupassen. Margarete gibt auch Eva Einblick: »Heute hat man an die Filialen geschrieben, dass wir einige Zeit einstellen, die Leute schaffen nämlich so unsinnig viel, dass man es gar nicht unterbringen kann. So wenn sie im September und Oktober gearbeitet hätten. Wir haben keine Angst, das Geschäft geht, nur darf das Lager nicht so unsinnig groß werden.«

Die Unternehmerin hat aus den Vorjahren gelernt. Eine Überproduktion musste unbedingt vermieden werden, sonst wurden die Lagerbestände einfach zu umfangreich. Auch Entlassungen galt es, nach Möglichkeit zu verhindern. »Wir wollen unser Personal ganz erhalten, denn in einigen Monaten braucht mans sicher wieder.«

Am 7. Mai 1908 berichtet Margarete dem Mann ihrer Nichte Eva über die neuen Hasen mit den beweglichen Ohren (Holländerhasen).[21] Sie verspricht, dass die zum Verkauf bestimmten Exemplare etwas weniger schwerfällig sein werden als der Prototyp. »Beim ersten Stück muss man erst Erfahrungen sammeln.«

Am 11. des Monats macht sie Eva wieder einmal Vorwürfe, weil diese ihre Mutter vernachlässige. »Deine Mutter ist schwer gekränkt, dass du ihr am Sonntag nicht Ade gesagt hast [...]. Mutter fühlt sich nicht wohl, ihr Herz ist so unruhig, das drückt aufs Gemüt und fällt ihr dann alles mögliche ein, was ihre Kinder an ihr versäumen. Recht hat sie schon, es ist keines aufmerksam zu ihr. Ich glaube, sie hat Heimweh nach ihrem Ernst, jetzt ist sie ganz allein mit dem Mädchen. [...] Das Lagerhaus ist jetzt bezogen, in einigen Wochen wird das Kontor auch drüben sein.«

Der dritte Glasbau war also fertiggestellt worden. Der sogenannte Nordbau hat eine Fläche von 6120 m^2. Damit verfügte die GmbH über 14040 m^2 Arbeitsfläche.[22]

Eva und ihr Mann arbeiten seit ihrer Eheschließung gemeinsam für das »Geschäft«, und am 17. Juli 1908 ernten sie von der Tante Lob und Tadel zugleich. »Daß Ihr Eure Inventur macht, ist sehr löblich. Es ist ein Leichtsinn, wenn so etwas nicht geordnet ist.«

Einen Monat später tritt Margarete Steiff eine Erholungsreise nach Bregenz an. Am 10. August 1908 schreibt sie: »Liebe Eva, lieber Georg, bevor ich abreise, möchte ich meine Schulden zahlen [für Wäsche und Näharbeiten]. [...] Wir haben gegenwärtig leider sehr ruhig in der Ablieferung, das wird wohl den ganzen Monat so bleiben wegen der Ernte.«

Die Heimarbeiterinnen und Heimarbeiter waren im Hochsommer mit ihrer Landwirtschaft beschäftigt, da musste die Spieltierproduktion warten. An dieser kleinen Bemerkung lässt sich ablesen, wie vorsichtig Margarete Steiff im Hinblick auf ihre Mitarbeiter agierte. Nie vergaß sie, auf deren Lebensumstände Rücksicht zu nehmen. Sie würde immer in Giengen produzieren, und sie würde immer auf die Menschen aus der Region angewiesen sein.

Mit der gleichen Begeisterung, mit der sie die diversen Aussteuern der Nichten und Neffen zusammengestellt hatte, stürzte sie sich nun auf die Erstausstattung von Evas neugeborener Tochter: Windeln, Rosshaarkissen, Kinderwagen – alles musste angeschafft werden, da war sie wieder ganz in ihrem Element. Und dann galt es, die Taufe ihres Patenkindes angemessen zu feiern.

Am 29. September 1908 ist sie voller Vorfreude: »Liebe Eva! Ich mache mir hie und da Gedanken wegen deiner Taufe, wie du es wohl machst und so weiter, da möchte ich dich fragen, soll ich Backwerk hier machen lassen? Soll ich dir vielleicht auch einen Schinken schicken von Hiller schon gesotten? Auch hätte ich guten Himbeerwein, soll ich dir 10 Flaschen schicken?«

1908 war Margarete Mitglied der Gesellschaft für Säuglingssterblichkeit geworden; außerdem war »Frau Fabrikant M. Steiff« dem Württembergischen Verein für Knabenhandarbeit beigetreten. Sie stand voll im Leben, nahm an den Problemen der Zeit Anteil und stellte sich ihrer Verantwortung als Unternehmerin. Sie hatte begonnen, ihr Tagebuch zu schreiben, und sich dabei noch einmal intensiv mit dem kleinen Mädchen Margarete Steiff auseinandergesetzt. Das Tagebuch mit seiner lakonischen Sprache ist die wichtigste

Die Fabrikgebäude der Firma Steiff 1908. Unübersehbar, modern, funktional, sachlich.

Quelle zu ihrem frühen Leben, über die wir heute verfügen. Nur aus diesen Schilderungen können Thesen zur Motivation ihres Handelns entwickelt werden. Das Tagebuch ist die Brücke zum Innern der jungen Margarete Steiff und damit auch zu den Spieltieren.

In dieser Zeit entwickelte Richard nach ausführlichen Beobachtungen des Vogelflugs, vielen Berechnungen und Versuchen den ersten lenkbaren Drachen. Er sollte 1909 als »Roloplan« in den Handel kommen.[23]

Am Ende ihres Lebens hat Margarete Steiff sämtliche Vorurteile ihrer Zeit gegen Frauen Lügen gestraft: Sie kann rechnen, sie kann wirtschaftlich denken, sie kann in der Öffentlichkeit stehen, sie kann Verantwortung übernehmen, sie hat starke Nerven. Sie lebt ohne Mann und hat überwältigenden Erfolg. Sie ist glücklich mit einer Familie, die nicht die ihre ist. Sie hatte besser und härter sein müssen als ein Mann. Dass sie sich psychisch und physisch überforderte, ist deutlich. Alle in ihrer Umgebung waren daran gewöhnt, dass sie die Stärkste war, dass sie immer noch Kraft und Reserven für andere hatte. Auf den letzten Fotografien hat Margarete Steiffs Körperhaltung sich jedoch verändert. Sie sitzt in sich zusammengefallen und schwach im Rollstuhl.

Ab 1909 werden bei Steiff Puppenszenen inszeniert, in denen ein Puppen-Tierhändler auch schon mal Miniaturbären anbietet. Die Firma zeigte sich stets an der Aktualität orientiert. Alle technischen Neuerungen werden mit Begeisterung umgesetzt: Die Kinder sollten stets das Beste haben und am Neusten teilhaben.

Zwischen 1908 und 1913 wurde die Filzpuppe »Onkel Zeppelin« produziert. Am 2. Juli 1900 war im württembergischen Friedrichshafen am Bodensee Graf Ferdinand von Zeppelins erstes Luftschiff gestartet. Der Traum vom Fliegen war Wirklichkeit geworden. Otto Steiff richtete 1908/09 Musterlager in England ein. Vertretungen in Wien und Lissabon wurden eröffnet. Bereits 1906 hatte eine Leipziger Firma die Alleinvertretung für den Verkauf der Steifftiere in Schweden und Norwegen erhalten.[24]

Am 1. April 1909 schreibt Margarete an Evas Mann Georg: »Mir geht es gottlob gut, ich bin alle Tage im Geschäft, denn daheim ist mirs viel zu langweilig und man wird hier auch sehr verwöhnt mit den großen hellen Geschäftsräumen. Ich freue mich sehr bis Margaretle [Evas Tochter] zu uns kommt für länger, über die Feiertage habe ich auch Zeit für das liebe Kind. [...] Die milde Frühlingsluft tut einem gut, trotz des Regens.«

Zwei Wochen nach Abfassung dieses Briefes musste sich

Margarete Steiff mit einer schweren Lungenentzündung zu Bett begeben. Margarete war ein Leben lang sehr gesund und robust gewesen; aus ihrem Tagebuch geht deutlich hervor, wie stolz sie darauf war. Außerdem durfte man sich nur dann ins Bett legen, wenn es wirklich ernst war. Nun war es ernst: Am 9. Mai 1909 starb Margarete Steiff.

Am nächsten Tag zeigte Richard Steiff dem Standesbeamten den Tod an. Die Tante war in seiner Gegenwart »Abends 11 3/4 Uhr« verstorben. Die Fahnen in Giengen werden auf Halbmast gezogen.

Die Todesanzeige erschien am 10. Mai 1909 mit folgendem Text:

> Nach kurzer Krankheit wurde gestern Nacht im 62. Lebensjahr Fräulein Margarete Steiff, die Gründerin der Spielwarenfabrik mitten aus ihrem Lebenswerk abberufen. Die teure Entschlafene begann vor 30 Jahren unzerbrechliche Tierfiguren für ihren Freundschaftskreis eigenhändig anzufertigen. Ihre unermüdliche Schaffensfreude, Energie und vielseitige Begabung hat es ermöglicht, aus diesem kleinen Anfang das Geschäft zu der heutigen Bedeutung zu führen. Wir werden das Geschäft in unveränderter Weise weiter führen und bitten um Ihr ferneres Wohlwollen.

Drei Tage später wird die Unternehmerin mit großem Pomp auf dem Friedhof in Giengen beigesetzt. Mehrere Fotografien zeigen den Wagen mit Margarete Steiffs blumengeschmücktem Sarg, von einem Schimmel und einem Rappen gezogen. Eine große Zahl schwarz gekleideter Menschen folgt ihm durch die blühende Landschaft auf den Friedhof.

In der Grabrede des Pfarrers, den »Worten am Grabe von

Apollonia Margarete Steiff«, wird zunächst der große Verlust betont, den ihr Tod für alle bedeutet. »Da ist in erster Linie ihre Familie, die in kurzer Zeit mächtig emporgekommen, im Grunde genommen ihr alles verdankt! Da ist eine zahlreiche Schar Angestellter, die nicht eine Herrin, eine Mutter verliert; da ist eine große Arbeiterschaft, der sie Brot und Arbeit gegeben hat und gewiss nicht zu viel und zu schwere Arbeit; [...] Ein ›Gretle Steiff‹ kommt so bald nicht wieder.« Das »Geschäft«, also die Firma Steiff, so empfindet es der Geistliche, »hat nicht bloß das Haupt verloren, den klaren und beherrschenden Geist, es hat noch viel mehr, auch das Herz verloren, das in allem und durch alles fühlbar war.«

Für den evangelischen Pfarrer war das Leben der Margarete Steiff eine Prüfung und letztendlich ein Beweis der Gnade Gottes. »Wie ein Wunder stand sie vor unseren Augen. Wir leben in einer Zeit, wo man der Meinung ist: Der alte Gott tut keine Wunder mehr. Und dabei hatten wir alle Tage unsere liebe Entschlafene vor unsern Augen als ein immer neues lebendiges Wunder. Oder ist's nicht ein Wunder, wenn so ein armes, schwaches, gebrechliches und hilfsloses Menschenkind, von dem man in der Kindheit wohl voll Sorge gefragt hat: wie wird's ihr gehen? Wie wird sie sich durchbringen? im späteren Leben tausend andere versorgt, tausend anderen durchhilft und nicht allein das anerkannte Haupt ihrer Familie, sondern die Gründerin und Leiterin einer Weltfirma wird? Ist's nicht ein Wunder, wenn eins, dem man in der Kindheit wohl höchstens Blicke des Mitleids gönnte, dem man sicher eine wenig beachtete, stille, fast vergessene Existenz im Winkel voraussagte, so heraustritt an das Licht der Öffentlichkeit und sich und mit ihr der Heimatstadt einen geliebten und geachteten Namen gewinnt im weitesten Umkreis

Zwei Kinder im Jahr 1909 mit dem Flugdrachen von Margarete Steiffs Neffen Richard.

und selbst über dem Weltmeer? Das ist in Jahrhunderten nicht geschehen.« Dieses Leben war gerechtfertigt. Margarete Steiff hatte gut mit ihren Talenten gewuchert.

Dass nun Kinder in Giengen die Drachen ihres Neffen Richard steigen ließen und damit ihrem eigenen Traum Gestalt gaben, schwerelos und von der Last ihres Körpers befreit zu existieren, das hätte Margarete Steiff über alle Maßen gefallen.

Danksagung

Die Beschäftigung mit Margarete Steiff konfrontiert mit einer strengen Welt der Arbeit und des Erwerbs. Aber sie gleicht auch dem Herbeiziehen einer längst vergessenen Spielzeugkiste. Die eigene Kindheit rückt mit einem Mal wieder nahe, spiegelt sich in der Auseinandersetzung mit dieser Frau, die ein so gutes Einfühlungsvermögen in Kinder und kindliche Bedürfnisse hatte.

Zum Schluss danke ich allen Menschen, die mir zur Seite standen. Ich danke Herrn Friedhelm Steiff für seine wohlwollende Begleitung des Projekts und die Erlaubnis, das Firmenarchiv zu benutzen. Nennen möchte ich hier auch die beiden Damen aus dem Archiv der Firma Steiff, Frau Manuela Fustig und Frau Roswitha Oppel, die mich stets auf das Freundlichste empfangen und auf das Hilfreichste unterstützt haben. Frau Fustig hat mich in intensiven Gesprächen an ihrem profunden Wissen zum Thema Margarete Steiff und Steiff GmbH sowie zu historischen Spieltieren teilnehmen lassen. Frau Simone Damböck danke ich für ihre freundliche Hilfe. Mein Mann hat die Entstehung des Buches mit großem Interesse und immer neuen Anregungen unterstützt.

Anmerkungen

1. Kapitel: Ein behindertes Kind

1 Heger, *Tor zur Kindheit*, 22; vgl. Katalog der Ausstellung »Giengener Zinngießer – Zinn aus 3 Jahrhunderten«, Giengen 1987.

2 Heger, *Tor zur Kindheit*, 29.

3 *Häuser-Buch*, 48.

4 *Häuser-Buch*, 29.

5 Meck, *Giengen an der Brenz*, 116.

6 Vgl. Berent Swineköper (Hg.), *Gilden und Zünfte. Kaufmännische und gewerbliche Genossenschaften im frühen und hohen Mittelalter*, Sigmaringen 1985; Heinz-Gerhard Haupt, *Das Ende der Zünfte. Ein europäischer Vergleich*, Göttingen 2002; Arndt Kluge, *Die Zünfte*, Stuttgart 2007; Knut Schulz, *Handwerk, Zünfte und Gewerbe. Mittelalter und Renaissance*, Darmstadt 2010.

7 *Häuser-Buch*, 20.

8 Heger, *Tor zur Kindheit*, 22.

9 Heger, *Tor zur Kindheit*, 22.

10 Heger, *Tor zur Kindheit*, 22.

11 Heger, *Tor zur Kindheit*, 24.

12 Stammbaum in: Pfeiffer, *125 Jahre Steiff Firmengeschichte*, 70.

13 Gemeinderatsprotokoll, 4. 2. 1843, Bl. 130, StA Giengen, zitiert bei Heger, *Tor zur Kindheit*, 26.

14 Heger, *Tor zur Kindheit*, 26.

15 Keller, *Reclams Lexikon der Heiligen und biblischen Gestalten*, 71.

16 *Häuser-Buch*, 23.

17 Heger, *Tor zur Kindheit*, 42.

18 Tagebuch, 1. Das Tagebuch von Margarete Steiff wird in der Umschrift des Firmenarchivs Steiff zitiert.
19 Tagebuch, 1.
20 Pauly (Hg.), *Beschreibung des Oberamts Heidenheim*, Stuttgart; Tübingen 1844.
21 Tagebuch, 1.
22 Tagebuch, 1 f.
23 Tagebuch, 2.
24 Tagebuch, 6.
25 Heger, *Tor zur Kindheit*, 31.
26 Tagebuch, 1.
27 Tagebuch, 1.
28 Tagebuch, 1.
29 *Häuser-Buch*, 9.
30 Tagebuch, 6.
31 Tagebuch, 6.
32 Tschofen, *Spiel und Gesellschaft*, 40.
33 Tagebuch, 2; vgl. Ulrich Baader, *Kinderspiele und Spiellieder*, 2 Bde., Tübingen 1979.
34 Tagebuch, 2.
35 Bettelheim, *Kinder brauchen Märchen*, 13.
36 Bettelheim, *Kinder brauchen Märchen*, 13.
37 Heinz Rölleke (Hg.), Brüder Grimm: *Kinder- und Hausmärchen*, 3 Bde., Stuttgart 2007 (»Große Ausgabe« von 1857 im Neusatz); Hermann Gerstner, *Brüder Grimm* (= rowohlts monographien, Bd. 201), 9. Aufl., Hamburg 1997; Steffen Martus, *Die Brüder Grimm*, Berlin 2009.
38 Bettelheim, *Kinder brauchen Märchen*, 57.
39 *Märchen der Brüder Grimm*. Mit 100 Bildern und Aquarellen von Ruth Koser-Michaëls, München 1937, 355 f.
40 Tagebuch, 2.
41 Hummel, *Giengens Schulwesen*, 45.
42 Tagebuch, 1.
43 Tagebuch, 4.
44 Tagebuch, 4.

2. Kapitel: Fromme Netzwerke

1 Tagebuch, 1.
2 Tagebuch, 1.
3 Riepl-Schmidt, *Wider das verkochte und verbügelte Leben*, 38f.
4 Riepl-Schmidt, *Wider das verkochte und verbügelte Leben*, 41.
5 Riepl-Schmidt, *Wider das verkochte und verbügelte Leben*, 42 u. 44.
6 Schuster, *August Hermann Werner*, 3f.
7 Vgl. Ute Schmidt, *Bessarabien - Deutsche Kolonisten am Schwarzen Meer*, Berlin 2008.
8 Heger, *Tor zur Kindheit*, 43.
9 Schuster, *August Hermann Werner*, 7.
10 Schuster, *August Hermann Werner*, 8.
11 Schuster, *August Hermann Werner*, 3.
12 Zsindely, *Krankheit und Heilung*, 72.
13 Zsindely, *Krankheit und Heilung*, 53.
14 Zsindely, *Krankheit und Heilung*, 75.
15 Schuster, *August Hermann Werner*, 10.
16 Heger, *Tor zur Kindheit*, 44.
17 Riehm, *Lebensbild August Hermann Werner*, 23.
18 Schuster, *August Hermann Werner*, 11.
19 Schuster, *August Hermann Werner*, 12.
20 Zitiert bei Römer, *Dienstbotenheimat*, 33, Anmerkung 32.
21 Zitiert bei Römer, *Dienstbotenheimat*, 33, Anmerkung 39.
22 Schuster, *August Hermann Werner*, 11.
23 Schuster, *August Hermann Werner*, 15.
24 Riehm, *Lebensbild August Hermann Werner*, 34.
25 Riehm, *Lebensbild August Hermann Werner*, 38.
26 Tagebuch, 3.
27 Riehm, *Lebensbild August Hermann Werner*, 52.
28 Riehm, *Lebensbild August Hermann Werner*, 52.
29 Tagebuch, 3.
30 Schuster, *August Hermann Werner*, 21.
31 Schuster, *August Hermann Werner*, 22.

32 Zsindely, *Krankheit und Heilung*, 38.
33 Burckhardt, *Der Curort Wildbad im Königreich Württemberg*, 11.
34 Georg Escher, Marie-Louise Strauss (Hg.), *Johanna Spyri, verklärt, vergessen, neu entdeckt*, Zürich 2001; Irma Hildebrandt, *Mutige Schweizerinnen: 18 Porträts von Johanna Spyri bis Liselotte Pulver*, Kreuzlingen, München 2006.
35 Riehm, *Lebensbild August Hermann Werner*, 40f.
36 Tagebuch, 1.
37 Riehm, *Lebensbild August Hermann Werner*, 52.
38 Riehm, *Lebensbild August Hermann Werner*, 55.
39 Riehm, *Lebensbild August Hermann Werner*, 32.
40 Riehm, *Lebensbild August Hermann Werner*, 43f.
41 *Spielwelten*, 121.
42 Tagebuch, 3.
43 Riehm, *Lebensbild August Hermann Werner*, 44ff.
44 *Der dritte Sommer der Herrnhilfe*, 4.
45 Riehm, *Lebensbild August Hermann Werner*, 41.
46 Riehm, *Lebensbild August Hermann Werner*, 47f.
47 Tagebuch, 3f.
48 *Der dritte Sommer der Herrnhilfe*, 11.
49 Tagebuch, 4.
50 Riehm, *Lebensbild August Hermann Werner*, 44f.
51 Heger, *Tor zur Kindheit*, 57.
52 Stiftungspflegrechnung vom 26. Juli 1856, zitiert bei Heger, *Tor zur Kindheit*, 57.
53 Riehm, *Lebensbild August Hermann Werner*, 52.
54 Tagebuch, 4f.
55 Tagebuch, 5.
56 Tagebuch, 5.
57 Gläsle, *Pauline und ihre Töchter*, 47f.
58 Gläsle, *Pauline und ihre Töchter*, 52.
59 Gläsle, *Pauline und ihre Töchter*, 58.
60 Gläsle, *Pauline und ihre Töchter*, 70.
61 *Der dritte Sommer der Herrnhilfe*, 20.
62 Tagebuch, 4.

3. Kapitel: Vom Ernst des Lebens

1 Tagebuch, 5.
2 Zu den Straßenbelägen in Giengen: Heger, *Tor zur Kindheit*, 65.
3 Hummel, *Giengens Schulwesen*, 49.
4 Tagebuch, 7.
5 Tagebuch, 5.
6 Innenminister Schmidlin vor dem Parlament am 20. 12. 1826: Verhandlungen der Kammer der Abgeordneten des Königreichs Württemberg vom Jahr 1826, 337–348; 338, zitiert in Arns, *Anfänge der Industrie in Baden und Württemberg*, Anm. 59.
7 Arns, *Anfänge der Industrie in Baden und Württemberg*, 71.
8 Aus einer Stellenausschreibung für einen Technischen Rat bei der Zentralstelle für Gewerbe und Handel im *Regierungs-Blatt für das Königreich Württemberg* 1848, 326, zitiert in Arns, *Anfänge der Industrie in Baden und Württemberg*, 76.
9 Arns, *Anfänge der Industrie in Baden und Württemberg*, 78f.
10 Arns, *Anfänge der Industrie in Baden und Württemberg*, 75.
11 Johann Daniel Georg von Memminger, *Beschreibung von Württemberg*, Stuttgart, Tübingen [3]1841, 428f.
12 Gewerbeblatt aus Württemberg 1853, 426, zitiert in Arns, *Anfänge der Industrialisierung in Baden und Württemberg*, 75.
13 »Über die Leitung des Gewerbewesens durch die Regierung«, Denkschrift des Technischen Rats der Zentralstelle für Gewerbe und Handel, Ferdinand Steinbeis vom 25. Mai 1850 (Hauptstaatsarchiv Stuttgart), zitiert in Arns, *Anfänge der Industrie in Baden und Württemberg*, 81.
14 Arns, *Anfänge der Industrie in Baden und Württemberg*, 75.
15 Arns, *Anfänge der Industrie in Baden und Württemberg*, 79.
16 Vgl. Hans Medick, *Weben und Überleben in Laichingen 1650–1900. Lokalgeschichte als Allgemeine Geschichte*, Göttingen 1996.
17 Erlass der Zentralstelle für Gewerbe und Handel vom 29. März 1854 (Staatsarchiv Ludwigsburg), zitiert in Arns, *Anfänge der Industrie in Baden und Württemberg*, 80.
18 Heger, *Tor zur Kindheit*, 89.

19 *Häuser-Buch*, 35.
20 Heger, *Tor zur Kindheit*, 22.
21 Döring, *Vom Konfektionsgewerbe zur Bekleidungsindustrie*, 87.
22 Tagebuch, 5.
23 Tagebuch, 5.
24 www.laetacara.pytalhost.de
25 Tagebuch, 6.
26 Tagebuch, 8.
27 Louise Otto-Peters in: *Kränzchen. Zeitung für das weibliche Geschlecht*, Nr. 47, 1849, zitiert nach Andrea Kittel: »›sondern auch Döchterlin zur Schul geschickt …‹ Zur Geschichte der Mädchenschulbildung nach der Reformation«, in: *Herd und Himmel*, 31–35, 33.
28 Heger, *Tor zur Kindheit*, 70.
29 Louise Dittmar, »Wider das verkochte und verbügelte Leben der Frauen« (aus dies.: *Das Wesen der Ehe*) in: *Frauenemanzipation im deutschen Vormärz: Texte und Dokumente*, hg. v. Renate Möhrmann, Stuttgart 1990, 55–58.
30 Zu Maria Gräfin von Linden-Aspermont (1869–1936): Gabriele Junginger: *Maria Gräfin von Linden. Erinnerungen der ersten Tübinger Studentin*, Tübingen 1991.
31 Tagebuch, 5f.
32 Kittel, *Ledige Tanten*, 62.
33 Kittel, *Ledige Tanten*, 63.
34 Tagebuch, 8.
35 Tagebuch, 8.
36 Tagebuch, 8.
37 Tagebuch, 7.
38 Tagebuch, 8.
39 Tagebuch, 8.
40 Tagebuch, 7f.
41 Hermann Ehmer, *Johann Friedrich Flattich – der schwäbische Salomo. Eine Biographie*, Stuttgart 1997.
42 Tagebuch, 7.
43 Tagebuch, 7.

44 Tagebuch, 7.
45 Tagebuch, 7.
46 Firmenarchiv Steiff.
47 Riepl-Schmidt, *Wider das verkochte und verbügelte Leben*, 98.
48 Zitiert nach Riepl-Schmidt, *Wider das verkochte und verbügelte Leben*, 98.
49 Tagebuch, 9.
50 Tagebuch, 10.
51 Tagebuch, 10.
52 Tagebuch, 13.
53 Heger, *Tor zur Kindheit*, 73.
54 Heger, *Tor zur Kindheit*, 74.
55 Tagebuch, 8.
56 Heger, *Tor zur Kindheit*, 75.
57 Tagebuch, 10f.

4. Kapitel: Die Schwestern Steiff

1 Arns, *Anfänge der Industrie in Baden und Württemberg*, 72.
2 Tagebuch, 8.
3 Vgl. Heiler, *Aussteuer – zur Geschichte eines Symbols*, 219–227.
4 Zum Brautwagen: Unseld, *Verliebt, verlobt, verheiratet*, 11–19.
5 Tagebuch, 5.
6 Tagebuch, 6.
7 Tagebuch, 9.
8 *Das Haus Württemberg*, 323.
9 Tagebuch, 13.
10 Heger, *Tor zur Kindheit*, 19.
11 Hummel, *Allhie ein gut Spital*, 37.
12 Heger, *Tor zur Kindheit*, 90.
13 Tagebuch, 8.
14 Tagebuch, 9.
15 Tagebuch, 13.
16 Heger, *Tor zur Kindheit*, 95.

17 Tagebuch, 9.
18 Tagebuch, 10.
19 Tagebuch, 11.
20 Tagebuch, 11.
21 Tagebuch, 11.
22 Tagebuch, 9.
23 Regina Bormann, »Eisenbahnbauarbeiterinnen. Berichte aus einer längst vergessenen Arbeitswelt«, in: *Heimlich, still und fleißig. Frauenarbeit in der Region Stuttgart seit dem 18. Jahrhundert. Ein geschichtliches Lesebuch*, Stuttgart 1995, 72–83; 74.
24 Bormann, »Eisenbahnbauarbeiterinnen«, 75.
25 Tagebuch, 11.
26 D. Jemanski, H. Jehle, U. Siebert (Hg.), *»Und tät' das Reisen wählen!«, Frauenreisen - Reisefrauen*, Zürich 1994; H. Bausinger, *Reisekultur. Von der Pilgerfahrt zum modernen Tourismus*, 1991.

5. Kapitel: Etablierung im elterlichen Haus

1 Tagebuch, 11.
2 Tagebuch, 11.
3 Tagebuch, 12.
4 Döring, *Vom Konfektionsgewerbe zur Bekleidungsindustrie*, 61.
5 Döring, *Vom Konfektionsgewerbe zur Bekleidungsindustrie*, 61.
6 Döring, *Vom Konfektionsgewerbe zur Bekleidungsindustrie*, 62.
7 Gabriele Katz, *Käthe Kruse*, Kapitel »Eine uneheliche Tochter«, 23–65.
8 Tagebuch, 13.
9 Firmenarchiv Steiff.
10 Vgl. Köhle-Hezinger, »Der schwäbische Leib«, 59f.
11 Firmenarchiv Steiff.
12 Zitiert nach Heger, *Tor zur Kindheit*, 104.
13 Abgebildet bei Pfeiffer, *125 Jahre Steiff*, 51.
14 Tagebuch, 12.
15 Firmenarchiv Steiff.

16 *50 Jahre Steiff - Knopf im Ohr*, 8.
17 Tagebuch, 12.
18 Tagebuch, 12.
19 Gisela Hengstenberg, »Zwischen Konvention und Überzeugung. Zum sozialen Engagement adeliger Frauen im Königreich Württemberg«, in: *Herd und Himmel*, 117–124, 121.
20 Tagebuch, 12.
21 Tagebuch, 9.
22 Firmenarchiv Steiff.
23 Firmenarchiv Steiff.

6. Kapitel: Spieltiere

1 Tagebuch, 13.
2 Tagebuch, 12.
3 Angaben zu Friedrich Wilhelm Märklin nach http://de.wikipedia.org/wiki/Theodor_Friedrich_Wilhelm_Märklin.
4 *Der Struwwelpeter und sein Schöpfer Dr. Heinrich Hoffmann. Bibliographie der Sekundärliteratur*, hg. v. Walter Sauer, Neckarsteinach 2003; Roland Hoede, Thomas Bauer, *Heinrich Hoffmann. Ein Leben zwischen Wahn ... und Witz*, Frankfurt a.M. 1994; Anita Eckstaedt, *»Der Struwwelpeter«. Dichtung und Deutung. Eine psychoanalytische Studie*, Frankfurt a. M. 1998; Reimar Klein, *»Sieh einmal, hier steht er!« Struwwelpeters beschädigte Kinderwelt*, Frankfurt a.M. 2005.
5 Ueding, *Wilhelm Busch*, 61.
6 Mihr, *Wilhelm Busch. Der Protestant, der trotzdem lacht*, 27–40, 61–70.
7 Weissweiler, *Wilhelm Busch*, 115.
8 Weissweiler, *Wilhelm Busch*, 34ff.
9 Moritz Schreber, *Kallipädie oder Erziehung zur Schönheit durch naturgetreue und gleichmäßige Förderung normaler Körperbildung, lebenstüchtiger Gesundheit und geistiger Veredelung und insbesondere durch möglichste Benutzung specieller Erziehungsmittel*, Leipzig 1858.

10 Donald Winnicott, »Übergangsobjekte und Übergangsphänomene«, in: ders., *Von der Kinderheilkunde zur Psychoanalyse*, München 1976, 293–312, 293.
11 Paul Münch (Hg.), *Ordnung, Fleiß und Sparsamkeit. Texte und Dokumente zur Entstehung der bürgerlichen Tugenden*, München 1984; *Puppe, Fibel, Schießgewehr. Das Kind im kaiserlichen Deutschland*, Ausstellungskatalog der Akademie der Künste, Berlin 1977.
12 Vgl. Hans Ottomeyer, »Wer hat Kinderstube? Zur Geschichte von Kinderzimmern und Kindermöbeln«, in: *Vater – Mutter – Kind*, Ausstellungskatalog des Münchner Stadtmuseums, München 1987, 184–193.
13 Ingeborg Weber-Kellermann, »Spielzeug als Indikator eines sozialen Systems«, in: *Zeitschrift für Volkskunde*, H. 70 (1974), 194–208, 201.
14 Ingeborg Weber-Kellermann, »Spielzeug als Indikator eines sozialen Systems«, in: *Zeitschrift für Volkskunde*, H. 70 (1974), 194–208, 198.
15 Vgl. Manfred Bachmann (Hg.), *Der Universal-Spielwaren-Katalog 1924 mit Neuheitennachtrag 1926*, München (Neue Auflage 1985).
16 Spiegel, Tschofen, *Spielwelten*, 11.
17 Annette Noschka, Günther Knerr, *Bauklötze-Staunen. Zweihundert Jahre Geschichte der Baukästen* (Ausstellungskatalog), München 1986.
18 Wolfgang Leierseder, Ludwig Riepl, »Kind. Kinderleben von 1800 bis zur Gegenwart«, in: *Vater – Mutter – Kind.* Ausstellungskatalog des Münchner Stadtmuseums, 1987, 102–126, 120.
19 Firmenarchiv Steiff.
20 Tagebuch, 13.
21 Erhard, *Margarete Steiff*, 25 f.
22 www.laetacara.pytalhost.de
23 Cieslik, *Knopf im Ohr*, 11.
24 Firmenarchiv Steiff.
25 Erhard, *Margarete Steiff*, 10.
26 Donald W. Winnicott, *Kind, Familie und Umwelt*, München; Basel 1977, 135–139.

27 Katz, *Käthe Kruse*, 444ff.
28 Aus: *50 Jahre Steiff – Knopf im Ohr*, 9.
29 *50 Jahre Steiff – Knopf im Ohr*, 10.
30 Erhard, *Margarete Steiff*, 29.
31 *50 Jahre Steiff – Knopf im Ohr*, 10.
32 *50 Jahre Steiff – Knopf im Ohr*, 10.
33 Tagebuch, 12.

7. Kapitel: »Erste Filzspielwaren-Fabrik Deutschlands«

1 Heger, *Tor zu Kindheit*, 119.
2 Pfeiffer, *125 Jahre Steiff*, 54.
3 Pfeiffer, *125 Jahre Steiff*, 54.
4 Firmenarchiv Steiff.
5 Zitiert in Christel Köhle-Hezinger, »Religion in bäuerlichen Gemeinden: Wegbereiter der Industrialisierung?«, in: *Beiträge zur Volkskunde in Baden-Württemberg*, Landesstellen für Volkskunde in Freiburg und Stuttgart, Stuttgart 1985, 193.
6 Robert, *Der Arbeiter*, 31.
7 Carola Lipp, »›Fleißige Weibsleut‹ und ›liederliche Dirnen‹. Arbeits- und Lebensperspektive von Unterschichtsfrauen«, in: dies. (Hg.): *Schimpfende Weiber und patriotische Jungfrauen. Frauen im Vormärz und in der Revolution 1848/49*, Bühl-Moos 1986, 25–55, 28.
8 Susanne Thurn, »Frauen 1848/49«, in: *Geschichtsdidaktik 1*, 1979, 66f.
9 Firmenarchiv Steiff.
10 Cieslik, *Knopf im Ohr*, 21.
11 Cieslik, *Knopf im Ohr*, 24.
12 Cieslik, *Knopf im Ohr*, 22.
13 So das Ergebnis einer von Manuela Fustig, Firmenarchiv Steiff, durchgeführten Recherche in der Lokalpresse von Giengen.
14 A. Merk, »Pfarrfrauen, Pastorentöchter, Alte Jungfern«, in: *Zeitfragen des christlichen Volkslebens*, Bd. XII, H. 6, 1887, 258f.

15 A. Merk, »Pfarrfrauen«, 259.
16 Kittel, *Ledige Tanten und »alte Jungfern«*, 61.
17 Frankenstein, »Die Lage der Arbeiterinnen«, 578.
18 Beier, *Frauenarbeit und Frauenalltag*, 42.
19 *50 Jahre Steiff – Knopf im Ohr*, 10.
20 Cieslik, *Knopf im Ohr*, 24.
21 Firmenarchiv Steiff.
22 Firmenarchiv Steiff.
23 Pfeiffer, *125 Jahre Steiff*, 72; abgebildet ebenda, 28.
24 *50 Jahre Steiff – Knopf im Ohr*, 11.
25 *50 Jahre Steiff – Knopf im Ohr*, 11.
26 *50 Jahre Steiff – Knopf im Ohr*, 11.
27 Cieslik, *Knopf im Ohr*, 15.
28 *50 Jahre Steiff – Knopf im Ohr*, 11.
29 Abgebildet bei: Cieslik, *Knopf im Ohr*, 20.
30 Cieslik, *Knopf im Ohr*, 15.
31 *50 Jahre Steiff – Knopf im Ohr*, 11.
32 *50 Jahre Steiff – Knopf im Ohr*, 11.
33 Cieslik, *Knopf im Ohr*, 101.
34 Cieslik, *Knopf im Ohr*, 69.
35 Pfeiffer, *125 Jahre Steiff*, 65.
36 *50 Jahre Steiff – Knopf im Ohr*, 14.
37 Foto bei Pfeiffer, *125 Jahre Steiff*, 106.
38 *50 Jahre Steiff – Knopf im Ohr*, 14.
39 Pfeiffer, *125 Jahre Steiff*, 71.
40 Abgebildet bei Cieslik, *Knopf im Ohr*, 25.
41 Cieslik, *Knopf im Ohr*, 24.
42 Zitiert bei Heger, *Tor zur Kindheit*, 122.
43 Firmenarchiv Steiff.
44 Ritter, Tenfelde, *Arbeiter im Deutschen Kaiserreich*, 200f.
45 Diese und die nächste Quelle: Firmenarchiv Steiff.
46 Pfeiffer, *125 Jahre Steiff*, 72f.

8. Kapitel: Nichten und Neffen

1 Unseld, Werner, *Zeit der Versuchungen, Versuchungen der Zeit*, 26.
2 Alle Zitate aus den folgenden Briefen Margarete Steiffs: Umschrift Firmenarchiv Steiff.
3 Johann Daniel Georg von Memminger: »Gemeinde Essenhausen/Colonie Wilhelmsdorf/Gemeinde Zußdorf«, in: *Beschreibung des Oberamts Ravensburg*, Stuttgart u. Tübingen 1836; J. Ziegler, *Ein Königskind. Erzählt für meine Söhne*, Wilhelmsdorf, Stuttgart 1905; Andreas Bühler (Hg.), *175 Jahre Wilhelmsdorf. Beiträge zur Geschichte und Gegenwart*, Wilhelmsdorf 1999.
4 Riepl-Schmidt, *Wider das verkochte und verbügelte Leben*, 103.
5 Sylvelyn Hähner-Rombach, *»Erhöhte Bildung des weiblichen Geschlechts«. Die Geschichte des Schwäbischen Frauenvereins*, Tübingen 1998, 19.
6 Ludwig Gebhard: »Hähnle, Emilie Karoline, geborene Hähnle, in: *Neue Deutsche Biographie* 7 (1966), 432f.
7 Zitiert bei Wolfgang Heger, »Lina Hähnle (1851–1941). Nicht nur eine Vogelmutter«, in: *Frauen im deutschen Südwesten*, hg. v. Brigitte Knorr u. Rosemarie Wehling (= Schriften zur politischen Landeskunde Baden-Württembergs Bd. 20), Stuttgart; Berlin; Köln 1993, 170–175, 172.
8 »Hundert Jahre für Mensch und Natur. Ein Streifzug durch die Geschichte des NABU«, in: *Naturschutz heute*, Heft 1/1999.
9 www.nabu.de
10 *50 Jahre Steiff – Knopf im Ohr*, 16.
11 Cieslik, *Knopf im Ohr*, 101.
12 Cielsik, *Knopf im Ohr*, 102f.
13 Zitiert in Cieslik, *Knopf im Ohr*, 26.
14 Informationen nach http://de.wikipedia.org/wiki/Tiergarten_Nill.
15 Erhard, *Margarete Steiff*, 30.

9. Kapitel: Im »Glashaus«

1 Pfeiffer, *125 Jahre Steiff*, 154ff.
2 Pfeiffer, *125 Jahre Steiff*, 156.
3 Zitiert bei Heger, *Tor zur Kindheit*, 127.
4 Zitiert bei Pfeiffer, *125 Jahre Steiff*, 156f.
5 Heger, *Tor zur Kindheit*, 127, zitiert einen Kostenvoranschlag der Eisenwerk München A.G.
6 Cieslik, *Knopf im Ohr*, 28.
7 Pfeiffer, *125 Jahre Steiff*, 156.
8 Heger, *Tor zur Kindheit*, 129.
9 Gutachten zitiert bei Pfeiffer, *125 Jahre Steiff*, 157.
10 Pfeiffer, *125 Jahre Steiff*, 158f.
11 *50 Jahre Steiff – Knopf im Ohr*, 12.
12 Cieslik, *Knopf im Ohr*, 28.
13 Cieslik, *Knopf im Ohr*, 38.
14 Cieslik, *Knopf im Ohr*, 42f.
15 Cieslik, *Knopf im Ohr*, 30.
16 Zitiert bei Heger, *Tor zur Kindheit*, 131.
17 Firmenarchiv Steiff.
18 *50 Jahre Steiff – Knopf im Ohr*, 19.
19 Firmenarchiv Steiff.
20 Pfeiffer, *125 Jahre Steiff*, 83.
21 Heger, *Tor zur Kindheit*, 149.
22 Zitiert bei Pfeiffer, *125 Jahre Steiff*, 84.
23 Cieslik, *Knopf im Ohr*, 42f.
24 *50 Jahre Steiff – Knopf im Ohr*, 15.
25 Cieslik, *Knopf im Ohr*, 34.
26 Zitiert bei Heger, *Tor zur Kindheit*, 136f.
27 Vgl. www.glatz.de
28 *50 Jahre Steiff – Knopf im Ohr*, 12.
29 Cieslik, *Knopf im Ohr*, 19.

10. Kapitel: Bärenboom

1 Cieslik, *Knopf im Ohr*, 35.
2 Benjamin Hoff: *Tao Te Puh: Das Buch vom Tao und von Puh dem Bären*, Essen 1984; Alan Alexander Milne: *Pu der Bär oder wie man das Leben meistert*, Hamburg 1998; Ethan Mordden: *Fit mit Pu: Des starken Bären natürlicher Weg zu Schönheit und Kraft*, Hamburg 1997; John Tyerman Williams: *Bei Pu auf der Couch: Bärenschlaue Psychologie*, Hamburg, 2004.
3 Alan Alexander Milne, *Pu der Bär*, mit farbigen Illustrationen von Ernest H. Shepard. Deutsch von Harry Rowohlt, Hamburg 1998, 157.
4 Zitiert bei Cieslik, *Knopf im Ohr*, 40. Das folgende Zitat ebenda, 42.
5 Max Weber, *Die protestantische Ethik*, Einleitung von Klaus Lichtblau und Johannes Weiß, VII–XIII.
6 Weber, *Die protestantische Ethik*, 2f.
7 Weber, *Die protestantische Ethik*, 22.
8 Cieslik, *Knopf im Ohr*, 35.
9 Pfeiffer, *125 Jahre Steiff*, 85.

11. Kapitel: Bilanz ziehen

1 Cieslik, *Knopf im Ohr*, 55.
2 Schön, *Zeitschrift für Handelsrecht* 161 (1997), 138.
3 Cassis, *Unternehmer und Manager*, 41.
4 Cassis, *Unternehmer und Manager*, 41.
5 Frank Raberg, *Biographisches Handbuch der württembergischen Landtagsabgeordneten 1815–1933*, Stuttgart 2001, 307f.
6 Firmenarchiv Steiff. Zitiert bei Cieslik, *Knopf im Ohr*, 57.

12. Kapitel: Abschied

1 Pfeiffer, *125 Jahre Steiff*, 86.
2 Pfeiffer, *125 Jahre Steiff*, 86f.
3 Pfeiffer, *125 Jahre Steiff*, 72.
4 Riepl-Schmidt, *Wider das verkochte und verbügelte Leben*, 104.
5 Pfeiffer, *125 Jahre Steiff*, 87.
6 Vgl. Walter Fleischmann, *Protestanten auf dem Wege*, Göttingen 1986.
7 *50 Jahre Steiff - Knopf im Ohr*, 19, u. Pfeiffer, *125 Jahre Steiff*, 87.
8 *50 Jahre Steiff - Knopf im Ohr*, 15.
9 *50 Jahre Steiff - Knopf im Ohr*, 19.
10 Heger, *Tor zur Kindheit*, 151.
11 Pfeiffer, *125 Jahre Steiff*, 72.
12 Zitiert bei Cieslik, *Knopf im Ohr*, 34.
13 Cieslik, *Knopf im Ohr*, 38.
14 Zitiert bei Cieslik, *Knopf im Ohr*, 39.
15 Heger, *Tor zur Kindheit*, 151.
16 Cieslik, *Knopf im Ohr*, 104.
17 Cieslik, *Knopf im Ohr*, 66.
18 Pfeiffer, *125 Jahre Steiff*, 88.
19 Cieslik, *Knopf im Ohr*, 55.
20 Heger, *Tor zu Kindheit*, 149.
21 Zitiert bei Heger, *Tor zur Kindheit*, 151.
22 *50 Jahre Steiff - Knopf im Ohr*, 12.
23 *50 Jahre Steiff - Knopf im Ohr*, 13.
24 Pfeiffer, *125 Jahre Steiff*, 87.

Literaturverzeichnis

Textsammlungen und gedruckte Quellen

Burckhardt, C[arl]: *Der Curort Wildbad im Königreich Württemberg. Eine monographische Skizze mit einem Plan der Bäder, der Stadt und einer Karte der Umgebungen.* Wildbad; Stuttgart 1861.

Der dritte Sommer der Herrnhilfe zu Wildbad. Ludwigsburg 1857.

Frankenstein, Kuno: »Die Lage der Arbeiterinnen in den deutschen Großstädten«, in: *Jahrbuch für Gesetzgebung, Verwaltung und Volkswirtschaft im Deutschen Reich*, 12. Jg. (1888), 571–617.

Häuser-Buch Giengen 1805. Das erste Brand-Versicherungs-Kataster. Ein Beitrag zur Stadtgeschichte von Giengen an der Brenz. Band 5 von Ulrich Stark. Giengen 1999.

Meck, K. K., *Chronik und Adreßbuch der ehemaligen Reichsstadt Giengen*, Giengen 1927.

Riehm, Maria: *Lebensbild von Dr. August Hermann Werner in Ludwigsburg zu seinem hundertjährigen Geburtstage am 21. Juni 1908, seiner Familie gewidmet.* Basel 1908.

Weber, Max: *Die protestantische Ethik und der »Geist« des Kapitalismus. Textausgabe auf der Grundlage der ersten Fassung 1904/05 mit einem Verzeichnis der wichtigen Zusätze und Veränderungen aus der zweiten Fassung von 1920*, hg. u. eingeleitet von Klaus Lichtblau u. Johannes Weiß. Weinheim ²1996.

Kataloge und Nachschlagewerke

Das Haus Württemberg. Ein biographisches Lexikon. Hg. v. Sönke Lorenz, Dieter Mertens u. Volker Press. Stuttgart 1997.

Keller, Hiltgart L.: *Reclams Lexikon der Heiligen und biblischen Gestalten. Legende und Darstellung in der bildenden Kunst.* Stuttgart 51984.

Spielwelten. Spiele und Spielzeug aus zwei Jahrhunderten. Ausstellung Nr. 146 des Vorarlberger Landesmuseums Bregenz 20. Juli bis 16. Oktober 1988. (Redaktion: Christine Spiegel.) Bregenz 1988.

Vallendor, Karl: *50 Jahre Steiff. Knopf im Ohr. Von der Nähmaschine zur Spielwarenfabrik. Zum Geschäftsjubiläum der Firma Margarete Steiff GmbH Giengen a. d. Brenz (Württ.) 1880–1930.* Giengen 1930.

Übrige Literatur

Arns, Günther: *Über die Anfänge der Industrialisierung in Baden und Württemberg.* Stuttgart 1986.

Beier, Rosemarie: *Frauenarbeit und Frauenalltag im Deutschen Kaiserreich. Heimarbeiterinnen in der Berliner Bekleidungsindustrie 1880–1914* (= Campus Forschung 348). Frankfurt a. M.; New York 1983.

Bettelheim, Bruno: *Kinder brauchen Märchen.* München 1980.

Boelcke, Willi A.: *Wirtschaftsgeschichte Baden-Württembergs.* Stuttgart 1987.

Cassis, Youssef: »Unternehmer und Manager«, in: Frevert; Haupt (Hg.): *Der Mensch des 19. Jahrhunderts*, 40–66.

Cieslik, Jürgen u. Marianne: *Knopf im Ohr. Die Geschichte des Teddybären und seiner Freunde.* Jülich 1989.

Döring, Friedrich-Wilhelm: *Vom Konfektionsgewerbe zur Bekleidungsindustrie.* Frankfurt a. M. u.a. 1992.

Erhard, Annegret: *Margarete Steiff (Made in Germany).* Berlin 2000.

Ernst, Katharina: *Krankheit und Heiligung. Die medikale Kultur württembergischer Pietisten im 18. Jahrhundert.* Stuttgart 2003.

Finkele, Diana: »Margarete Steiff (1847–1909). Begründerin einer Weltmarke«, in: Finkele: *Schwäbinnen und Badenerinnen*, 33f.

Finkele, Diana: *Schwäbinnen und Badenerinnen. Frauenleben in Baden und Württemberg von 1750 bis heute*. Mühlacker; Irdning 2004.

Frevert, Ute: *Frauen-Geschichte. Zwischen bürgerlicher Verbesserung und Neuer Weiblichkeit*. Frankfurt a. M. 1986.

Frevert, Ute; Heinz-Gerhard Haupt (Hg.): *Der Mensch des 19. Jahrhunderts*. Frankfurt a. M.; New York 1999.

Gerhard, Ute (Hg.): *Frauen in der Geschichte des Rechts. Von der Frühen Neuzeit bis zur Gegenwart*. München 1997.

Gläsle, Rosemarie: *Pauline und ihre Töchter. »Missionsbräute« als lebenslange WegGefährtinnen Basler Missionare in Indien und China*. Erlangen 2009.

Gottschalk, Elke: *Geliebte Steifftiere. Teddybären, Stofftiere, Puppen*. München 1984.

Grashoff, Michael: *100 Jahre Qualität – Steiff, Knopf im Ohr*. Aalen 1980.

Hausen, Karin; Heidi Wunder (Hg.): *Frauengeschichte – Geschlechtergeschichte*. Frankfurt a. M.; New York 1992.

Heger, Wolfgang: »Margarete Steiff (1847–1909). Vom Nadelkissen zur Weltmarke«, in: Knorr; Wehling (Hg.): *Frauen im deutschen Südwesten*, 286–291.

Heger, Wolfgang: *Das Tor zur Kindheit. Die Welt der Margarete Steiff*. Hg. v. Arbeitskreis für Stadtgeschichte in Giengen. Giengen 1997 (Neuausgabe Halle 2009).

Heidecker, Manfred: *Die Firmengeschichte der Margarete Steiff GmbH in Giengen an der Brenz*. [Diplomarbeit] Nürtingen 1982.

Heiler, Sylvia: »Aussteuer – zur Geschichte eines Symbols«, in: Köhle-Hezinger; Mentges (Hg.): *Der neuen Welt ein neuer Rock*, 219–227.

Heimlich, still und fleißig? Frauenarbeit in der Region Stuttgart seit dem 18. Jahrhundert. Ein geschichtliches Lesebuch. Hg. v. d. Gleichstellungsstelle Stuttgart. Tübingen 1995.

Herd und Himmel. Frauen im evangelischen Württemberg. Katalog zur Ausstellung im Landeskirchlichen Museum Ludwigsburg vom 17. Mai 1997 bis 29. März 1998. (Redaktion: Eberhard Gutekunst; Andrea Kittel.) Stuttgart 1997.

Huber, Ernst Rudolf: *Deutsche Verfassungsgeschichte seit 1789*. 8 Bde. Stuttgart 1957–1991.

Hummel, Max: »Allhie ein gut Spital. Ein Blick auf das Sozialwesen der Reichsstadt Giengen«, in: *Unsere Stadt*. Jahrbuch Giengen 1991.

Hummel, Max: »Giengens Schulwesen unter württembergischer Oberhoheit«, in: *Unsere Stadt*. Jahrbuch Giengen 1994.

Katz, Gabriele: *Käthe Kruse. Die Biografie*. Berlin 2010.

Kellenbenz, Hermann: *Wirtschaftsgeschichte Württembergs*. 2 Bde. München 1977 u. 1981.

Kellermann-Weber, Ingeborg: *Die Kinderstube*. Frankfurt a. M.; Leipzig 1991.

Kittel, Andrea: »Ledige Tanten und ›alte Jungfern‹«, in: *Herd und Himmel*, 59–64.

Knorr, Birgit; Rosemarie Wehling (Hg.): *Frauen im deutschen Südwesten* (= Schriften zur politischen Landeskunde Baden-Württembergs Bd. 20). Stuttgart; Berlin; Köln 1993.

Köhle-Hezinger, Christel: »Der schwäbische Leib«, in: Köhle-Hezinger; Mentges (Hg.): *Der neuen Welt ein neuer Rock*, 59–80.

Köhle-Hezinger, Christel; Gabriele Mentges (Hg.): *Der neuen Welt ein neuer Rock. Studien zu Kleidung, Körper und Mode an Beispielen aus Württemberg* (= Forschungen und Berichte zur Volkskunde in Baden-Württemberg Bd. 9). Tübingen 1993.

Konrad, Dagmar: *Missionsbräute. Pietistinnen des 19. Jahrhunderts in der Basler Mission*. Münster; New York; München; Berlin 2001.

Kuhn, Bärbel: *Familienstand ledig. Ehelose Frauen und Männer im Bürgertum (1850–1914)* (= L'Homme Schriften 5). Köln; Weimar; Wien 2000.

Lange-Danielczick, Elsbeth: *Margarete Steiff*. Sonderdruck aus: Martin Haug: *Sie fanden den Weg. Neun Frauenschicksale*. Stuttgart 1958.

Langewiesche, Dieter; Klaus Schönhoven (Hg.): *Arbeiter in Deutschland. Studien zu Lebensweise der Arbeiterschaft im Zeitalter der Industrialisierung*. Paderborn 1981.

Lenger, Friedrich: *Industrielle Revolution und Nationalstaatsgründung (1849–1870er Jahre)* (= Handbuch der deutschen Geschichte Bd. 15). Stuttgart 2003.

Mihr, Ulrich: *Wilhelm Busch: Der Protestant, der trotzdem lacht. Philosophischer Protestantismus als Grundlage des literarischen Werks*. Tübingen 1983.

Pfeiffer, Günther: *125 Jahre Steiff Firmengeschichte. Die Margarete Steiff GmbH*. Königswinter 2005.

Pfeiffer, Günther: *150. Geburtstag von Frau Margarete Steiff und 1. Steiff-Festival. Jubiläumsdokumentation*. Taunusstein 1998.

Pfeiffer, Günther: *Steiff Sortiment 1892–1943*, Taunusstein 2002.

Philipps, Sigrid (Hg.): *Realitäten, Ergebnisse und Perspektiven der Frauengeschichtsforschung in Baden-Württemberg*. Tübingen 1994.

Riepl-Schmidt, Maja: *Wider das verkochte und verbügelte Leben. Frauen-Emanzipation in Stuttgart seit 1800*. Stuttgart 1990.

Ritter, Gerhard A.; Klaus Tenfelde: *Arbeiter im Deutschen Kaiserreich 1871–1914*. Bonn 1992.

Robert, Vincent: »Der Arbeiter«, in: Frevert; Haupt (Hg.): *Der Mensch des 19. Jahrhunderts*, 19–39.

Römer, Daniel: *Die Dienstbotenheimat Fellbach 1875–1918. Zur Lebenswelt invalider Dienstboten zwischen Armut und Frömmigkeit*. Ostfildern 2008.

Schury, Gudrun: *Ich wollt, ich wär ein Eskimo. Das Leben des Wilhelm Busch*. Berlin 2007.

Schuster, Otto: *August Hermann Werner, der barmherzige Samariter der Kinderwelt*. Stuttgart 1949.

Spiegel, Christine; Bernhard Tschofen: »Spielwelten«, in: *Spielwelten*, 9–16.

Stiefel, Elisabeth: *Eine Chronik großer Frauen. Aus dem Leben von Anna Magdalena Bach, Margarete Steiff, Selma Lagerlöff u. a.* Marburg 2005 (zu Margarete Steiff: 45–57).

Stille, Eva: *Spielzeug-Tiere. Auch eine Kulturgeschichte*. Nürnberg 1989.

Tschofen, Bernhard: »Spiel und Gesellschaft«, in: *Spielwelten*, 31–45.

Ueding, Gert: *Wilhelm Busch. Das 19. Jahrhundert en miniature*. Frankfurt a. M. 1986.

Unseld, Werner: *Verliebt, verlobt, verheiratet. Liebe, Hochzeit, Ehe und Sexualität in ländlichen Verhältnissen*. Freilichtmuseum Neuhausen ob Eck. Kleine Schriften 7. Tuttlingen 1997.

Unseld Werner: »Zeit der Versuchungen. Versuchungen der Zeit«, in: *Herd und Himmel*, 25–29.

Völker-Kraemer, Sabine: *Wie ich zur Teddymutter wurde. Das Leben der Margarete Steiff nach ihren eigenen Aufzeichnungen*. Stuttgart 1997.

Weber-Kellermann, Ingeborg (Hg.): *Die Familie. Eine Kulturgeschichte der Familie*. Frankfurt a. M. 1996.

Weissweiler, Eva: *Wilhelm Busch. Der lachende Pessimist. Eine Biographie*. Köln 2007.

Wunderlich, Dieter: *Wagemutige Frauen. 16 Porträts*. Regensburg 2004.

Zsindely, Endre: *Krankheit und Heilung im älteren Pietismus*. Zürich; Stuttgart 1962.

Register

Bildnachweis

bpk/Museum Eurpäischer Kulturen, SMB: 20
P. Frankenstein, H. Zwietasch; Landesmuseum Württemberg, Stuttgart: 92
Margarete Steiff GmbH, Giengen: 18, 39, 113, 135, 150, 171, 185, 188, 195, 207, 216, 231, 242, 245, 247, 276, 279, 288, 295, 299
Stadtarchiv Giengen: 129
Wilfried Knöringer, Giengen: 119
Württembergische Landesbibliothek Stuttgart: 22